DA MANJEDOURA A

Wesley Caldeira

DA MANJEDOURA A

Copyright © 2014 *by*
FEDERAÇÃO ESPÍRITA BRASILEIRA – FEB

1ª edição – 2ª impressão – 1 mil exemplares – 5/2024

ISBN 978-85-7328-961-9

Todos os direitos reservados. Nenhuma parte desta publicação pode ser reproduzida, armazenada ou transmitida, total ou parcialmente, por quaisquer métodos ou processos, sem autorização do detentor do *copyright*.

FEDERAÇÃO ESPÍRITA BRASILEIRA – FEB
SGAN 603 – Conjunto F – Avenida L2 Norte
70830-106 – Brasília (DF) – Brasil
www.febeditora.com.br
editorial@febnet.org.br
+55 61 2101 6161

Pedidos de livros à FEB
Comercial
Tel.: (61) 2101 6161 – comercial@febnet.org.br

MISTO
Papel | Apoiando o manejo florestal responsável
FSC
www.fsc.org
FSC® C148257

Adquirindo esta obra, você está colaborando com as ações de assistência e promoção social da FEB e com o Movimento Espírita na divulgação do Evangelho de Jesus à luz do Espiritismo.

Dados Internacionais de Catalogação na Publicação (CIP)
(Federação Espírita Brasileira – Biblioteca de Obras Raras)

C146m Caldeira, Wesley Soares

    Da manjedoura a Emaús / Wesley Soares Caldeira. – 1. ed. 2. imp. – Brasília: FEB, 2024.

    320 p.; 23 cm

    ISBN 978-85-7328-961-9

    1. Espiritismo. I. Federação Espírita Brasileira. II. Título.

              CDD 133.9
              CDU 133.7
              CDE 20.00.00

Sumário

Apresentação 7
Introdução 9

Capítulo 1 – Em Nazaré 15
Capítulo 2 – Séforis 21
Capítulo 3 – Galileia das nações 27
Capítulo 4 – Gens davídica 33
Capítulo 5 – Ancestrais 39
Capítulo 6 – Belém 45
Capítulo 7 – Serva do Senhor 53
Capítulo 8 – Irmãos de Jesus 63
Capítulo 9 – Estrela no Oriente 69
Capítulo 10 – Em torno da manjedoura 75
Capítulo 11 – Perseguição e exílio 81
Capítulo 12 – Entre os doutores 91
Capítulo 13 – João Batista 99
Capítulo 14 – Os apóstolos 115

Capítulo 15 – As discípulas 125
Capítulo 16 – Cenário intelectual da época 137
Capítulo 17 – Organização religiosa de Israel 149
Capítulo 18 – O amor em movimento 159
Capítulo 19 – Viagens 171
Capítulo 20 – Última semana 179
Capítulo 21 – No Jardim das Oliveiras 187
Capítulo 22 – Com um beijo 191
Capítulo 23 – Perante Anás e Caifás 201
Capítulo 24 – Negações de Pedro 211
Capítulo 25 – *Ecce homo** 219
Capítulo 26 – Até o Gólgota 233
Capítulo 27 – Últimos momentos no Calvário 239
Capítulo 28 – Sepultamento 253
Capítulo 29 – Ressurrecto** 261
Capítulo 30 – Aparições 269

Posfácio 277
Referências 283
Índice Geral 289

---

* N.E.: *Eis aqui o homem*, frase proferida por Pilatos, ao apresentar Jesus Cristo com a cabeça coroada de espinhos.
** N.E.: Que ou quem ressurgiu ou ressuscitou.

Apresentação

A vida de um indivíduo estará sempre além da possibilidade interpretativa dos esforços humanos. Ela é muito mais ampla; não podemos abarcá-la com um único olhar. Por essa razão, cada nova perspectiva trazida constitui uma contribuição importante para lançar luz sobre aspectos que, sem ela, permaneceriam obscuros e inacessíveis. Essa realidade amplia-se largamente quando o indivíduo em questão é Jesus.

Em Jesus, encontramos o guia e modelo para nossa conduta, as respostas que necessitamos antes, as questões que nos afligem e a luz de que precisamos para nossa caminhada na estrada da vida. Isso, contudo, só será verdadeiramente útil se nos predispusermos a buscar o entendimento de suas palavras e do seu exemplo, o que passa, necessariamente, por uma jornada ao encontro do Mestre nas páginas dos textos que registraram, por diversas mãos, a sua vida e seus ensinos.

Distanciados quase dois mil anos da cultura, do idioma e da sociedade que serviram de envoltório para a eterna Boa-Nova trazida pelo Cristo, é fácil nos perdermos nos atalhos do simplismo ou nas florestas dos raciocínios estéreis. Por essa razão, um roteiro ou um mapa serão sempre instrumentos valiosos nessa jornada.

Essa é uma das contribuições do presente trabalho, que nos convida a caminhar pelo deserto da Judeia, visitar a manjedoura singela, sob a luz de uma estrela ainda incompreensível para nós, buscar abrigo no Egito, andar pelas margens do Tiberíades e do Jordão, ouvir a mensagem do Sermão proferido sobre o Monte, contemplar as curas dos corpos e a regeneração das almas, avançar sem medo na direção do Calvário, sofrer as dores do sacrifício e vencer a morte para retornar, mais tarde, como companheiro da criatura humana. Para isso, contudo, é imperioso que predisponhamos a retornar, de intelecto e de coração, às terras cálidas da Galileia distante.

Essa não é uma tarefa fácil e muitos preferem permanecer ao largo da estrada diante das dificuldades que a empreitada parece apresentar. Felizmente, temos visto cada vez mais pessoas que não temem os desafios da jornada e lançam-se na busca do entendimento das páginas do Novo Testamento, como bandeirantes modernos, desbravando o território para que possamos nele pisar com mais segurança.

É nesse contexto que nosso irmão Wesley Caldeira oferece importante contribuição ao Movimento Espírita e ao estudo dos evangelhos. Tendo primeiramente a humildade de não caminhar só, buscando fontes diversas, sem perder de vista a inestimável contribuição da Doutrina Espírita, ele nos oferece um texto rico e bem estruturado, em que o debate sobre as ideias é feito com base no bom senso e no equilíbrio, necessários a um estudo não raro espinhoso e cheio de desafios, o que por si só merece nosso elogio.

Além disso, o autor não se furta a emitir sua opinião, fazendo-o dentro dos limites do respeito e da lógica que o tema permite, e, embora não se possa concordar com esse ou aquele ponto de menor relevância, o conteúdo que nos oferece está na faixa de conjecturas possíveis, sendo por isso, aceitáveis na área de pesquisa sobre a vida de Jesus.

Comecemos nossa viagem pelas páginas deste livro e, se tivermos bastante sensibilidade, perceberemos que a jornada proposta por Wesley — da manjedoura a Emaús — é a de todos nós e que ao empreendê-la, não estamos sós, pois o Mestre segue a nossa frente.

SAULO SILVA
Brasília, 28 de agosto de 2014.

Introdução

O sentimento religioso apresentava sinais de maturidade suficiente para compreender um Criador.

As vozes da filosofia já soavam na Índia, dando origem à primeira tradição filosófica da história. Entre os egípcios, a preocupação com o além da morte produzia salutar idealismo: a vida deveria constituir um esforço de aprendizado para bem morrer.

Em grupos assim, as reflexões superiores do pensamento depuravam o sentimento religioso através do filtro vagaroso do tempo.

Os Espíritos nobres que dirigem o progresso humano determinaram, então, a encarnação dos primeiros organizadores do pensamento religioso, originando religiões enobrecidas na China, na Índia, na Mesopotâmia e no Egito.

Esses mestres missionários do passado, todavia, só contavam com diminuto número de indivíduos em condições de lhes assimilar o conhecimento transcendente. Por isso, isolavam suas revelações em grupos de iniciados, entre discípulos exaustivamente selecionados, deixando às massas populares ensinos de atemorização, ritos exóticos, véus misteriosos e simbólicos, para impor-lhes controle social e lhes satisfazer as angustiantes fixações mágicas.

O Espírito André Luiz nos diz que "dentre todos, desempenha o Egito missão especial, organizando escolas de iniciação mais profunda". (XAVIER, 2013j, Pt. 1, cap. 20, it. Religião egipciana, p. 162.) Os sacerdotes de Tebas e Heliópolis compreendiam a unidade de Deus, praticavam a cura pelo magnetismo e a comunicação com os mortos, obtendo deles ensinamentos e disciplinas para a autoeducação.

Amenófis IV (o faraó Akenaton) tentou infundir o monoteísmo em seus súditos, procurando transferir o princípio do Deus único da intimidade dos santuários para as massas, mas após a morte de Akenaton (1362 a.C.) e de sua esposa, a bela Nefertiti, os antigos sacerdotes de Tebas e Heliópolis restabeleceram os deuses tradicionais, para reorganização do Egito, que entrou em colapso político e econômico durante o reinado de Akenaton.

Pouco depois, reencarna Moisés entre os descendentes de pastores nômades escravizados pelo povo do Nilo. Sua tarefa seria tornar o monoteísmo um princípio exotérico (sem restrição), em vez de esotérico (a círculo restrito); transferi-lo dos meios iniciáticos para a vida cotidiana das comunidades.

Abraão, cerca de 700 anos antes, ouviu o chamado para organizar o grupo familiar e nômade que, no futuro, mais numeroso, seria entregue às mãos de Moisés.

Patriarca dos israelitas e dos árabes, Abraão é venerado pelo Judaísmo, Cristianismo e Islamismo. Da velha Ur, na Caldeia, o Espírito Iahweh o convocou a deixar sua terra para ir habitar uma região distante, onde originaria uma gloriosa nação. (GENESIS, 12:1 e 2.)

Mas em que consistiu a revelação a Abraão? Na "unidade de Deus — e nada mais". (MENEZES, 2014, cap. *A Doutrina Espírita como filosofia teogônica*, p. 94.) Iahweh não apresentou obrigações morais nem diretrizes comportamentais, senão ser reconhecido como o único deus. Essa é a parte divina da religião de Abraão. A ela o patriarca reuniu uma parte humana, baseada em alguns usos e costumes dos cultos de sua época.

Com Moisés, chegava o tempo de se ampliarem os horizontes do monoteísmo abraâmico, dando-lhe repercussões morais. No entanto, essa transição deveria operar-se lentamente.

As revelações espirituais para serem produtivas precisam ser gradativas. Cada revelação aumenta o ensino na medida da capacidade momentânea do grupo social ao qual se dirige, "e limpa a religião de certas impurezas, que o atraso humano torna necessárias à fecundação das eternas verdades". (MENEZES, 2014, cap. *A Doutrina Espírita como filosofia teogônica*, p. 99.)

Diferentemente da revelação a Abraão, feita a uma família, e sem outra orientação moral que não fosse respeitar o Deus único, com Moisés, a revelação será mais extensa e substanciosa: será feita a uma nação e, em vez de um preceito geral, apresentará dez mandamentos.

Moisés foi educado primorosamente como príncipe egípcio, na qualidade de filho adotivo da princesa Termútis. Ele detinha singulares faculdades mediúnicas, e sua colocação junto à casa do faraó serviu para dotá-lo da cultura, dos conhecimentos iniciáticos do Egito, preparando-o para sua missão.

Não por acaso, há expressiva semelhança entre o Decálogo e a Confissão Negativa Egípcia, que consistia em uma série de afirmações que o morto deveria fazer no "Saguão das Duas Verdades", quando o peso de seu coração seria comparado, numa balança, ao de uma pluma de avestruz, o símbolo da verdade. Na Confissão se dizia: "Não cometi injustiça, não acusei falsamente, não matei homens, não agi mal contra ninguém, não cometi adultério, não fui ganancioso, não furtei" etc. Se a balança fosse favorável ao morto, ele seria conduzido à presença de Osíris, o senhor da eternidade, que lhe indicaria seu lugar na vida espiritual. Do contrário, seria vitimado pelo "devorador dos mortos".

O Decálogo é síntese luminosa, conformando diretrizes de justiça e estatuindo o respeito ao direito dos semelhantes.

Mas, como ocorreu com a revelação parcial recebida por Abraão, a religião organizada por Moisés também será composta por dois elementos — o divino e o humano. Às linhas comportamentais superiores delineadas no Sinai, Moisés aliará um código implacável, consagrando o olho por olho, dente por dente, mão por mão, pé por pé, queimadura por queimadura, ferimento por ferimento. (ÊXODO, 21:24 e 25.)

Bezerra de Menezes (2014, cap. *A Doutrina Espírita como filosofia teogônica*, p. 97) observou:

> Se Moisés, naqueles tempos de atraso material, em que o homem era quase animal selvagem, dominado pelas paixões brutais e pela força, lhe impusesse os divinos mandamentos, proscrevendo todo ato de vingança e de violência, veria repelidas as Tábuas da Lei, porque a

> natureza, nos ignorantes, tem mais força que a razão e a consciência. O santo varão foi, pois, obrigado a ceder à natureza brutal de seu povo, no intuito de inocular-lhe o contraveneno daquela mesma brutalidade. [...] Representou-lhes o Senhor como um soberano cruel e vingativo, que doutro modo ninguém aceitaria [...].
> [...] para produzir seus salutares efeitos, condescende com os erros arraigados no coração da humanidade, donde a existência em toda religião, desde Abraão até Moisés, dos dois caracteres: o divino e o humano [...].

Treze séculos depois, a humanidade estava amadurecida para a segunda grande revelação.

A mediunidade ímpar de Moisés havia falado de uma promessa que por muitos séculos alimentaria as esperanças do seu povo: Iahweh enviaria outro profeta, em cuja boca colocaria as suas palavras. (DEUTERONÔMIO, 18:15 a 18.) Segundo o Dêutero-Isaías (bloco de capítulos do livro de ISAÍAS, 40 a 55, escrito por um profeta anônimo), um mensageiro seria escolhido para que, em sua alma, Iahweh pusesse seu espírito, a fim de que a justiça fosse espalhada entre as nações (ISAÍAS, 42:1). Um rei — diria Zacarias — incumbido de anunciar a paz, e cuja influência se estenderia de um mar a outro, até os extremos da Terra. (ZACARIAS, 9:10.)

Jesus, personificando a promessa milenar, declarou: "Eu sou a luz do mundo".

Ele se dirigiu aos simples de coração e aos sofredores, entregando-lhes as bem-aventuranças por mensagem de esperança e consolação.

Em sua lição, a felicidade é mais um estágio avançado de consciência que a criatura desenvolve com o apoio da Providência divina, que ampara sua evolução, como sustenta a ave que voa no céu azul e veste o lírio que esplende na natureza. Nascendo e renascendo para progredir, trabalhando, amando e perdoando sem cessar, o homem caminha pelas muitas moradas da casa do Pai, na realização do "sede perfeitos".

A revelação de Jesus não contém os elementos distintivos, o divino e o humano. É toda divina! Com Ele, a religião é, acima de tudo, método de educação do Espírito imortal.

Havia chegado o tempo em que Deus deveria ser amado "em espírito e verdade".

Os templos são úteis, não imprescindíveis. Rituais, hierarquias, supremacias? As religiões devem ser chaves que abram as arcas dos tesouros divinos para todos.

Fariseus e saduceus se opuseram com ferocidade a essas ideias, necessitados de templos, cargos e primazias.

Diversamente de Moisés, Jesus não foi complacente com os preconceitos e as conveniências humanas; contestou-os com serena energia.

Não veio revogar nem a lei do Sinai nem os ensinos das esferas superiores que os médiuns profetas haviam transmitido; ao contrário, veio dar-lhes pleno cumprimento. Quanto aos usos, costumes e normas propriamente dos profetas e das escolas religiosas, em muitos aspectos Ele veio reformá-los, e combateu, especialmente, o abuso das práticas exteriores e as falsas interpretações.

Moisés não pronunciou a última palavra do livro das revelações.

Só quando o homem alcançar o apogeu de sua maturidade terrestre, a revelação também chegará a seu apogeu.

Teria o homem chegado a esse apogeu, no tempo de Jesus?

Obviamente, não.

O próprio Cristo afirmou a progressividade da revelação. Na inesquecível despedida no cenáculo, disse aos apóstolos que deixava de ensinar muitas coisas, por não ser oportuno. O mundo não estava em condições de recebê-las e compreendê-las. A revelação seria futuramente completada.

EM NAZARÉ

> *Tendo recebido um aviso em sonho, partiu para a região da Galileia e foi morar numa cidade chamada Nazaré, para que se cumprisse o que foi dito pelos profetas: Ele será chamado Nazareu.*
>
> (MATEUS, 2:22 e 23.)

A lua nova marca o início de um novo mês. É o começo de março, ano 761 da fundação de Roma (7 d.C.).

Em Nazaré, passam-se os meses e apenas se modificam os ritmos da natureza.

Após longa procissão de chuvas desde outubro, o inverno chega ao fim.

É sexta-feira.

A madrugada se embalsama dos perfumes silvestres.

A estrela da manhã já empalidece.

O menino acorda e sai.

No futuro, registrarão seu hábito peculiar: "De madrugada, estando ainda escuro, Ele se levantou e retirou-se para um lugar deserto, e ali orava".[1] (MARCOS, 1:35.)

Pouco além dos limites da aldeia, uma rocha se projeta do monte e abaixo surge um vale.

---

[1] Nota do autor: As transcrições da *Bíblia* não identificadas quanto ao tradutor foram extraídas da *Bíblia de Jerusalém*. (São Paulo: Paulus, 1996.)

As manhãs costumam encontrá-lo ali, absorto.

O menino conta 12 anos.

Daí a pouco, rumores nas casas próximas recordam-no de que é tempo de voltar às obrigações cotidianas.

Nazaré — que significa *aquela que guarda*, um lugar de sentinela — formou-se nas encostas da colina, entre as muitas e salientes pedras de seu solo, a despeito da terra fértil.

As ruas começam a ser ocupadas, sobretudo por mulheres indo à fonte com seus potes. A manivela ajuda os braços femininos a puxarem os vasos com água, e, durante a tarefa, as mulheres conversam. O poço é um local de aproximação social.

O menino encontra sua mãe tirando leite da cabra. Em instantes, o leite estará balançando numa bolsa de pele, para coagular e produzir coalhada; ou fazer queijo, depois de drenado o soro por um pano de linho.

Sua casa é típica do lugar — três cômodos, de tijolos de barro, pedra e cal, com um terraço feito de ramos entrelaçados, apoiados em madeira e cobertos de argila. Quase tudo está no chão. Peças de cerâmica, de utilidades variadas, estão por perto. Num tear rústico, lã e linho são tecidos. O moinho manual produz a farinha para o alimento básico: o pão. Lá fora, um forno portátil de barro serve para cozinhar.

As crianças auxiliam suas mães nas atividades domésticas, do amanhecer ao pôr do sol. Contudo, há momentos para brincar. Bonecas, animais de estimação... e bolas de couro. A ideia é manter uma bola (ou duas) em movimento, jogando um para o outro, com as mãos, até cair e se definir, assim, o vencido. Há, ainda, os brinquedos de madeira.

Nazaré é o povoado dos carpinteiros.

Para Israel, o trabalho manual é sagrado. Os rabinos ensinam que o artesão dedicado a sua obra não precisa se levantar diante do mais importante dos doutores.

Os carpinteiros, em particular, fruem de elevada consideração e ocasionalmente são chamados à condição de árbitros em questões judiciais, talvez pelo hábito de operarem em seu ofício com medidas exatas.

Jesus atravessa uma fase de novas responsabilidades familiares e sociais. Em algumas semanas, irá à Jerusalém para a peregrinação anual da Páscoa.

CAPÍTULO 1 | EM NAZARÉ

Aos 13 anos, será um homem. Diminuem suas tarefas domésticas e agora passa mais tempo na oficina do pai. Vai-se iniciando no ofício da broca e do martelo, do formão e do serrote, conforme a tradição familiar. Ele aprende os rudimentos da preparação de portas, móveis, carroças, rodas e ferramentas agrícolas, trabalhando com tal disposição o pequeno carpinteiro de Nazaré, que enche a casa de ânimo com sua alegria.

Quando o sol vai alto, uma parcela dos quase 500 habitantes já ocupa as ruas de chão batido de Nazaré. Esteiras e tendas se estendem pelas margens, seja para as ofertas de serviço seja para as de comércio, em especial, de frutos e legumes. É uma aldeia agrícola. Mas há, também, os utensílios da olaria: panelas, bacias, tigelas, potes, lamparinas; como ainda o artesanato de cestas trançadas de junco ou dos filamentos que crescem entre as tâmaras. O linho é outra especialidade — a Galileia é rica em campos de linho e hábeis tecelãs.

A permuta é o método frequente das transações, e restrita é a circulação do dinheiro.

Sob uma tenda, um escriba formaliza negócios, casamentos, redige cartas.

À chegada da tarde, porém, as pessoas se apressam um pouco. Logo, ao poente, iniciará o *Shabat* (descanso), que durará até o poente do dia seguinte.

Enquanto Maria prepara as três refeições do repouso sagrado, Jesus arruma a oficina de seu pai, garante uma provisão suficiente de água para a casa e limpa seus cômodos modestos.

Trombetas soam três vezes. Suspende-se o trabalho.

Com o crepúsculo, Maria acende duas lamparinas, cujas chamas dançarinas deverão arder até o amanhecer, quando a família se apresentará à sinagoga. Das lamparinas, fumaça e cheiro característicos se espalham pela casa.

Maria desdobra as roupas festivas e coloca dois pães sobre a mesa.

José está na sinagoga, recitando orações e lendo textos sagrados. Depois de um tempo, ele volta para casa, onde lhe espera a família e os convidados para a refeição ritual. Na mesa, ele declama o *kiddush* (uma oração de santificação) sobre uma taça de vinho, evocando o repouso de Deus após a criação e a santificação do sétimo dia, e conclui: *Bendito sejas tu, ó*

Eterno, que santificas o Shabat. O pão é partido entre todos, untando-se as porções com sal. Salmos e versículos do Antigo Testamento são entoados. E Jesus tudo observa.

O *Shabat* é um rico caminho para o crescimento interior. O ser humano medita em Deus, contempla sua Criação, relaciona-se fraternalmente com parentes e amigos, descobrindo que *não só de pão vive o homem*.

A partir dos 5 ou 6 anos, os meninos podem frequentar a escola, iniciando a alfabetização. Um professor, de estilete à mão, usa uma pequena tábua coberta de cera para escrever as letras, nomeando-as até que sejam dominadas. O próximo passo será conhecer os cinco livros da *Torah*, mas o programa abrangerá leitura, geografia, história, cálculo, regras sociais e religiosas. De versículo em versículo, lido, explicado, recitado várias vezes, as Escrituras são praticamente memorizadas. À medida que os estudantes crescem, outros textos são acrescentados, inserindo-os no universo dos profetas e dos livros de sabedoria. Na adolescência, penetrarão nas questões orais de interpretação das escrituras, aprendendo a aplicar a *Torah* na vida diária.

A sinagoga é o centro da vida social e religiosa. Não é só o templo para o qual o judeu piedoso deve voltar-se em oração três vezes ao dia. Abriga a escola, é o espaço de reunião da comunidade, um local de estudo das escrituras e um lugar de esperanças.

Nazaré estava fundada havia mais de dois mil anos.

O franciscano Bellarmino Bagatti (CROSSAN, 1994, p. 50) realizou escavações no centro da aldeia, entre 1955 e 1960. Encontrou tumbas de meados da Idade do Bronze (2000–1500 a.C.), cerâmicas da Idade do Ferro (900–539 a.C.), cerâmicas e construções do período helenístico (332–63 a.C.). Em relação ao período de Jesus, encontrou uma fonte, cisternas para água, prensas de azeitonas, tonéis de óleo e silos para grãos nos subterrâneos das moradias, onde as colheitas eram guardadas.

Flávio Josefo, historiador judeu, citou 45 cidades da Galileia. O *Talmud* mencionou 63 delas. O Antigo Testamento relacionou inumeráveis cidades dessa província. Nenhuma dessas fontes, curiosamente, registrou Nazaré. A aldeia foi ignorada, de tão pequenina. A primeira referência a ela, fora dos documentos cristãos, foi descoberta em 1962, nas escavações de Cesareia: um pedaço de mármore com a inscrição de seu nome. Mas sua aparição na história ocorreu no dia em que o Espírito Gabriel foi enviado a ela, à procura de "uma virgem desposada com um varão chamado José, da casa de Davi". (Lucas, 1:27.)

Nazaré foi construída no topo do monte mais ao sul da Baixa Galileia. De lá se vê o Monte Carmelo, a oeste; o vale do Jordão, a leste; a planície do Esdrelon, ao sul; defrontando-se, a nordeste, com o lago de Genesaré. Vê-se, também, o Monte Tabor, e quase se pressentem, por trás das montanhas da Samaria, as muitas colinas ressequidas da Judeia.

Ernest Renan (2003, p. 124) escreveu, com inspiração:

> Aquelas montanhas, aquele mar, aquele céu de anil, aqueles planaltos no horizonte foram, para ele (Jesus), não a visão melancólica de uma alma que interroga a natureza sobre seu destino, mas o símbolo certo, a sombra transparente de um mundo visível e de um novo céu.

A aldeia de Jesus se distanciava cerca de 150 quilômetros de Jerusalém. Mas Séforis estava a apenas uma hora de caminhada de Nazaré.

SÉFORIS

A principal e a mais forte de todas as praças da Galileia.

(JOSEFO, 2005, p. 828.)

De ordinário, uma grande cidade aglomera, em seu redor, outros grupos populacionais — cidades menores que são cercadas por vilas, por sua vez rodeadas por aldeias ou arraiais. Nessa teia de relações urbanas, as cidades servem às vilas e as vilas às aldeias.

A grande cidade nas proximidades da Baixa Galileia chamava-se Citópolis. Séforis e Tiberíades eram cidades menores. Cafarnaum e Magdala eram vilas.

Séforis (*Zippori*, em hebraico) quer dizer *pássaro*, devido à forma da colina sobre a qual foi construída. Essa colina ficava em meio a um vale muito fértil, com pequenas lagoas, a cerca de seis quilômetros de Nazaré.

Das aldeias que cercavam Séforis, Nazaré estava entre as mais simples.

Séforis não é mencionada nos evangelhos, apesar de sua importância governamental, mas Jesus a visitou algumas vezes, certamente.

Depois de sua anexação a Roma, a Palestina foi dividida em cinco distritos administrativos — Judeia, Galileia, Samaria, Pereia e Decápole.

A Judeia era uma *ilha* hebraica, cercada pela diversidade populacional das demais províncias, dirigida por um Estado-Templo, em Jerusalém, sob patrocínio imperial romano.

Séforis, por esse tempo, era a capital da Galileia.

Com a morte de Herodes, o Grande, em 4 a.C., eclodiram revoltas por todo o país — heranças de insatisfação, por seu reinado cruel.

Flávio Josefo (2005, p. 813) narrou, entre as insurreições, a liderada por Judas, filho de Ezequias, entre 6 e 7 d.C. O pai havia sido chefe de um movimento partidarista na Galileia, que lutou contra Herodes, até ser eliminado, com dificuldade. Judas reuniu significativo contingente de homens perto de Séforis, invadiu-a, apoderou-se do seu arsenal e saqueou o que encontrou. A fama de seus atos se alastrou pela Palestina, fazendo-o temível, e a notoriedade o levou a cobiçar a coroa.

Quintilius Varus, procônsul da Síria na ocasião, liderava legiões em socorro aos soldados romanos sitiados em Jerusalém, que vivia outra insurreição. No caminho, Varus cedeu parte do exército para seu filho entrar na Galileia e subjugar Judas. Séforis foi retomada e reduzida a cinzas, e seus habitantes foram vendidos como escravos. (JOSEFO, 2005, p. 815.)

Essa destruição e escravização em massa deixaram cicatrizes profundas nas comunidades galileias por muitas gerações. (HORSLEY, 2000, p. 104.) E Jesus, com 12 anos, acompanhou esses acontecimentos.

O movimento de Judas será a inspiração para a formação do movimento Zelota, fundamental na primeira guerra judaico-romana, em 66 d.C., quando um filho de Judas, Menaém, atuará como um dos principais chefes dessa rebelião, que culminará com a destruição do Templo de Jerusalém, em 70.

Depois de 70, Séforis se transformará num centro intelectual do Judaísmo, onde irá residir a maioria dos sacerdotes saduceus expulsos de Jerusalém, sendo, inclusive, pelos séculos II e III, a sede do Sinédrio.

Um ano após a derrota de Judas (8 d.C.), Herodes Antipas recebeu por herança a Galileia e a Pereia para governar, e iniciou a reconstrução de Séforis, com esmero, para torná-la a joia da Galileia.

Entre 17 e 20 d.C., estando Jesus adulto, Antipas construiu Tiberíades, em homenagem ao novo César, Tibério, dando-lhe uma população judia e uma arquitetura grega. A nova capital fez Séforis descer a um segundo plano na Galileia, pelo menos por algumas décadas, até que Félix (procurador romano) invertesse outra vez esses papéis, reconduzindo Séforis à condição de capital e acirrando a rivalidade entre as duas cidades.

Séforis era o ponto de convergência de duas estradas que lhe atraíam influências contraditórias.

A primeira, a estrada romana entre Ptolomaida, na costa do Mediterrâneo, e Tiberíades. Ptolomaida estava ligada a *Via Maris* (caminho do mar), estrada que contornava a costa, porta do comércio internacional na Palestina. Logo, isso colocava Séforis e seus arredores em contato com certa influência cosmopolita. (CROSSAN, 1994, p. 53.)

A segunda estrada saía de Jerusalém e terminava seu curso montanhoso em Séforis, trazendo-lhe marcantes influências do centro pensante do Judaísmo.

Por sua condição política e geográfica no século I, Séforis (hoje sítio arqueológico preservado como Parque Nacional de Israel) tem sido objeto de grande interesse entre especialistas das origens do Cristianismo. O móvel aparente desse interesse seria reconstruir o mundo de Jesus.

Diversos pesquisadores se esforçam por salientar a qualidade e a quantidade dos edifícios de Séforis, para elevá-la, junto com a vizinha Tiberíades, a verdadeiro monumento de urbanização, com ruas enfeitadas de colunatas, acrópole, palácio, tribunais, arquivos, banco, arsenal e população estimada em 30 mil habitantes. (CROSSAN, 1994, p. 53.) Eles destacam o teatro, a parte alta e baixa da cidade, as residências luxuosas, os mosaicos encontrados, ilustrando cenas de caça à beira do Nilo, imagens de deusas mães, de Orfeu, o poeta e músico mitológico, e de cultos a Dionísio. Ressaltam, ainda, o uso do grego como língua administrativa. E tudo isso para concluir que a vida nessa região era profundamente greco-romana.

Alguns desses pesquisadores chegam a propor que havia um número espantoso de centros urbanos e aldeias espalhado pela Baixa Galileia, o que fazia da região uma das mais densamente povoadas do Império Romano. Desse modo, seria impossível viver numa aldeia da Baixa Galileia e escapar dos efeitos e ramificações da urbanização: a "vida na Baixa Galileia do século I era tão urbanizada e citadina quanto em qualquer outro lugar do império". (CROSSAN, 1994, p. 54.)

As aldeias da Alta Galileia ter-se-iam conservado tradicionalmente israelitas, mas a Baixa Galileia — onde estavam Séforis, Tiberíades,

Nazaré, Magdala e Cafarnaum — ter-se-ia transformado em verdadeira *encruzilhada de impérios*.

Logo, seguindo essa linha de raciocínio, Nazaré, por ser vizinha a Séforis, integraria uma rede de relações variadas e sedutoras, sobretudo gregas e romanas, evidenciando-se, com isso, que os conterrâneos de Jesus não seriam habitantes de uma região sem desenvolvimento nem seus discípulos seriam camponeses simplórios. Outro Jesus se revelaria: não mais um carpinteiro de uma singela aldeia esquecida no interior da Galileia, mas um cosmopolita, um cidadão do mundo, envolvido no sofisticado processo de urbanização greco-romano.

Essa é uma tentativa de retratar Jesus como alguém semelhante a um filósofo grego urbano, cuja mensagem se identificaria com a filosofia cínica.

Em verdade, o estudo das ruínas de Séforis demonstra que sua reconstrução se verificou em longas etapas, e que suas grandes construções foram erigidas em períodos posteriores a Jesus, entre o final do século I e o século V.

Para justificar a grandeza das ideias e atitudes de Jesus, alguns estudiosos superestimam a influência grega e romana em sua vida.

Mas, caso houvesse tal influência, Séforis teria sido mencionada pelos evangelhos. Entretanto, devido a suas tendências greco-romanas e pagãs e, ao mesmo tempo, por ser a sede de um governo que extorquia impiedosamente o povo, cobrando três tributos (a bem de Roma, do Templo e de Antipas), recebia a indiferença dos galileus, senão o desprezo.

Além do mais, um abismo separava as classes sociais no Império Romano. Estar próximo da riqueza não significava gozá-la. A grande maioria da população era composta por artesãos e camponeses que viviam no nível da subsistência. Cerca de 97% dos habitantes da palestina eram analfabetos. (CROSSAN, 1995a, p. 41.)

Jesus é admirável demais para ter sido o simples filho de um carpinteiro, vivendo numa aldeia sem qualquer importância, numa cultura campesina. Aqueles que não o aceitam como enviado de Deus sentem a necessidade de conformá-lo ao mundo de seu tempo, para fazê-lo um produto mais correspondente a seu meio e, assim, menos extraordinário.

Enquanto Jesus crescia, Séforis se reconstruía e experimentava novo surto de progresso, e é até possível que Ele e seu pai tenham trabalhado nela, como carpinteiros, como sugerem vários especialistas desde o começo do século XX. Todavia, a Galileia que Ele mais amou foi a dos pequenos vilarejos e aldeias, ao contato com as almas simples e fecundas.

GALILEIA DAS NAÇÕES

No tempo passado, foi levemente combatida a terra de Zabulão, e a terra de Neftali; e, no tempo futuro, serão cobertas de glória a costa do mar, além do Jordão, a Galileia das nações.
(ISAÍAS, 9:1 – Bíblia, 1965.)

O termo *Galileia* vem do hebraico *galil* — circuito, distrito ou região. A expressão *Galileia das nações* (*Galil-Haggouyim*) tem origem controversa. Alguns asseveram que o território desde o início foi chamado *Galileia*. Para outros, seria denominação posterior, judaica, atribuída devido a sua ocupação por tribos estrangeiras. *Galil-Haggouyim*, ou seja, *círculo ou região dos gentios*, é indicação da natureza miscigenada de uma população repleta de não judeus: fenícios, sírios, árabes, gregos, atraídos pela riqueza da região, que, obviamente, não beneficiava a todos. (RENAN, 2003, p. 101.)

A Galileia se sobressaía, no século I, como região fértil, com água abundante e coberta de todo tipo de árvores, destacando-se as figueiras, macieiras, nogueiras e romãzeiras.

Ernest Renan, em 1862, ao assumir a cátedra de hebraico do *Collège de France*, chamou Jesus de "homem incomparável", causando escândalo e sua temporária suspensão do cargo. Em resposta a isso, ele publicou o *Vie de Jésus*, em 1863. Nessa obra, Renan (2003, p. 130) exaltou a Galileia:

Uma natureza encantadora contribuía para formar esse espírito bem menos austero, menos asperamente monoteísta, se assim posso dizer, que conferia a todos os sonhos da Galileia um ar idílico e fascinante. A Galileia [...] é uma região muito verde, muito ensombreada, muito sorridente, a autêntica terra do Cântico dos Cânticos e das canções do bem amado. Durante os meses de março e abril o campo é um tapete de flores, com uma nitidez incomparável de cores. Os animais daí são pequenos, mas extremamente dóceis. Esbeltas e vivas rolas; melros tão leves que nem dobram a erva em que pousam; cotovias de topetes, que quase se enfiam sob os pés do viajante; pequenas tartarugas de regato, cujos olhos são vivos e doces; cegonhas com seu ar pudico e grave, livrando-se de toda timidez [...]. Em nenhum lugar do mundo as montanhas se desdobram com tanta harmonia, nem inspiram tão elevados pensamentos.

O território é um pequeno retângulo de 40 por 80 quilômetros, compreendendo duas regiões principais: a Alta Galileia e a Baixa Galileia. A primeira, acidentada e montanhosa, é continuação da cordilheira do Líbano, com picos elevando-se até 1.219 metros de altura. A outra, ao sul, é um campo com suaves colinas que não ultrapassam a média de 500 metros de altitude, interrompidas por planícies muito fecundas.

A Galileia não foi importante para a história do Antigo Testamento, sendo tão só a terra das tribos de Zabulão, Neftali, Aser e Issacar. Também não foi importante para a história do Cristianismo primitivo. Porém, quanto à vida de Jesus, ela foi primordial. Lá aconteceram os principais eventos dos evangelhos; lá Jesus passou a maior parte de sua existência e de seu ministério.

Por essas terras passa o rio Jordão, *Hayyarden — aquele que desce*. Alimentado por quatro afluentes e pelo degelo do Monte Hermon, ele desce, do norte para o sul, sobre a maior depressão da superfície terrestre, formada pela grande falha geológica sírio-africana e, na Galileia, após atravessar uma ressequida garganta, generosamente se espalha sobre imensa fenda, originando um lago de água doce que fica a 213 metros abaixo do nível das águas do Mar Mediterrâneo.

CAPÍTULO 3 | GALILEIA DAS NAÇÕES

O Antigo Testamento refere-se a esse lago como *Quinereth* ou *Quineroth* (NÚMEROS, 34:11). O Novo Testamento designa-o *lago de Genesaré* (LUCAS, 5:1), *mar de Tiberíades* (JOÃO, 6:1), *mar da Galileia* (JOÃO, 6:1) ou apenas *mar* (MARCOS, 4:1). Portador de expressivas dimensões — 19 quilômetros de comprimento, até 13 quilômetros de largura, e 50 a 80 metros de profundidade — suas margens se favoreciam de clima agradável, florescendo aldeias, vilas e cidades na parte sul e na nordeste, pois nas demais o litoral era rodeado por altos rochedos.

Costumava-se dizer que o lago de Genesaré era o lugar que Iahweh reservara para a sua exclusiva satisfação.

A presença humana completava seus encantos: "O mar coalhava-se de barcos, pela manhã e à tarde, colorindo-se com velas enfunadas aos ventos, quais manchas diversificadas sobre o dorso das águas tranquilas". (FRANCO, 1993, p. 92.)

Os galileus eram bastante trabalhadores, povo basicamente agrícola, sem preocupação com luxo.

Alguns centros urbanos ostentavam magnificência, com ruas pavimentadas, palácios e mansões, como ocorria em Tiberíades e Séforis. Muitos, inversamente, exibiam encantadora simplicidade, feito Cafarnaum, Magdala e Betsaida, cercadas de oliveiras, laranjeiras, tamareiras, vinhas, plantações de legumes e pequenos rebanhos.

Renan (2003, p. 132) comparou, com acerto:

> A Grécia pintou admiráveis quadros da vida humana por meio da escultura e da poesia, mas sempre sem fundos fugidios, nem horizontes longínquos. Aqui faltam o mármore, os excelentes operários, a língua delicada e fina. Mas a Galileia plantou o mais sublime ideal no terreno da imaginação popular; pois detrás de seu idílio trata-se do destino da humanidade, e a luz que ilumina seu quadro é o sol do reino de Deus.

Cem anos antes de Jesus, a presença judaica na Galileia era reduzida. Foi Aristóbulo I, durante seu curto reinado (104–103 a.C.), o responsável pela reincorporação da Galileia à Judeia, impondo a conversão dos habitantes ao Judaísmo.

Durante a invasão assíria, no século VIII a.C., a intensa deportação de hebreus facilitou a ocupação da região por povos de origem síria. Os hebreus da Galileia foram levados a dividir seu território com vários povos pagãos, o que lhes trouxe características particulares, desde o modo de falar até a baixa cultura. Por isso, eram desprezados pelos hebreus da Judeia.

Aos galileus, "judeus de um século", Jesus dedicou a maior parte de seu ministério.

Por outro lado, não somente as grandes cidades da Galileia conviviam em rivalidade, como ocorria com Séforis e Tiberíades. Com as pequenas comunidades às vezes acontecia o mesmo.

Filipe, o apóstolo, procedia de Betsaida, localizada ao norte do lago de Genesaré, junto à foz do rio Jordão. Natanael (Bartolomeu), por sua vez, era de Caná, distante 30 quilômetros de Nazaré.

Quando Filipe se integrou ao colégio de discípulos, encontrou Natanael e lhe confidenciou que havia conhecido aquele de quem falaram Moisés e os profetas.

E Natanael replicou (JOÃO, 1:46):

— "De Nazaré pode sair algo de bom?"

Fruto dos ciúmes entre Caná e Nazaré, ou apenas um preconceituoso provérbio reinante, a pergunta de Natanael exprime igualmente um confronto de ideias existente sobre o Messias, naquele tempo. Uma corrente sustentava que o Messias permaneceria oculto até o instante da grandiosa revelação. Outra corrente se posicionava defendendo um nascimento em Belém, à maneira de Davi.

Eloquente episódio dessa controvérsia se deu na Festa dos Tabernáculos (ou das Tendas), uma das três festas (ao lado da Páscoa e do Pentecostes) que geravam peregrinação até Jerusalém. A comemoração durava uma semana. O povo armava barracas e simulava que vivia como os israelitas durante o Êxodo e a travessia do deserto, guiada por Moisés, recordando, liturgicamente, a experiência do deserto.

A cerimônia da água, por exemplo, evocava a água que Moisés obteve da rocha, ao mesmo tempo em que servia de rogativa a Deus para apressar o novo ciclo de chuvas agrícolas.

Unificada ao início do ano novo e à colheita dos frutos da terra, Tabernáculos era a festa mais alegre. Nos evangelhos, essa celebração é mencionada apenas uma vez, em João, 7:2.

A princípio, Jesus se recusou a ir publicamente à festa, mas acabou indo às ocultas, em razão das tramas articuladas para levá-lo à morte.

Nos primeiros dias da celebração, partidários da corrente que propunha que o Messias teria origem ignorada acenderam a polêmica sobre Jesus ser o Messias, ao vê-lo surgir do anonimato e subir ao Templo para ensinar (João, 7:25 a 27):

—"Não é a esse que procuram matar? Eis que fala publicamente e nada lhe dizem! Porventura as autoridades reconheceram ser ele o Cristo? Mas nós sabemos de onde esse é, ao passo que ninguém saberá de onde será o Cristo, quando ele vier".

Mesmo que as autoridades reconhecessem em Jesus o Messias, aqueles judeus não o aceitariam. O Messias, segundo acreditavam, permaneceria oculto por longo tempo, até se revelar. Jesus não era desconhecido, sabiam de onde Ele vinha. Logo, não poderia ser o Messias. Em outras palavras, eles consideravam Jesus um falso profeta.

Jesus respondeu (João, 7:28 e 29):

— "Vós me conheceis e sabeis de onde eu sou; no entanto, não vim por minha própria vontade, mas é verdadeiro aquele que me enviou e que não conheceis. Eu, porém, o conheço, porque dele procedo, e foi ele quem me enviou".

Ou seja, a identificação do Messias não deveria se concentrar em seu nascimento, mas em sua procedência espiritual.

Representantes da segunda corrente aparecem em seguida, e afirmam (João, 7:40 e 41): este "[...] é, verdadeiramente, o profeta"."É esse o Cristo!"

O ambiente é tenso. Surge quem refute (João, 7:41 e 42):

—"Porventura pode o Cristo vir da Galileia? A Escritura não diz que o Cristo será *da descendência de Davi* e virá *de Belém*, a cidade de onde era Davi?"

O povo se dividia porque as informações divulgadas sobre Jesus não se acomodavam a nenhuma das duas correntes. Curiosamente, o seu nascimento em Belém não era conhecido. Contudo, o argumento dos convictos de sua condição messiânica era desafiador (João, 7:31):

— "Quando o Cristo vier, fará, porventura, mais sinais do que os que esse fez?"

O alto clero de Israel e os escribas (teólogos da época) aceitavam a crença de que o Messias deveria ser belemita, nascido em Belém de Judá. Eles desprezavam *a Galileia das nações* em virtude do denso caldo cultural ali reinante, onde hebreus viviam ao lado de multiformes grupos pagãos.

Sacerdotes e fariseus, naquela ocasião, ao tomarem conhecimento dos debates sobre Jesus no curso da festa, ordenaram sua prisão. (João, 7:32.) Os encarregados para tanto não ousaram tocá-lo, arguindo (João, 7:46):

— "Jamais um homem falou assim!"

A reação das autoridades religiosas foi áspera (João, 7:47 e 48):

— "Também fostes enganados? Alguns dos chefes ou alguém dos fariseus por acaso creram nele?"

O problema da origem de Jesus sempre foi, e continua sendo, uma das principais razões da oposição judaica à messianicidade de Jesus.

Afinal, Jesus era galileu e nazareno, ou era judeu e belemita?

GENS DAVÍDICA

Um ramo sairá do tronco de Jessé, um rebento brotará das suas raízes. Sobre ele repousará o espírito de Iahweh, espírito de sabedoria e de inteligência, espírito de conselho e de fortaleza, espírito de conhecimento e de temor de Iahweh.

(Isaías, 11:1 e 2.)

Gens é o grupo formado de famílias que descendem de um antepassado comum de origem pura. (COULANGES, 1998, p. 577.)

Uma das vertentes consagradas do Judaísmo sustentava que o Messias deveria pertencer à linhagem de Davi.

A palavra *hebreu* significa *andarilho* ou "aquele que atravessa para o outro lado". (BLAINEY, 2009, p. 95.) Os patriarcas hebreus são apresentados pela *Bíblia* como uma grande família, deslocando com seus rebanhos e bens, seminômades, pela Idade do Bronze (entre 2000 e 1500 a.C.). Tabuinhas de argila encontradas em escavações referem-se a eles como *amuru*, que significa: "homens" (*am*) e "ocidente" (*uru*), pois habitavam o lado ocidental da Mesopotâmia, a oeste do rio Eufrates.

A história começa quando Abraão é orientado pelo Espírito Iahweh a deixar Ur, uma das cidades mais importantes do mundo antigo, e dirigir-se para uma terra a ser revelada. (Gênesis, 12:1 a 3.) Ao fim de longa peregrinação, ele, e depois seu filho Isaque, parece sempre residir em Betel,

Siquém, Hebron e Bersabea, ou seja, entre a Judeia e a Samaria do tempo de Jesus. Jacó, filho de Isaque, foge para escapar da cólera de seu irmão Esaú (por lhe ter usurpado a bênção da primogenitura — Gênesis, 27:1 a 45) e termina instalado no Egito, sob a proteção de seu filho José, que fora vendido como escravo por seus irmãos e depois elevado a administrador geral do Egito. (Gênesis, 37 ao 46.)

O Antigo Testamento sugere que os outros onze filhos de Jacó e suas proles também se situaram no Egito: Rúben, o mais velho, Simeão, Levi, Judá, Issacar e Zebulom, Gade e Aser, Benjamim, Dã e Neftali (Gênesis, 46:8 a 25). Algumas décadas depois da morte de José, a descendência de Jacó é escravizada e utilizada na construção das cidades egípcias Pitom e Ramsés (Êxodo, 1:8 a 14). Com Moisés, vem a libertação e o regresso à Palestina, e, com a liderança de Josué, inicia-se a conquista de Canaã, que se estendeu por sucessivos anos e batalhas.

Surgem as *doze tribos de Israel*, pois doze eram os filhos de Jacó.

Advém o período dos juízes e o início da monarquia (1100–1000 a.C.). Saul torna-se rei de Israel, mas depois da derrota para os filisteus, na batalha de Gelboé, ele comete suicídio.

Davi é eleito o novo rei, por volta do ano 1004 a.C., e promove expressivo crescimento político e militar. Recupera a independência de Israel, constitui um pequeno império e conquista Jerusalém, fazendo dela sua capital e introduzindo-a na história da raça e da humanidade, embora a área dessa cidade tenha sido ocupada pelo homem desde 4300 a.C. (SOTELO, 2003, p. 63.)

Salomão, filho de Davi, conduz o país ao apogeu. Hábil administrador, ele se torna também célebre por seus provérbios e poemas, por sua corte suntuosa e por construir o Templo para abrigar a Arca da Aliança,[2] o que transformou Jerusalém numa cidade santa. Com sua morte, próximo de 928 a.C., o reino se divide em dois: o reino de Israel, unificando dez tribos ao Norte, ressentidas pelos pesados tributos do período de Salomão; e o reino de Judá, englobando duas tribos ao Sul. Israel com capital em Siquém; Judá com capital em Jerusalém.

---

2 N.E.: Tabernáculo em que os hebreus guardavam as tábuas da lei de Moisés.

Davi é mencionado nas páginas do Novo Testamento nas expressões *filho de Davi* e *semente de Davi*, ditas a Jesus ou sobre Jesus. Esses títulos foram empregados por pessoas diversas: o cego de Jericó (MARCOS, 10:47), a mulher siro-fenícia (MATEUS, 15:22), os participantes da entrada triunfal em Jerusalém (MATEUS, 21:9).

O título garantia a pretensão messiânica de quem com ele era honorificado.

John Mackenzie (1983, p. 220) analisou as referências do apóstolo Paulo à descendência davídica de Jesus e concluiu que "a descendência real era um elemento fundamental ao caráter messiânico de Jesus, na visão da Igreja primitiva". A carta à comunidade cristã fundada em Roma qualifica Jesus como da linhagem de Davi (ROMANOS, 1:3). A segunda carta enviada a Timóteo repete a afirmativa. (2 TIMÓTEO, 2:8.)

Último dos oito filhos de Jessé (de Belém), Davi pertencia à tribo de Judá, e foi apresentado ao rei Saul como músico.

Narra o Antigo Testamento (1 SAMUEL, 16: 14 a 16):

> O espírito de Iahweh tinha se retirado de Saul, e um mau espírito, procedente de Iahweh, lhe causava terror, então os servos de Saul lhe disseram: Eis que um mau espírito vindo de Deus te aterroriza. Mande nosso senhor, e os servos que te assistem irão buscar um homem que saiba dedilhar a lira e, quando o mau espírito da parte de Deus te atormentar, ele tocará e tu te sentirás melhor.

Nada há de estranho no texto bíblico quando propõe que o Espírito perturbador havia sido enviado por Deus. Para a teologia do Antigo Testamento, Iahweh é a fonte do bem e do mal, e, por isso, Lúcifer não tinha autonomia para produzir o mal, sem a concordância de Iahweh, como também se vê no célebre episódio de Jó.

Davi adquiriu fama de herói militar ao abater Golias com uma funda[3] e uma pedra. A partir daí, origina-se o ciúme e a profunda aversão de Saul por Davi, que passa a ser perseguido pelo rei. Muitas peripécias marcam a

---
3 N.E.: Arma para arremessar pedras, balas, flechas etc. feita com uma correia ou corda dobrada, no centro da qual se coloca o que vai ser lançado.

história do jovem guerreiro, tendo mesmo prestado serviços mercenários aos filisteus, grandes inimigos de seu povo. De pastor chegou a príncipe e se transformou no governante ideal de Israel.

Para Mackenzie (1983, p. 219):

> Davi era o rei ideal porque realizou aquilo que se esperava de um rei e o fez melhor do que qualquer outro rei da tradição hebraica: unificou Israel; com seus êxitos militares, afastou os perigos externos; enriqueceu o seu povo; possibilitou ao israelita sentar-se à sombra de seu vinhedo e de sua figueira sem qualquer temor. Nenhum de seus sucessores o igualou nisso tudo.

A religião de Davi era igual à sua moralidade: a religião e a moral de um homem simples, ambicioso e violento. (MACKENZIE, 1983, p. 219.) Contudo, a tradição hebraica purificou quase completamente a imagem de Davi, diferenciando sobremaneira o mito do homem.

O trono de Israel é o de Judá, e o trono de Judá será sempre o de Davi; sua dinastia será eterna, conforme a profecia de Natã (2 SAMUEL, 7:12, 13,16):

> E quando os teus dias estiverem completos e vieres a dormir com teus pais, farei permanecer a tua linhagem após ti, gerada das tuas entranhas e firmarei tua realeza. Será ela que construirá uma casa para meu nome [...]. A tua casa e a tua realeza subsistirão para sempre diante de mim, e o teu trono se estabelecerá para sempre.

A aliança Iahweh e Davi, segundo tradição judaica posterior, prosseguiria em seus descendentes, dentre os quais apareceria outro governante, mais poderoso que Davi, destinado a construir o *reino ideal de Iahweh*.

Assim, a descendência de Davi se transforma numa questão fundamental da fé messiânica.

Como Jesus se posicionava diante dessa questão?

Na terça-feira antecedente à sua prisão, após ser sabatinado no Templo por chefes dos sacerdotes e anciãos do povo, entre eles saduceus e fariseus, Jesus interrogou aos últimos (MATEUS, 22:41 a 46):
— "Que pensais a respeito do Cristo? Ele é filho de quem?"
Responderam-lhe:
— "De Davi".
A resposta era amplamente conhecida.
JEREMIAS, 23:5 profetizara: "Suscitarei a Davi um germe justo; um rei reinará e agirá com inteligência e exercerá na terra o direito e a justiça".
Jesus, no entanto, replicou:
— "Como então Davi, falando sob inspiração, lhe chama Senhor, ao dizer: 'O Senhor disse ao meu Senhor: senta-te à minha direita [...]'?"
O trecho recitado pertence ao Salmo 110, atribuído a Davi. Sua interpretação messiânica era comumente aceita na época de Jesus.
Luís Alonso Schökel (BÍBLIA, 2000, p. 102, nota 22,41-46) salientou que a versão grega do salmo repete o termo *Senhor*, em grego, *Kyrios*. Mas a versão hebraica utiliza, respectivamente, os vocábulos *Yhwh* e *'adony*. E esclareceu Schökel: "[...] o texto hebraico distingue *Yhwh* e *'adony* (o primeiro divino, o segundo não)".
Nesse episódio, Jesus distingue a si próprio (*'adony*) de Deus (*Yhwh*), como em outros momentos: "A ninguém na terra chameis 'Pai', pois um só é o vosso Pai, o celeste" (MATEUS, 23:9). A tradição de chamá-lo *Kyrios* nascerá mais tarde, na Igreja primitiva.
Ele, por fim, silencia os fariseus com lógica irrespondível:
— "Ora, se Davi lhe chama Senhor, como pode ser seu filho?"
A conclusão induzida por Jesus é óbvia: o Messias é mais que simples descendente de Davi. (BÍBLIA, 2000, p. 102, nota 22, 41-46.)
Ernest Renan (2003, p. 256) bem analisou:

> Seu reino celeste não tinha nada em comum com a lembrança de Davi, que preocupava a maioria dos judeus. Seu reino e a libertação que ele projetava eram de uma natureza completamente diferente.

Pelo menos nos três séculos iniciais, expressivos grupos cristãos e comentaristas se opunham à descendência real de Jesus, negando da mesma forma autenticidade às suas genealogias — como faziam os ebionitas, os hebreus, os nazarenos, e Taciano, Marcião, Teodoreto e Isidoro de Pelúsio. (RENAN, 2003, p. 258.)

Jesus em nenhuma circunstância se referiu a si próprio como filho de Davi. Também não desautorizou os que o chamaram filho de Davi, como no episódio do Cego de Jericó (MARCOS, 10:47). Silenciou em relação a várias ideias em moda na sua época, sem que isso importasse em sua adesão a elas. Mas, nessa questão especial, deixou uma interrogação:

— "Ora, se Davi lhe chama Senhor, como pode ser seu filho?"

Mateus asseverou que desse dia em diante ninguém se atreveu mais a interrogá-lo. Era inútil terçar com as armas da inteligência; só poderiam vencê-lo com a violência.

Capítulo 5

ANCESTRAIS

> Um ramo sairá do tronco de Jessé, um rebento brotará das suas raízes. Sobre ele repousará o Espírito de Iahweh.
>
> (Isaías, 11:1 e 2.)

Quando desciam o Monte Tabor, após a transfiguração, os apóstolos perguntaram a Jesus (Mateus, 17:10 e 11):

— "Por que razão os escribas dizem que é preciso que Elias venha primeiro?"

A indagação surge inspirada na aparição de Elias, pouco antes, ao lado de Moisés.

Respondeu-lhes Jesus:

— "Certamente Elias terá de vir para restaurar tudo".

Joachim Jeremias, notável pesquisador alemão, esclareceu que o profeta Elias deveria anteceder ao Messias para pôr em ordem o povo e para restaurar em Israel a linhagem dos descendentes de Abraão. A função de Elias seria declarar a pureza ou a impureza genealógica das famílias, afastando aquelas que, erroneamente, foram declaradas legítimas. Somente as famílias israelitas puras poderiam ter certeza de participar da salvação messiânica, pois só a elas o mérito da legitimidade de origem ajudaria. (JEREMIAS, 2005, p. 401.)

O profeta Elias, segundo se pensava, estava incumbido de anotar num livro o casamento no qual um dos cônjuges não se mostrasse semelhante ao outro em termos de pureza, constituindo uma descendência ilegítima.

Acreditava-se que apenas aos filhos legítimos de Abraão estava reservada a conquista do reino de Deus.

João Batista alertava quanto a esse engano:

> Produzi, então, fruto digno de arrependimento e não penseis que basta dizer: "Temos por pai a Abraão". Pois eu vos digo que mesmo destas pedras Deus pode suscitar filhos a Abraão. O machado está posto à raiz das árvores, e toda árvore que não produzir bom fruto será cortada e lançada ao fogo. (MATEUS, 3:8 a 10.)

João quis dizer que todos os seres humanos estão submetidos às mesmas leis, sendo o mérito pessoal (o bom fruto) o critério certo de se alcançar o reino de Deus.

A concepção dominante, porém, ensinava que os méritos de Abraão e dos demais patriarcas se transmitiriam a todos os descendentes puros. Cada israelita possuiria, além dos próprios méritos, o mérito de seus antepassados.

Nos textos do profeta Jeremias há abundantes promessas sobre a restauração de Israel. Entre elas se destaca: "Naquele tempo — oráculo de Iahweh — eu serei o Deus de todas as famílias de Israel, e elas serão o meu povo". (JEREMIAS, 31:1.) Note-se que a profecia não se refere a "todos os israelitas", e sim a "todas as famílias de Israel", o que é diferente.

Intensa preocupação, por isso, dominava as famílias israelitas quanto à perpetuação da pureza de sangue. A seleção de genros e noras era austera.

Tradições genealógicas orais, arquivos públicos e particulares facultavam pesquisas minuciosas.

Sob a perspectiva do futuro, a legitimidade da origem fornecia o mérito para a salvação. Porém, a legítima filiação produzia outro efeito igualmente importante, mas imediato: definia a posição social do indivíduo.

A descendência legítima gerava a cidadania israelita, com os direitos civis decorrentes. O clero — sacerdotes e levitas — e os outros indivíduos de sangue puro constituíam o *Israel íntegro*, isto é, o Israel verdadeiro. (JEREMIAS, 2005, p. 368.)

Receber as dignidades, alcançar os postos públicos — seja para a condição de simples funcionário da administração pública, seja para oficiar nos tribunais regulares ou no tribunal supremo, o Sinédrio — dependia de provas da origem pura.

Em Séforis, a demonstração da pureza era predicado até para se obter uma vaga na guarnição militar.

A respeito da pessoa com imperfeições na série de seus antepassados, dizia-se que possuía presa a si *uma cesta de répteis*.

Num contexto assim, o mais comum dos israelitas procurava conhecer a linha de seus ancestrais, pelo menos quanto às últimas gerações, bem como buscava identificar de qual das doze tribos provinha. A genealogia representava um dos assuntos mais sérios da vida judaica no período pós-exílio na Babilônia. (GHIBERTI, 1986, p. 2.)

Das tribos, destacava-se a de Judá. Das famílias de Judá, a mais prestigiosa, naturalmente, era a *gens* davídica. Desse meio surgiria o príncipe da libertação e supremacia de Israel.

Compreensível é, diante de tudo isso, que os evangelhos atribuídos a MATEUS, 1:1 a 17 e a LUCAS, 3:23 a 38 tenham-se esmerado em relacionar os ancestrais de Jesus. Ambos procuravam, pelo direito de família israelita, ligar o filho do carpinteiro José, residente em Nazaré, ao maior dos reis judeus, Davi, que nasceu em Belém. E Lucas, apresentando os ancestrais de Jesus até Adão, procurou ainda ligar Jesus a todos os seres humanos.

As genealogias de Jesus oferecidas pelos evangelhos são procedentes?

É desconcertante, mas as genealogias de Mateus e Lucas não coincidem. Não apenas em virtude de Mateus descer a árvore genealógica de Abraão a Jesus, numa lista de 41 nomes, e Lucas, em ordem inversa, subi-la de Jesus até Adão e Deus, relacionando 77 nomes. Há mais que isso: elas são conflitantes, diferem substancialmente.

> De Abraão a Davi, elas se equiparam, porque ambas acompanham o Antigo Testamento (Rt 4: 12,18-22; 1Cr 2: 1-14). A seguir, aparecem as diferenças: 1º – Mt continua a genealogia por Salomão, Lc por Natã, filho de Davi. 2º – De maneira admirável, as listas estão de acordo no momento do exílio da Babilônia quanto ao nome de Salatiel, mas atribuem-lhe pais diferentes (Mt 1: 12: Jeconias [cf. 1 CRÔNICAS, 3: 17]; Lc 3: 27: Néri). 3º – A partir de Zorobabel, que as duas listas indicam

como filho de Salatiel, divergem, de novo, totalmente. Continuam por dois filhos diferentes de Zorobabel (Mt 1:13: Abiud; Lc 3:27: Ressa). 4º – As listas só se encontram novamente no momento de citar o carpinteiro José; divergem, pois, desde já quanto ao avô de Jesus: chama-se Jacó segundo Mt 1:16, Eli, segundo Lc 3:23. (JEREMIAS, 2005, p. 389.)

Na relação de Lucas estão 77 nomes. Nela, de Abraão a Jesus são citados 57 nomes, enquanto Mateus menciona 41 nomes para essa etapa. Em LUCAS, capítulo 3, Matat e Levi são repetidos duas vezes, nos versículos 24 e 29, num engano de copista, talvez.

Algumas pequenas discordâncias puderam ser explicadas. Outras permaneceram insolúveis.

Um erro grave em MATEUS, 1:17 reside em apontar 14 gerações entre Abraão e Davi, mais 14 gerações entre Davi até o exílio na Babilônia, e outras 14 do exílio na Babilônia até Jesus. Seriam 42 nomes, numa estrutura de três partes: a primeira e a última de pessoas comuns; e a parte do meio, composta por reis. Cada parte seria dividida em 14 elos genealógicos. Mateus quer salientar um planejamento divino, como se houvesse um significado numerológico na descendência de Jesus, porque 14 é o criptograma (código) do nome hebraico de Davi.

Bart D. Ehrman, renomado especialista em Novo Testamento, esclareceu que

> nas línguas arcaicas, as letras do alfabeto também funcionavam como numerais, de modo que a primeira letra do alfabeto hebraico, o alefe, também era o numeral 1; a segunda, beta, era 2; a terceira, guímel, era 3, e assim por diante. O hebraico arcaico também não empregava vogais. Então, o nome Davi era escrito D-V-D. Em hebraico, a letra D (dálete) é o número 4, e o V (vau) é o 6. Se você somar as letras do nome de Davi em hebraico, o resultado é 14. (EHRMAN, 2010, p. 52.)

Ocorre, todavia, que Mateus não listou 42 nomes, e sim 41. A terceira parte não contém 14 gerações, somente 13.

Como se não bastasse, para organizar seu arranjo 14-14-14, o evangelho atribuído a Mateus omitiu gerações de Davi até o exílio na Babilônia. Bart D. Ehrman informou:

> Mateus deixou alguns nomes de fora das 14 gerações de Davi à tragédia babilônica. Em 1:8, ele indica que Jorão é pai de Ozias. Mas sabemos por 1Cr 3:10-12 que Jorão não era pai de Ozias, e sim seu trisavô. Em outras palavras, Mateus retirou três gerações de sua genealogia. Por quê? A resposta é óbvia. Se ele incluísse *todas* as gerações, não poderia alegar que algo significativo acontece a cada 14 gerações. (EHRMAN, 2010, p. 51.)

Tese muito investigada sugeriu que uma das genealogias seria de Maria, mas LUCAS, 3:23 e MATEUS, 1:16 textualmente afirmaram que a linhagem familiar que eles apresentam é referente a José.

Não faltaram historiadores interpretando as duas listas como ficção. Joachim Jeremias (2005, p. 387) descobriu alguns casos de falsificações na história das genealogias em Israel. Apesar disso, chamou a atenção para a dificuldade de se "construir genealogias imaginárias" em face dos meios de controle então disponíveis. Jeremias se revelou favorável à origem davídica de José, fundamentando-se na perseguição que os filhos de Judas, "irmão" de Jesus, sofreram do Império Romano, por pertencerem à descendência de Davi. Apoiou-se também no testemunho unânime dos evangelhos e ainda na ausência de contestação à origem davídica de Jesus, pois seus opositores não deixariam de explorar tão influente argumento.

Joachim Jeremias (2005, p. 388-396), então, partindo da hipótese de que uma genealogia seria preferível à outra, concluiu que a de Lucas seria mais segura ou confiável, não obstante conter erros (se comparada ao Antigo Testamento) e, às vezes, surpreendentemente, corrigir equívocos do Antigo Testamento.

Não significa invalidar a lista de Mateus, somente reconhecer que ela empregou para sua organização fonte genealógica dos descendentes de Davi distinta daquela elegida por Lucas, que teria conservado mais elementos autênticos, pelo menos para as últimas gerações antes de José.

Para Renan (2003, p. 258), não há grande fundamento que não repouse sobre uma lenda: "Nenhum grande acontecimento da história se passou sem que desse motivo para um ciclo de fábulas. Jesus não pôde, mesmo querendo, interromper essas criações populares".

Daí, os erros e contradições das genealogias informadas por Mateus e Lucas parecem demonstrar que elas foram elaboradas e reelaboradas aos poucos, com base em tradições populares.

Capítulo 6

BELÉM

Mas tu, Efrata, embora o menor dos clãs de Judá, de ti sairá para mim aquele que será o dominador em Israel. Suas origens são de tempos antigos, de dias imemoráveis. Por isso ele os abandonará até o tempo em que a parturiente dará à luz.

(MIQUEIAS, 5:2 e 3.)

Nos dias atuais, Belém é um centro de peregrinação, com suas construções em altas paredes de pedra, intrincadas ruas estreitas, exibindo arcadas em seus trajetos.

Sempre pequenina, desde os tempos bíblicos, compondo notável contraste com as majestosas colinas do deserto da Judeia, a cidade está dominada pelos edifícios conventuais da Basílica da Natividade, construída no século VI. A basílica foi assentada sobre os vestígios de uma igreja mais antiga, levantada em 330 por Constantino, o imperador romano, e considerada, pela tradição, o local em que nasceu Jesus.

A singela aldeia sobrevivia da criação de ovelhas, da cultura do trigo (Belém quer dizer *casa do pão*) e dos pomares (*Efrata*, rica em frutos). Davi era o filho mais célebre, tendo crescido em seu território um milênio antes de Jesus, lutando contra leões e ursos para guardar os rebanhos paternos (1 SAMUEL, 17:34 a 36), e, mais tarde, sagrar-se rei.

A aldeia se tornou conhecida também pelo túmulo de Raquel, mulher de Jacó, sobre o qual o patriarca ergueu um monumento, ainda muito visitado na estrada entre Belém e Jerusalém.

Os evangelhos atribuídos a João e Marcos não fornecem informações sobre o nascimento de Jesus. Deixam a entender que Ele nasceu em Nazaré.

Mateus nada menciona da viagem que José e Maria teriam realizado, proporcionando à criança vir à luz em Belém. O texto de Mateus deixa a impressão de que José e Maria sempre residiram em Belém e se transferiram para Nazaré somente após o nascimento de Jesus e a fuga para o Egito. (CROSSAN, 1995a, p. 35.) É o que se subentende dos versículos 22 e 23 de seu capítulo 2:

> Mas, ouvindo que Arquelau era rei da Judeia em lugar de seu pai Herodes, [José] teve medo de ir para lá. Tendo recebido um aviso em sonho, partiu para a região da Galileia e foi morar numa cidade chamada Nazaré.

Ao contrário de Mateus, Lucas (2:1 a 5) situa o casal em Nazaré e descreve essa viagem de mais de 160 quilômetros, com duração média de cinco dias, justificando-a num decreto de César Augusto, que determinou um alistamento em todo o Império.

Lucas, 2:1 a 3 escreveu:

> Naqueles dias, apareceu um édito de César Augusto, ordenando o recenseamento de todo o mundo habitado. Este recenseamento foi o primeiro enquanto Quirino era governador da Síria. E todos iam se alistar, cada um na própria cidade.

Dos atos de domínio de Roma sobre os países conquistados, o censo era o que havia de mais impopular, porque era a base do imposto.

O censo permitia significativo avanço no controle e organização do império de Augusto, o Venerado, classificando homens e contabilizando bens, objetivando o lançamento de impostos e o serviço das armas. No entanto, não há evidência histórica de um censo mundial na fase de Augusto.

Muitos estudiosos negam a existência do censo, alegando, entre outras coisas, sua ausência de praticidade, ao impor o alistamento na cidade de origem, gerando desordem logística de consideráveis proporções. Sustentam a impropriedade desse deslocamento numa época de rudimentar sistema de transportes e o efeito caótico que decorreria da medida, com tamanha quantidade de pessoas transitando pelas estradas, simultaneamente. Argumentam que o censo teria finalidade fiscal, sendo ilógico cadastrar alguém longe de seu local de domicílio ou trabalho.

O texto evangélico, porém, não estabelece essa exigência como conteúdo do decreto imperial. Na verdade, José apenas seguiu um costume judaico: inscrever-se na aldeia de onde provinha sua casa. A decisão de viajar a Belém atendeu a um hábito local, razoável quando levada em conta a importância que assumia a pureza de linhagem (como visto no capítulo anterior).

A posição predominante entre os especialistas, desde Ernest Renan, é a de recusar o censo, principalmente porque Lucas situa o alistamento durante a administração de Quirino. Essa referência seria cronologicamente inexata. Fontes romanas e judaicas informam que Quirino, muito apreciado seja como militar, seja como administrador, assumiu o governo da Síria no ano 6 d.C., isto é, 11 anos depois do nascimento de Jesus, que ocorreu no ano 749 da fundação de Roma.

Conforme John Dominic Crossan (1994, p. 410), o motivo para Quirino realizar o censo foi a anexação dos territórios de Arquelau, quais sejam, Judeia, Samaria e Idumeia. O etnarca Arquelau não tratou melhor seu povo do que seu pai, Herodes. Pela sua crueldade, foi deposto e exilado por ordem de Augusto, em 6 d.C.

Vários estudos buscaram estender operações de estatística e de cadastro, ordenadas por Augusto, aos domínios de Herodes. Contudo, não foram considerados estudos respeitáveis.

Uma tradição conferiu o recenseamento a Sentius Saturninus, governador da Síria a partir de 8 a.C., e Lucas teria confundido seu nome com o de Quirino.

Werner Keller (1978, p. 355) relatou a descoberta de um fragmento de inscrição romana em Antioquia, registrando a presença de Quirino na

Síria antes de se tornar governador dessa província, incumbido, na ocasião, de missão militar. Ele teria fixado residência e quartel-general na Síria, entre os anos 10 e 7 a.C. Todavia, segundo Renan (2003, p. 99, nota 4), essa inscrição "pela qual se tentava outrora estabelecer que Quirino fez dois recenseamentos é reconhecida como falsa", mas o renomado autor não explica por que ela é falsa.

Os especialistas silenciam quanto a essa inscrição curiosamente harmônica com LUCAS, 2:2: "Esse recenseamento foi o primeiro". Essa afirmação dá a entender a existência de outros censos, sendo possível, portanto, um segundo censo, talvez o realizado no começo da administração de Quirino na Síria, enquanto o referido por Lucas seria aquele no qual nasceu Jesus.

Anne Logeay (2003, p. 18) opinou que a "incerteza ligada ao texto de Lucas pode ser legitimamente explicada pela confusão entre um recenseamento provincial, isto é, uma operação pontual [...], e as operações que correspondem a um recenseamento geral do império".

O pensamento dominante, no entanto, supõe que a omissão de Marcos e João sobre o assunto e as diversas citações de Mateus, indicando Nazaré como a terra de Jesus, sugerem que o parto em Belém foi uma elaboração posterior da comunidade cristã primitiva, em tentativa de ajustar Jesus às profecias messiânicas.

Na síntese de Pierre-Antoine Bernheim (2003, p. 42), "Lucas tentou tornar compatível um fato histórico (a origem galilaica de José) com uma construção teológica (o nascimento de Jesus em Belém)".

A indagação formulada no episódio da Festa dos Tabernáculos viria corroborar essa assertiva (JOÃO, 7:41 e 42):

— "Porventura pode o Cristo vir da Galileia? A Escritura não diz que o Cristo será *da descendência de Davi* e virá *de Belém?*"

Os interlocutores desse diálogo desconheciam o nascimento de Jesus em Belém, e não são esclarecidos, na ocasião, quanto à procedência belemita de Jesus.

Entre os estudiosos espíritas, o emérito Hermínio Miranda optou pela corrente majoritária e contestou o nascimento em Belém. Ele ainda considerou, depois de apoiar-se nos usuais argumentos:

> Acresce que a menção feita a Belém [...] não parece ser especificamente à cidade, do ponto de vista histórico e geográfico e, sim, como símbolo da Casa de Davi, numa conhecida figura de sintaxe. Vejamos: "Mas tu, Efrata, embora pequena entre *os clãs de Judá*, de ti sairá para mim aquele que será dominador em Israel". Um membro da casa de Orléans, por exemplo, não teria, hoje, de nascer necessariamente na cidade de Orléans e sim nascer *no clã* dos Orléans. A ideia de que Jesus seria mesmo aquele belicoso Messias anunciado levou a lamentáveis violências ao texto primitivo. Tornou-se necessário imaginar uma fórmula que, pelo menos para aqueles tempos, fosse aceitável para fazer Jesus nascer em Belém. (MIRANDA, 1988, p. 46.)

É preciso, no entanto, questionar: se o nascimento em Belém foi um embuste, por que agregar a ele um elemento histórico tão extraordinário, a saber, um censo como pretexto para a viagem Nazaré–Belém? Não seria mais fácil estabelecer outra razão menos complexa? LUCAS, 2:2 é irrelevante quando afirma que "esse recenseamento foi o primeiro"?

Bruno Maggioni (*in* GHIBERTI, 1986, p. 2) observou:

> Os evangelhos não são uma crônica, mas, sim, uma pregação e um testemunho; respeitam a historicidade essencial das coisas a que se referem, mas sobrepõem a ela uma ampla reflexão teológica, de modo que as referências históricas e as reflexões espirituais confundem-se quase completamente.

Os evangelhos são textos de divulgação de uma mensagem organizados dezenas de anos depois, e não biografias. Seus organizadores colheram informes da tradição oral e de algumas esparsas e fragmentadas fontes escritas em circulação, mas é de se presumir que eles não dispusessem de bibliotecas de consulta para definirem a cronologia de um acontecimento.

Por isso, Maggioni (*in* GHIBERTI, 1986, p. 7) preferiu a mais simples das explicações sugeridas para essa discrepância entre Lucas e as demais fontes. Lucas, cerca de oito décadas depois do nascimento de Jesus (KONINGS, 1998, p. 130), não se preocupou com exatidão histórica. Seu objetivo foi localizar o natalício no contexto temporal greco-romano. Para isso, ligou o censo ao governante mais conhecido da Palestina, *em torno da época*.

Fato é que, no século II d.C., o movimento cristão tinha inteira segurança do nascimento de Jesus em Belém.

Lucas, 2:6 e 7 relata que o casal chegou a Belém e, quando lá estava, "completaram-se os dias para o parto, e ela deu à luz o seu filho primogênito, envolveu-o com faixas e reclinou-o numa manjedoura, porque não havia um lugar para eles na sala".

A tradução da *Bíblia de Jerusalém* diz *sala*. Já a tradução ecumênica das Edições Loyola e a de Haroldo Dutra preferem *sala dos hóspedes*. João Ferreira de Almeida empregou *hospedaria*. Outras traduções optaram por *pousada, estalagem*.

No Oriente Médio, por milênios, existiu um tipo de abrigo onde as caravanas de camelos e viajantes costumavam passar a noite. Era chamado *caravançarai*. Consistia em um pátio cercado por muralhas e um único portão, protegendo acomodações de primeira, segunda e terceira classe, estando os melhores aposentos no andar superior, onde ficavam os quartos exclusivos para hóspedes ricos. Outros viajantes repousavam num aposento comum a todos. Quando não havia mais lugar, ou em se tratando dos mais pobres, as esteiras eram espalhadas tanto no pátio como no primeiro andar, áreas destinadas aos estábulos.

Maria talvez tenha entrado em trabalho de parto num lugar assim. Não havendo lugar nos aposentos compatíveis com sua condição financeira, ela pode ter sido acomodada junto aos estábulos.

Por outro lado, pesquisas arqueológicas demonstraram que os vilarejos da Judeia costumavam construir suas casas aproveitando as grutas naturais. Nas ruínas de Yatta, na Judeia, as pesquisas informaram que, de ordinário, as casas possuíam cavernas e manjedouras no piso inferior, utilizado durante o inverno para a proteção dos animais, cujo calor aquecia o segundo pavimento. Havia também casas mais simples, organizadas da mesma forma por grutas, separadas para abrigar, de um lado, animais, e, do outro, a vida doméstica das pessoas.

Belém é a cidade dos ancestrais de José. Natural que se hospedasse entre os parentes. Nesse caso, a opção pela tradução *sala* se adequaria perfeitamente à arquitetura local.

O texto grego serve-se da palavra *katalyma*, que designa *sala para guardar utensílios do lar*, ao lado da qual os animais domésticos pernoitavam. Para dizer *hospedaria* ou *albergue,* deveria ser utilizado o grego *pandocheío* — alojamento público.

Como Mateus deixa entender que José e Maria sempre viveram em Belém, ao inserir o episódio dos magos do Oriente, escreveu: "Ao entrar na casa, viram o menino com Maria, sua mãe, e, prostrando-se, o homenagearam". (MATEUS, 2:11.) Os magos visitaram o casal e a criança em uma *casa*.

Investigações realizadas na Basílica da Natividade descobriram uma rede subterrânea de grutas com artefatos datados desde o século VI a.C., demonstrando que as grutas já eram utilizadas no período de Jesus. Uma delas está situada logo abaixo do altar principal. Os trabalhos arqueológicos descobriram ainda muitos túmulos, datados, na maioria, do período de São Jerônimo (347–420 d.C.), documentando o desejo dos primeiros cristãos de terem sepultura em lugar santo, sugerindo o nascimento de Jesus na gruta vizinha.

Jesus nasceu na Judeia, em Belém.

Amélia Rodrigues (FRANCO, 1991a, p. 17), lastreada nas fontes espirituais, corroborou o nascimento em Belém e a viagem longa, especialmente para aquela mulher grávida, durante quatro ou cinco dias sacudida pelo trote da montaria, às vésperas de enfrentar o evento mais perigoso da vida de uma mulher no século I, o parto.

Capítulo 7 | SERVA DO SENHOR

Alegra-te, cheia de graça, o Senhor está contigo!
(LUCAS, 1:28.)

Maria, na exultante alegria da manjedoura ou sob o véu de tristeza ao pé da cruz, é um cromo desenhado pelas mãos do compromisso com a vontade divina e o lápis da renúncia.

Ante o anúncio do Espírito Gabriel, a fidelidade: "Eu sou a serva do Senhor; faça-se em mim segundo a tua palavra". (LUCAS, 1:38.)

Lucas julgou Gabriel um anjo, do grego ángelos, *mensageiro*, empregado para traduzir o hebraico *mal'ak, mensageiro. Anjo* não indica natureza, mas função.

O Antigo Testamento apresentou Gabriel como intérprete de um sonho de Daniel (8:16); noutra vez, como o encarregado de instruir a inteligência desse jovem profeta (9:21).

A veneranda entidade espiritual é correio celeste nas páginas do Novo Testamento. Além de anunciar Jesus a Maria, indica ao sacerdote Zacarias o nascimento do precursor, João Batista.

Seu nome, *Gabri'el*, significa *El (Deus) é forte*. A tradição lendária judaica tinha-o como um dos sete arcanjos que ficavam diante de Deus (MACKENZIE, 1983, p. 367). Ele afirmou: "Eu sou Gabriel; assisto diante de Deus" (LUCAS, 1:19) — expressão metafórica que expressa sua dimensão evolutiva como Espírito.

Textos apócrifos situaram a aparição do Espírito em um lugar público: numa fonte, quando Maria recolhia água. LUCAS, 1:28 informou que Maria se encontrava numa casa.

"Eis que conceberás no teu seio e darás à luz um filho, e tu o chamarás com o nome Jesus" — disse Gabriel. (LUCAS, 1:31.)

O nome *Jesus* remonta ao latim *Iesus*, transliteração do grego *Iesous*, que, por sua vez, traduz *Yeshua*, variação reduzida de *Yehoshua* — *o Senhor salva*, nome habitual em Israel no século I d.C. (BRUTEAU, 2001, p. 35.) Flávio Josefo (2005, p. 926) dá exemplo disso: "Ele (o rei Agripa) tirou ainda o sumo sacerdócio de Jesus, filho de Daneu, para dá-lo a Jesus, filho de Gamaliel".

Do termo Messias, *Mashiah*, o ungido, o eleito, as derivações: *Christos*, no grego, e no latim, *Christus*.

Uma profecia de ISAÍAS, 7:14 sugeria outro nome: Emanuel, *Immanu'el*, que significa *Deus conosco* ou *que Deus esteja conosco*.

O contexto dessa passagem de Isaías faculta sua compreensão não como referente a Jesus. Prevalecia a divisão política desencadeada com a morte de Salomão. As tribos hebraicas estavam reunidas, dez, ao Norte, constituindo o reino de Israel; duas, ao Sul, formando o reino de Judá. Faceia, rei de Israel, e Rason, rei de Aram, ameaçavam Acaz, rei de Judá, com um ataque, procurando forçá-lo a integrar uma aliança contra a Assíria. Em meio a isso, Acaz pensa em pedir proteção à Assíria. Isaías interveio e ofereceu ao rei de Judá um sinal que o convencesse a não se acumpliciar com os assírios. Contudo, não obteve êxito. Acaz recusou a garantia do auxílio divino e, em decorrência, recebeu uma profecia de condenação, com a seguinte indicação de seu cumprimento: "Eis que a jovem concebeu e dará à luz um filho e por-lhe-á o nome de Emanuel". (ISAÍAS, 7:14.)

Concluiu John Dominic Crossan (1995b, p. 33):

> Antes de qualquer "jovem mulher ter concebido e dar à luz um filho" e de esse filho "saber rejeitar o mal e escolher o bem" — ou seja, chegar à maturidade — os dois reinos agressores e o próprio reino de Acaz seriam devastados. Deus será de fato "Emanuel", isto é, "Deus com ele" — mas no juízo, não na salvação.

Para alguns intérpretes, a mãe e o menino representariam uma figura coletiva, simbolizando todos os meninos nascidos naquele período. Há quem conceba a mulher e a criança como esposa e filho de Isaías. Mais provavelmente o menino seria filho de Acaz, herdeiro de sua dinastia. Para muitos intérpretes modernos, porém, trata-se de uma predição direta do nascimento de Jesus ou do Messias.

Mateus e esses intérpretes estiveram em busca de algo em comum no Antigo Testamento: um texto que pudesse ser compreendido como profecia de uma concepção virginal. Por isso, eles viram na profecia de Isaías, 7:14 um sinal de esperança e não de condenação.

É o que se compreende por profecia confirmativa. Algo ocorre, e "a profecia é usada para entendê-lo, defendê-lo ou vindicar sua necessidade". (CROSSAN, 1995b, p. 85.) Diferencia-se da profecia constitutiva, cujo propósito é imaginar, descrever e criar um evento que não ocorreu. Na primeira, a confirmativa, a "história está selecionando a profecia para sua confirmação", enquanto, na segunda, "a profecia está criando história para sua realização". (CROSSAN, 1995b, p. 85.) Quando Mateus evoca Isaías, 7:14, está procurando justificar um fato que se lhe apresentou como histórico — o nascimento incomum de Jesus —, buscando esclarecimento para isso numa profecia antiga.

A mulher da profecia em Isaías, 7:14 está designada na tradução da *Bíblia de Jerusalém*, acertadamente, como *a jovem* (conforme a palavra utilizada pelo Antigo Testamento; em hebreu, *almah*; em grego, *neánis*) em vez do clássico *uma virgem* (em hebreu, *bethulah*; *parthénos*, em grego). Foi a versão grega dos Setenta (sábios) — a Septuaginta, composta entre 250 a 130 a.C., para uso dos judeus dispersos pelo mundo grego e incapazes de compreender sua língua de origem — que utilizou *uma virgem*.

Em Lucas, 1:27, Maria é *a virgem, parthénos*. Em nenhuma parte Maria foi chamada de virgem, senão nas histórias da infância.

O vocábulo hebraico *bethulah*, ou o correspondente grego, *parthénos*, afirma virgindade como integridade física da mulher. *Almah*, ou o grego *neánis*, exprime a condição de jovem, moça em período de casamento, noiva ou esposa recém-casada.

Geza Vermes (2006, p. 252), renomado professor da Universidade de Oxford, comentou:

> A interpretação [...] de *almah* como *parthénos* ('virgem', 'donzela') foi [...] [modificada] nas traduções gregas posteriores (primeiro ou segundo século d.C.) de Isaías; todas trocaram a 'jovem menina' (*neánis*) pela 'virgem' (*parthénos*) da versão septuaginta. Em linguagem clara, a genealogia e a narrativa do nascimento por Mateus refletem uma imagem de Jesus nascido de uma virgem que foi criada exclusivamente e só tinha sentido para a igreja helenista.

Vermes (2006, p. 252) observou, conjuntamente, que o termo *virgem*, perante os judeus, era passível de várias interpretações, entre elas a ausência de experiência sexual. Assim, também, ao grego *parthénos* era admissível relacioná-lo a uma jovem casada. Ele acrescentou:

> Na verdade, na tradução septuaginta do Velho Testamento, *parthénos* foi usado para traduzir três palavras hebraicas diferentes, 'virgem', 'menina' e 'jovem mulher' [...]. Mesmo a palavra *bethulah*, que normalmente significa *virgo intacta*, quando usada por eles podia transmitir um sentido lateral [sic] de imaturidade corporal, com a consequente incapacidade de conceber. Na terminologia rabínica, esse tipo de virgindade numa mulher cessava com o início da puberdade física. A *Mixná*, o mais velho dos códigos rabínicos, define a virgem como uma mulher que 'nunca viu sangue, mesmo se for casada' (mNiddah 1:4). A *Tosefta*, outro antigo código legal judeu, afirma [...] que a mulher continuaria a contar como virgem mesmo depois de ter concebido e dado filhos à luz sem menstruação anterior! (tNiddah 1:6).

A concepção da *Mishná* e da *Tosefta* propõe *virgem* quanto à menstruação. A mulher que engravidasse logo à primeira relação, e que ainda não tivesse a menarca, seria uma mãe virgem. (VERMES, 2006, p. 253.)

Maria era uma virgem prometida a José, com o vínculo legal dos esponsais, sem a celebração do casamento, marcado pelo início da vivência sob teto comum. Os hebreus realizavam os casamentos em duas fases: primeiro, a troca de compromisso (a *ketubah*); depois, a transferência da esposa para a casa do marido.

Joachim Jeremias (2005, p. 483) esclareceu:

> O noivado, que precedia o pedido em casamento e a execução do seu contrato, expressava "a aquisição" (*qinyan*) da noiva pelo noivo e, assim, a conclusão válida do casamento; a noiva passa a se chamar "esposa", pode ficar viúva (submetendo-se à lei do levirato, devendo casar-se com o irmão do noivo falecido), é repudiada por um libelo de divórcio e castigada de morte em caso de adultério.

Em Israel, as jovens recebiam tratamento jurídico específico, conforme a faixa etária. A menoridade se encerrava aos 12 anos e um dia. A qualificação *moça* definia o período entre 12 anos e 12 anos e meio. A maioridade iniciava aos 12 anos e meio.

O poder paterno tinha caráter absoluto até os 12 anos da menina. Ela nada podia possuir. A renda do seu trabalho ao pai pertencia, e a ele, inclusive, era dado o direito de vender a filha menor como escrava. Para ela, o casamento era irrecusável. A menina maior de 12 anos e meio estava livre para decidir sobre seu casamento, embora a seu genitor coubesse o dote a ser pago pelo noivo.

Normalmente, para evitar-lhe a autonomia, o pai acertava o casamento da filha antes da maioridade, com a *ketubah*.

Realizava-se o matrimônio, por regra geral, um ano depois do noivado. O casal morava quase sempre com a família do marido. Desde então, nascia para a mulher a obrigação religiosa de obediência a ele, como a um senhor. Os filhos deviam prezar mais ao pai que à mãe. A ela competiam todas as diligências do lar: "moer, cozinhar, lavar, amamentar os filhos, fazer a cama do marido e, para compensar sua manutenção, fiar e tecer a lã [...] preparar a bacia para o marido, lavar-lhe o rosto, as mãos e os pés". (JEREMIAS, 2005, p. 485.)

Ou seja, tratava-se de verdadeira serva.

Conta MATEUS, 1:18 que Maria engravidou antes da consumação do matrimônio, mas por obra do "Espírito Santo".

Os acontecimentos da concepção de Jesus são narrados por Mateus com foco em José, da perspectiva do varão. Lucas, 1:34 encadeia sua narrativa sob a perspectiva de Maria:

— "Como é que vai ser isso, se eu não conheço homem algum?"

Logo, a despeito de qualquer equívoco de tradução, *almah* por *parthénos*, não obstante qualquer raciocínio interpretativo, Mateus e Lucas afirmam que Maria concebeu antes do casamento e sem ter coabitado com homem.

A resposta de Gabriel foi enigmática (Lucas, 1:35):

— "O Espírito Santo virá sobre ti, e o poder do Altíssimo vai te cobrir com a sua sombra; por isso o Santo que nascer será chamado Filho de Deus".

O que entender por uma sombra que fecunda?

Alguns propuseram nas expressões "virá sobre" e "cobrir com a sua sombra" sutis alusões à comunhão sexual. Mais comum, no entanto, é a interpretação da expressão *nuvem de Iahweh* como um sinal de sua presença; seu poder operaria a fecundação.

Os povos pagãos estavam acostumados com a ideia de nascimentos extraordinários. Seus mitos e lendas popularizaram histórias de heróis gerados por processos supranormais, por intermédio de mulheres jovens e virgens, como forma de atribuir origem divina.

Jacques Duquesne (2005, p. 40) cogitou se os evangelistas não se teriam inspirado em relatos antigos de deuses que tiveram relações sexuais com jovens da raça humana. Cita o exemplo de Perseu, da mitologia grega. Perseu seria filho da virgem humana Dânae com Zeus, que, para o processo fecundante, envolveu a jovem numa chuva de ouro. Mas é o próprio Duquesne que conclui: "o clima bastante sóbrio dos relatos evangélicos nada tem a ver com os da mitologia grega, bem mais licenciosos".

Ademais, os padrões religiosos dos israelitas não toleravam a ideia de Deus fecundando meninas. Iahweh era chamado o Inominável, seu nome sequer podia ser pronunciado, o que revela a distância entre Ele e suas criaturas.

Certo é que algo aconteceu à *mãe de Jesus*, como João prefere chamá-la em seu Evangelho, nunca citando seu nome. Seu questionamento a Gabriel

(LUCAS, 1:34), sua personalidade impoluta, o papel que desempenha junto a nobres falanges do mundo espiritual, tudo isso sustenta um fato singular.

Jesus classificou os Espíritos em duas ordens: a dos imundos ou impuros, isto é, com máculas; e a dos santos. O termo "santo" (latim, *sanctu*) é empregado em substituição à raiz hebraica "kdsh", que tem o significado básico de "separado". (MACKENZIE, 1983, p. 847.) Daí, "separado" dos pecadores, sem mácula, "essencialmente puro", de expressiva evolução intelecto-moral.

A ação do *Espírito Santo* seria a causa da concepção extraordinária.

Na melhor compreensão, a denominação *Espírito Santo* é representativa das falanges espirituais superiores.

Convém recordar que não era essencial à fé e à doutrina cristã a crença na concepção virginal. Antes, a repercussão dessa ideia oferecia obstáculos e entraves à marcha da mensagem cristã entre os judeus, para os quais a divulgação de uma concepção fora do casamento era escandalosa.

Mais tarde, opositores do Cristianismo tomariam a tese da concepção incomum de Jesus como pretexto para difamá-lo. Entre eles estava Celso (fim do século II). Esse filósofo pagão argumentou que essa tese serviu apenas para encobrir a filiação ilegítima de Jesus, a bastardia.

Celso e textos judaicos acrescentaram que o pai ignorado de Jesus seria um legionário romano chamado Pantera. Os especialistas entendem que é maldosa e falsa essa sugestão, e sugerem que o nome Pantera é uma corruptela zombeteira do grego *parthénos*, virgem. (CROSSAN, 1995a, p. 34.)

Por que os dois evangelistas enveredaram por essa narrativa tão delicada?

Por que afirmaram o caráter excepcional do nascimento de Jesus, sabendo-o inaceitável à mentalidade dos judeus?

A divulgação dessa embaraçosa questão é, para muitos, um atestado da boa-fé dos evangelistas. Outros entendem que isso não basta para garantir veracidade.

Certo mesmo é que o estudioso do Evangelho deveria buscar a sensatez e se abster de qualquer teoria que macule a lembrança dos venerandos vultos de José e Maria.

Além da concepção virginal, alguns autores antigos e modernos entreviram, nas palavras da jovem ao Espírito Gabriel, um voto permanente de virgindade. Os evangelhos não contêm qualquer evidência desse voto; nada permite supor que Maria continuou virgem depois.

Mateus informa que José era justo e não queria denunciar publicamente a gravidez de Maria. Os direitos dos noivos se assemelhavam aos dos casados: a noiva infiel era passível da pena de morte, mediante assassinato: ritual por apedrejamento ou lançamento num poço.

A gravidez fora do casamento refletia o fracasso da família em proteger a jovem.

Outra alternativa era despedir a noiva com uma carta de divórcio, assinada perante duas testemunhas, preservando o fato de escândalo. José preferiu repudiá-la assim.

Todavia, alertado em sonho por um Espírito nobre — *Anjo do Senhor* — quanto à procedência e destino da criança, "recebeu em casa sua mulher. Mas não a conheceu até o dia em que ela deu à luz um filho". (MATEUS, 1:24 e 25.)

Numa sociedade regida pelo paradigma honra e vergonha, o que fez José manter em segredo a gravidez de Maria e desposá-la?

A resposta está na mediunidade onírica de José, confirmada por mais três passagens em MATEUS, 2:13, 19 e 22.

Conhecer era eufemismo dos judeus para se referirem à relação sexual. Mateus foi específico em realçar que José não *conheceu* Maria *até* o dia do parto.

A ascensão do Cristianismo nas culturas pagãs encontrou populações condicionadas à adoração de entidades mitológicas femininas, e essas populações ressentiam psicologicamente a ausência da orientação feminina nas lideranças do movimento cristão após o século I.

Maria era a candidata natural a suprir o arquétipo feminino na religiosidade dos indivíduos que viviam a transição entre o paganismo e o monoteísmo. Por isso, ela foi aos poucos ocupando um lugar especial na cristandade.

Num dos concílios de Éfeso (431 d.C.), Maria foi intitulada *Mãe de Deus*. Momentos específicos de devoção, então, foram criados para ela.

Maria, ao longo da história da Igreja de Roma, passou a ser cultuada como uma quase deusa, quase a quarta pessoa de uma "santíssima quaternidade", inspirando dogmas: a maternidade divina; a perpétua virgindade, antes, durante e depois do parto; a absoluta santidade.

Nos séculos XIX e XX, respectivamente, dois outros dogmas foram instituídos: a Imaculada Conceição de Maria (a concepção de Maria sem pecado original, 1854 — Bula *Ineffabilis Deus*, de Pio IX); e a assunção de Maria ao céu (Maria teria sido transportada para o céu com o seu corpo e alma unidos, 1950 — Bula *Munificentissimus Deus*, de Pio XII).

Foi o dogma da virgindade perpétua que provocou a necessidade de se encontrar uma explicação para a presença, nos evangelhos, dos irmãos e irmãs de Jesus.

Capítulo 8 — IRMÃOS DE JESUS

Não é ele o filho do carpinteiro? Não se chama a mãe dele Maria e os seus irmãos Tiago, José, Simão e Judas? E as suas irmãs não vivem todas entre nós?

(Mateus, 13:55 e 56.)

Todo o Novo Testamento menciona os irmãos de Jesus.

Mateus narra que Jesus, em certa ocasião, estava cercado por compacta multidão, e "sua mãe e seus irmãos" tentavam alcançá-lo. Alguém avisou Jesus, levando-o a perguntar: "Quem é minha mãe e quem são meus irmãos?" (Mateus, 12:48).

Marcos, 3:33 e Lucas, 8:21 relatam a mesma passagem.

João, 7:5 informa que "nem mesmo os seus irmãos criam nele".

Em Atos dos Apóstolos, 1:14, são contados como integrantes da comunidade cristã de Jerusalém, os apóstolos, com algumas mulheres, entre as quais "Maria, a mãe de Jesus, e com os irmãos dele".

Paulo, na Primeira Espístola aos Coríntios, 9:5, também destaca "os irmãos do Senhor". Essa passagem, inclusive, assinala que os irmãos de Jesus eram casados. Aos Gálatas, 1:19, o apóstolo dos gentios se refere a "Tiago, o irmão do Senhor".

"A história de José, o Carpinteiro", texto apócrifo, cujas cópias remanescentes da Antiguidade estão em árabe e em copta, fala em quatro meninos e duas meninas provenientes do casamento anterior de José.

(VERMES, 2006, p. 183.) Com base nisso, a Igreja Ortodoxa (grega) supõe Jesus cercado de irmãos e irmãs por parte de pai.

Já o "Protoevangelho de Tiago", outro apócrifo, datado de 150 d.C., além de ligar os irmãos de Jesus a um primeiro casamento de José, nomeia pais a Maria, que são celebrados pela Igreja de Roma: Sant'Ana e São Joaquim.

Flávio Josefo refere-se à condenação de Tiago, "irmão de Jesus".

Eusébio de Cesareia, autor de *História eclesiástica* (fim do século III), descreve o interrogatório que Domiciano (imperador romano entre 81 e 96 d.C.) dirigiu contra os netos de Judas, "irmão do Salvador segundo a carne". (CESAREIA, 2002, p. 62.) Vespasiano havia ordenado a execução de todos os judeus descendentes de Davi, passíveis, pois, de pretenderem o trono em Israel. Delatados os netos de Judas às autoridades romanas, e embora tenham admitido pertencerem à linhagem de Davi, Domiciano concluiu que não passavam de camponeses pobres e inofensivos, libertando-os, quando então se tornaram "líderes das igrejas, tanto porque deram seu testemunho, como porque eram da família do Senhor". (MIRANDA, 1988, p. 58.)

Lucas, 2:6 e 7 declara que José e Maria estavam em Belém quando se completaram os dias para o parto, "e ela deu à luz o seu filho primogênito". A preferência pelo termo *primogênito* (gerado antes dos outros) sobre *unigênito* (único gerado por seus pais) favoreceria, em princípio, a hipótese de Maria ser mãe de outros filhos e afasta a hipótese de José ter filhos de uma primeira união, vez que Jesus foi consagrado como o primogênito de José no Templo. (Lucas, 2:22 e 23.)

A primogenitura salientada por Lucas, 2:7 sublinha a dignidade e os direitos da criança. Mas há quem proponha (MIRANDA, 1988, p. 55) que o termo grego *prototokos*, primogênito, permite ocasionalmente equiparação a *monogenes* — unigênito.

A Igreja sempre negou a existência de irmãos para Jesus, mas por duas razões: sustentar o dogma da virgindade perpétua de Maria e a doutrina do pecado original, formulada por Santo Agostinho como solução ao problema do mal (moral e físico).

Sem dúvida, esse problema foi o obstáculo contra o qual a filosofia grega debateu-se em vão: "De que modo concordar a absoluta sabedoria e poder de Deus com todo o mal que há no mundo, por ele criado?" (PADOVANI, 1990, p. 189).

Santo Agostinho negou a realidade metafísica do mal, com acerto. O mal não é ser, mas privação de ser; é a ausência do bem.

Contudo, para ele, o mal moral "entrou no mundo humano pelo pecado original e atual. Por isso, a humanidade foi punida com o sofrimento, físico e moral, além de o ter sido com a perda dos dons gratuitos de Deus". (PADOVANI, 1990, p. 213.)

Os homens sofrem porque são concebidos em pecado, o pecado do *casal original* — os mitológicos Adão e Eva.

Com essa doutrina, ergueram-se 1.500 anos de hostilidade à mulher e ao sexo, no Ocidente. À Igreja do após pecado original convém imacular Maria, para fazer dela uma mulher diferente, acima das outras, que concebeu sem sexo e se perpetuou virgem.

Jacques Duquesne (2005, p. 95) criticou lucidamente a tese do pecado original:

> milhares de páginas foram escritas e milhares de sermões dados para explicar às massas que Deus enviou Jesus à Terra para suportar os piores sofrimentos e a morte, a fim de "apagar a mácula original e de seu pai apaziguar a ira", como diz um velho cântico, "Meia-noite cristã", que [...] difundiu amplamente esse absurdo. Pode-se de fato imaginar um Deus do amor — o Pai do filho pródigo, como na célebre parábola — que só consente em perdoar aos homens as tolices do primeiro casal enviando Seu Filho para se oferecer a Ele em sacrifício? É uma visão horrível de Deus, em apresentação bárbara, banhada de sangue e carregada de uma obsessão de vingança tal que Ele sacrificará a ela Seu próprio filho. Nada tem a ver com a mensagem de Jesus, o qual jamais evocou o pecado original, e sim o mal do mundo, o que é totalmente diferente.

O problema filosófico do mal recebeu do Espiritismo, a partir do século XIX, todo um desenvolvimento elucidativo. Seu paradigma dissolveu a aparente contradição espírito e matéria, falíveis e finitos, em face do

Criador perfeito. Na concepção do mundo e do ser, o Espiritismo revelou a lei de evolução das formas materiais e da alma. Propôs e demonstrou na criatura humana a presença de uma essência imortal, que transpõe a fieira da ignorância e da potencialidade na direção da plenitude e do ato, cedendo aos impulsos da lei de evolução à medida que se submete à metodologia das reencarnações. Com isso, o mal se afigura somente como o vazio momentâneo do bem ainda não conquistado.

A cultura judaica, ao tempo de Jesus, não revelou complexos e morbidez quanto à sexualidade, havida como positiva e normal — parte integrante da experiência amorosa do casal, existindo até grande liberdade no convívio sexual entre marido e mulher. O Judaísmo ministrado pelos rabinos dava ao corpo a mesma importância que o Cristianismo depois deu à alma.

Os judeus, naquele tempo, acreditavam que relações sexuais no período de gravidez animavam o feto e o fortificavam. (DUQUESNE, 2005, p. 77.)

José absteve-se dessa tradição. MATEUS, 1:24 e 25 informa que ele "recebeu em casa sua mulher. Mas não a conheceu até o dia em que ela deu à luz um filho".

Muitos dos apóstolos eram casados. Só mais tarde, por volta de 306 d.C., a partir do sínodo de Elvira (antiga cidade, próxima da atual Granada, Espanha), o celibato a sacerdotes e religiosos se tornou obrigatório. (ARIAS, 2001, p. 168.)

Os textos gregos dos evangelhos empregaram, respectivamente, *adelphos* e *adelphes* para citar os irmãos e irmãs de Jesus. Para dizer *primos*, deveriam ter utilizado *anepsios*.

Sobre nenhum outro tema os escritos do Novo Testamento se serviram de *adelphos,* querendo dizer *anepsios*. Paulo, quando escreveu aos COLOSSENSES, 4:10, enviou-lhes as saudações de "Marcos, primo de Barnabé". Todavia, anotou *anepsios*, isto é, utilizou a palavra exata, correspondente a primo, em vez de *adelphos*. Entretanto, ao falar de Tiago, o irmão de Jesus, Paulo emprega *adelphos*.

Não obstante, o fato é que os irmãos atribuídos a Jesus pelos textos citados não são objetivamente seus irmãos.

O evangelista João (19:25) situa três mulheres perto da cruz, no Gólgota: "sua mãe, a irmã de sua mãe, Maria, mulher de Clopas, e Maria Madalena". MATEUS, 27:56 e MARCOS, 15:40 acrescentam Salomé ao grupo, mãe de Tiago e João, filhos de Zebedeu.

Entre os doze, são dois apóstolos chamados Tiago, o Menor e o Maior. Durante o ministério de Jesus, destaca-se o filho de Zebedeu (o Maior); após a crucificação, destaca-se na igreja de Jerusalém Tiago, o Menor, *o irmão do Senhor*.

Duas irmãs *Maria* é algo incomum, e se explica, talvez, por alguma inexatidão, "vinda do hábito de dar às mulheres da Galileia, quase que indistintamente, o nome de Maria". (RENAN, 2003, p. 102.)

A irmã da mãe de Jesus, de acordo com os evangelhos, era esposa de Cléofas, ou Clopas (JOÃO, 19:25), ou Alfeu (MATEUS, 10:3). Esses dois nomes, Cléofas e Alfeu, parecem indicar a mesma pessoa, sem que tenham a mesma etimologia. Ernest Renan (2003, p. 103) comenta ter vigorado uma substituição artificial de alguns nomes: os *José*, também chamados *Hegésipo*; os *Eliakim*, *Alcimo*. Uma substituição assim pode justificar *Cléofas* e *Alfeu*.

Essa irmã da mãe de Jesus é apresentada em MATEUS, 27:56 como mãe de Tiago e José, por sua vez, apresentados como *irmãos* de Jesus em MATEUS, 13:55. Logo, Tiago, *o irmão do Senhor*, é primo de Jesus.

Uma passagem reforça a unigenitura de Jesus: a entrega de Maria aos cuidados de João, o apóstolo, pelo próprio Jesus, no Calvário. Por que Ele a deixou sob a proteção do apóstolo, se ela possuía outros filhos?

Humberto de Campos, comentando os caminhos de Maria depois da crucificação, esclareceu que, dispersados os discípulos, para a causa da divulgação da Boa-Nova, a mãe de Jesus se retirou "para a Bataneia, onde alguns parentes mais próximos a esperavam". Anos transcorreram até que João pudesse cumprir a incumbência com a qual Jesus o distinguira. Ele foi procurá-la na Bataneia e ofereceu "o refúgio amoroso da sua proteção", conduzindo-a para Éfeso. (XAVIER, 2013a, cap. 30, p.194-195.)

Provavelmente, como creem alguns estudiosos, a palavra inserida em MATEUS, 12:48; 13:55 foi *ah* — designativo de "parentesco mais ou menos próximo", como irmãos, primos. O hebraico antigo é tido como língua pobre no que diz respeito à diversidade vocabular, compondo-se de termos com vários e amplos significados.

Amélia Rodrigues confirmou que os supostos irmãos de Jesus eram os filhos de Maria de Cléofas (FRANCO, 1991a, p. 29):

> Tiago, *o Moço*, Judas Tadeu, seu irmão, e Mateus Levi, o ex-publicano, eram filhos de Alfeu e Maria de Cléofas, parenta de Maria, Sua mãe, nazarenos todos, eram primos afetuosos e passavam como seus irmãos.

É essa também a opinião de Humberto de Campos (XAVIER, 2013a, cap. 5, p. 35):

> [...] Levi, Tadeu e Tiago, filhos de Alfeu e sua esposa Cleofas, parenta de Maria, eram nazarenos e amavam a Jesus desde a infância, sendo muitas vezes chamados "os irmãos do Senhor", à vista de suas profundas afinidades afetivas. [...]

Da parte do Mestre de Nazaré, não restaram dúvidas:
— "Quem é minha mãe e meus irmãos?"
E, repassando com o olhar os que estavam sentados a seu redor, disse:
— "Eis a minha mãe e os meus irmãos. Quem fizer a vontade de Deus, esse é meu irmão, irmã e mãe." (MARCOS, 3:33 e 34.)

Capítulo 9 — ESTRELA NO ORIENTE

> *Eis que vieram magos do Oriente a Jerusalém, perguntando: "Onde está o rei dos judeus recém-nascido? Com efeito, vimos a sua estrela no seu surgir e viemos homenageá-lo".*
>
> (Mateus, 2:1 e 2.)

Os magos causaram alarme a Herodes e a toda Jerusalém quando perguntaram pelo "rei dos judeus recém-nascido" e mencionaram a estrela anunciadora que cruzou os céus do Oriente.

Convocados o alto clero e os escribas, Herodes perguntou-lhes onde deveria nascer o Messias. Responderam-lhe: Belém. Ardiloso, ele simulou o desejo de homenagear o príncipe-menino, rogando aos magos, no regresso, trazerem notícias sobre a criança.

"E eis que a estrela que tinham visto no seu surgir ia à frente deles até que parou sobre o lugar onde se encontrava o menino. Eles, revendo a estrela, alegraram-se imensamente". (Mateus, 2:9 e 10.)

Muitos estudiosos são céticos e não creem na ocorrência do fenômeno, afinal era comum entre os antigos anunciar o aparecimento de uma estrela especial na oportunidade do nascimento de um *grande*.

Há séculos, no entanto, vêm sendo concebidas variadas explicações sobre esse sinal do céu que anunciou Jesus.

Diversos corpos celestes e fenômenos astronômicos foram sugeridos para explicar a estrela de Belém: meteoros, cometas, o planeta Vênus, novas e supernovas.

Orígenes, um dos maiores sábios do Cristianismo de todos os tempos, foi quem propôs a hipótese de um cometa, mais tarde denominado cometa de Halley.

A sugestão se tornou tradição popular a partir de 1301, depois de nova passagem do cometa Halley junto à Terra, vindo a incorporar telas e afrescos acerca do tema, representando-se acima do estábulo de Belém um cometa resplandecente.

Os registros chineses sobre os cometas esclarecem, contudo, que a passagem do Halley, no começo da Era Cristã, se verificou em 25 de agosto do ano 12 a.C., mostrando-se visível na constelação de Gêmeos; logo, anos antes do nascimento de Jesus.

Dois outros cometas mencionados nos registros chineses poderiam ser considerados, em tese. O primeiro apareceu na constelação de Capricórnio no ano 5 a.C., ou seja, o ano em que as fontes espirituais designam o nascimento de Jesus: 749 da fundação de Roma (XAVIER, 2013d, cap. 15, p. 82), e não 754, como fixado por equívoco pelo frei Dionísio, o Pequeno. O segundo cometa surgiu na constelação da Águia, no ano 4 antes de Cristo.

Estrelas explosivas poderiam igualmente elucidar a citação do Evangelho de Mateus. As novas e as supernovas são astros que, respectivamente, têm a luminosidade multiplicada por dez mil vezes e cem milhões de vezes, durante semanas, e desaparecem do firmamento em seguida. As novas costumam ser frequentes; em média, cinco por ano. As supernovas, muito raras; uma a cada trezentos anos.

A hipótese de que o corpo celeste avistado pelos magos fosse uma estrela nova ganhou respaldo quando o astrônomo dinamarquês Tycho Brahe detectou o aparecimento de uma brilhante estrela na constelação de Cassiopeia, em 11 de novembro de 1572. A magnitude (brilho de um astro) e a cintilação (deformação da onda luminosa das estrelas) fizeram essa explosão de estrela visível à luz do dia e observável por mais de dezessete meses. Àquela época, o evento provocou ampla repercussão e

CAPÍTULO 9 | ESTRELA NO ORIENTE

perigosas implicações. A imutabilidade dos céus era um dogma da Igreja. Esse fenômeno abalava os alicerces de um céu perfeito, fixo e imutável. Prosseguindo em suas pesquisas, Tycho Brahe descobriu ainda que o fenômeno ocorrera em 7 a.C., data plausível para o nascimento de Jesus entre os especialistas.

Pouco antes do Natal de 1603, o astrônomo Johannes Kepler foi surpreendido, em Praga, através do seu modesto telescópio, pelo também belo e raro fenômeno da conjunção dos planetas Júpiter e Saturno. Kepler recordou um escritor judeu que citava uma tradição: o Messias surgiria durante uma conjunção de Saturno e Júpiter na constelação de Peixes, pois Júpiter era considerado a *estrela* da realeza e Saturno era a *estrela* protetora de Israel.

Chama-se conjunção a posição de dois corpos celestes no mesmo grau de longitude. Os cálculos de Kepler demonstraram a ocorrência de uma conjunção planetária tríplice entre Júpiter, saindo da Constelação de Aquário, e encontrando Saturno na constelação de Peixes, em 7 antes de Jesus. Kepler foi corrigido, mais tarde, pelo cronologista alemão Christian Ludwig Ideler, no início do século XIX. A tríplice conjunção deu-se em 748 da fundação de Roma, isto é, no ano 6 a.C., em 20 de maio, 27 de outubro e 12 de novembro.

Essa tese aclararia dois trechos do relato evangélico.

MATEUS, 2:2 diz na tradução da *Bíblia de Jerusalém*: "vimos a sua estrela no seu surgir". Em nota ao versículo, é lembrada a tradução tradicional: "vimos a sua estrela no Oriente".

Júpiter e Saturno teriam realizado uma aparição helíaca. Os astrônomos utilizam o termo *helíaco* para expressar o nascimento visível de um astro no crepúsculo da manhã.

Conforme Werner Keller (1978, p. 359):

> Críticos hábeis descobriram que as palavras *no Oriente* correspondem ao original *en té anatolé*. Isso é grego, na forma singular. Em outra passagem, *anatolai*, portanto plural, é traduzido por *Oriente*. A forma singular *anatolé* devia ter, porém, um sentido astronômico todo especial, devendo compreender a observação do nascimento

do astro de madrugada, o nascimento helíaco. De acordo com essa crítica do texto, a tradução clara, na linguagem especializada dos astrônomos, seria: "Vimos sua estrela aparecer nos alvores do crepúsculo matutino".

Um segundo trecho ganharia também compreensão com a hipótese da conjunção Júpiter—Saturno.

O versículo 10, do capítulo 2, de MATEUS, narra o reencontro dos magos com a estrela, após deixarem Herodes em Jerusalém: "Eles, revendo a estrela, alegraram-se imensamente".

Uma conjunção tríplice é a sucessão de três conjunções de dois planetas num curto período, e não a aproximação de três planetas.

Como a conjunção foi tríplice, explica-se a ausência momentânea da estrela e a possibilidade de *revê-la*.

Um fato, entretanto, afasta a tese da conjunção planetária. A aproximação máxima de Júpiter e Saturno foi de um grau, em 6 a.C., quer dizer, o dobro do diâmetro aparente da lua cheia. Júpiter e Saturno só poderiam ser vistos separados por uma distância visual duas vezes maior do que a lua cheia; não era possível enxergá-los como se fossem um único astro.

Amélia Rodrigues (FRANCO, 1991a, p. 14-17), após analisar os esforços dos estudiosos em busca das "diretrizes que clarifiquem, em definitivo, o insuspeito acontecimento, na noite santa em que ocorreu o Natal de Jesus", informou que Jesus é

> a *constelação dos astros divinos* ergastulados temporariamente na forma humana para conviver com os homens, deixando pela atmosfera envolvente do Planeta o rastro luminescente da sua imersão, como mensagem de advertência reveladora.

Os magos não foram guiados por uma estrela, mas por um efeito óptico gerado pelo rastro das radiações luminosas que o Cristo e a corte de entidades superiores que o acompanhou deixaram pela senda espiritual que atravessaram, até que Jesus mergulhou nas vibrações da vida material.

E concluiu a benfeitora espiritual:

> Seja qual for a hipótese respeitável sobre a *estrela de Belém*, a união dos Espíritos de Luz que mantinham o intercâmbio entre as duas Esferas formou um facho poderoso que indicava o lugar da tradição, em que Ele deveria começar o ministério entre os homens... Pastores e reis magos, todos videntes, convidados pelas Entidades Celestes, seguiram-na, cada um a seu turno, enquanto os cantores sublimes proclamavam: Glória a Deus nas alturas e paz na Terra entre os homens de boa vontade!

Capítulo 10

EM TORNO DA MANJEDOURA

Isto vos servirá de sinal: encontrareis um recém-nascido envolto em faixas deitado numa manjedoura.

(Lucas, 2:12.)

"E ela deu à luz o seu filho primogênito, envolveu-o com faixas e reclinou-o numa manjedoura", escreveu Lucas, 2:7.

Descrição sóbria, sem minúcias.

O procedimento padrão, no entanto, iniciava-se pelo corte do cordão umbilical. Depois, para evitar infecções, era esfregado sal no abdômen da criança, seguindo-se o banho. Ela recebia faixas que fortemente atavam seus braços e pernas, por seis meses, pois se pensava que deste modo se fortalecia o recém-nascido. Todos os dias, a criança era lavada, seu corpo coberto com óleo de oliva e pulverizado com resina aromática (DUQUESNE, 2005, p. 48).

Havia nas proximidades de Belém pastores que vigiavam por turnos os rebanhos a céu aberto, segundo Lucas, 2:8.

A Palestina é uma terra de contrastes quanto ao relevo e, logo, as variações de temperaturas são consideráveis. A região apresenta duas grandes estações: uma quente e seca e outra fria e úmida, sem expressivas modificações entre a época de Jesus e os dias de hoje.

Outubro a março constitui o período mais chuvoso. O auge do inverno na Judeia se dá entre dezembro e fevereiro. Chuvas contínuas e geadas diminuem a temperatura para próximo de zero grau centígrado.

Da afirmativa de Lucas, deduz-se que Jesus não pode ter nascido entre dezembro e fevereiro, pois havia pastores nos campos montando guarda a seus rebanhos. Em semelhante clima — chuvas e temperatura à beira de zero — não se deixavam animais nos pastos. Os rebanhos eram recolhidos em estábulos do princípio de novembro até março. Nos demais meses, ficavam nos campos, permanecendo, à noite, ao relento, em apriscos — cercados de pedras formados de paredes cobertas de espinhos e pequena entrada estratégica, na qual o pastor se recostava, segurando um cajado com pregos na ponta e uma funda (lançadeira de pedras), para se proteger de salteadores e animais ferozes.

Os pobres, na Antiguidade, não se preocupavam em conservar datas de nascimento. A vida se desenvolvia de forma cíclica, repetitiva. O calendário lunar organizava a agricultura e a criação de animais. Nesse contexto, os solstícios da primavera e do inverno ganhavam grande importância. O do inverno ocorria na segunda quinzena de dezembro, início do período mais agudo do inverno, com longas e frias noites, escassez de alimentos e incerteza quanto à sobrevivência.

Diversas festas pagãs se formaram em torno desse período. Roma comemorava as Saturnálias, em 17 de dezembro, homenageando Saturno, deus da agricultura, que permitia o descanso da terra com a estação fria. Em 274 d.C., o imperador romano Aureliano proclamou o 25 de dezembro como o *dies natalis solis invicti* — o dia do nascimento do sol invicto, o sol reinando com seu calor no espaço, acima do inverno na Terra.

A festa cristã do Natal foi instituída oficialmente pelo bispo romano Libério, no ano 354. Inspiradas no simbolismo de Cristo como o *sol de justiça* e *luz do mundo*, as comunidades cristãs faziam alusão ao calor do amor eterno de Jesus, mais precioso que qualquer outra proteção.

Como aconteceu a outras datas e celebrações, o 25 de dezembro era uma efeméride pagã, de arraigada tradição familiar, ligada ao mito solar, agora adaptada ao Cristianismo.

Nos primeiros séculos, aliás, o nascimento de Jesus era festejado em 6 de janeiro, 25 de março e até em 2 e 19 de abril. Na parte oriental do Império Romano, a comemoração ocorria no dia 6 de janeiro, seja para o nascimento, seja para o batismo de Jesus. No século IV d.C., as igrejas orientais também unificaram o Natal em 25 de dezembro.

Não faltou resistência à festa natalina. Orígenes, por exemplo, em 245, repudiava a celebração, argumentando que não se deveria comparar Jesus aos príncipes humanos. Bispos da Síria e da Armênia acusaram os cristãos romanos de admiradores do sol e idólatras.

Os pastores aparecem no Evangelho como as primeiras testemunhas da chegada do sublime infante. Gente modesta e, o mais relevante, pouco recomendável. É notória, nesse ponto, a lembrança às companhias que de futuro Jesus irá preferir — pessoas estigmatizadas de algum modo.

"Os sadios não têm necessidade de médico e, sim, os doentes" — dirá Ele. (MATEUS, 9:12.)

Naqueles tempos, em Israel, eram comuns listas de profissões desprezíveis. Entre elas, estava o ofício de pastor, profissão de ladrões, de acordo com o preconceito em voga.

Joachim Jeremias (2005, p. 406), sobre isso, anotou:

> Conforme provava a experiência, na maioria das vezes eram desonestos e gatunos; pastoreavam seus rebanhos em propriedades alheias e, o que ainda é mais grave, extorquiam a renda dos rebanhos. Por esse motivo, foi proibido comprar deles lã, leite ou cabritos.

A vida nômade inspirava desconfiança e deve ter contribuído para a formação desse conceito hostil. O cotidiano desses homens quase não lhes permitia observar os ritos de purificação, tão ao gosto dos escribas e fariseus, pesando sobre eles a pecha de impuros.

O povo dizia que não se deveria retirar de uma cisterna os pagãos e os pastores que lá caíssem.

Davi, porém, na juventude, viveu como pastor nos mesmos campos em que agora outros pastores são escolhidos por uma entidade angélica —

não encontrados ao acaso, escolhidos — para ouvirem mensagem inesquecível (Lucas, 2:10 e 11):

— "Eis que eu vos anuncio uma grande alegria, que será para todo o povo: Nasceu-vos hoje um Salvador, que é o Cristo-Senhor, na cidade de Davi".

Salvador era o título dos antigos juízes, e várias vezes empregado como qualificativo de Iahweh, no Antigo Testamento. Muito raramente indicou Jesus. (João, 4:42; Atos dos Apóstolos, 5:31 e 13:23.)

De súbito, imensa falange de Espíritos angélicos se aproximou, entoando em coro (Lucas, 2:14):

— "Glória a Deus no mais alto dos céus e paz na Terra aos homens que Ele ama!"

Jacques Duquesne (2005, p. 49) observou argutamente o contraste intencional de Lucas: magnificência e glória, de um lado, anunciando a Boa-Nova; do outro lado, anonimato e simplicidade, recebendo-a.

O hino entoado estabeleceu na paz o grande dom da vida terrestre.

César Augusto havia imposto o programa *Pax in terris*.[4] Roma justificava seu imperialismo, com as guerras de dominação, na necessidade de instaurar a lei da paz aos vencidos, promovendo ordem, segurança e civilidade.

Jesus ressaltou (João, 14:27):

— "Deixo-vos a paz, a minha paz vos dou; não vô-la dou como o mundo dá. [...]"

Afastaram-se as nobres entidades, e os pastores se puseram a procurar o menino, deixando seus rebanhos. Tudo eles encontraram semelhante à predição. E contaram a José e a Maria sobre os mensageiros luminosos.

Se Lucas reuniu pastores pobres ao redor do recém-nascido, Mateus deu-lhe a companhia de personagens ilustres, os magos do Oriente, semanas após.

Bruno Maggioni (*in* GHIBERTI, 1986, p. 10) salientou que essa diferença é menos marcante do que parece:

> Os reis magos são pessoas importantes, que acorrem com presentes, é verdade, mas ao mesmo tempo são estrangeiros, classificados pela

---

[4] N.E.: Paz na Terra.

mentalidade religiosa da época entre os últimos, entre os pagãos, distantes de Deus.

Mateus não afirmou que eram *reis* nem *três*, referiu-se a *magos*, vindos do *Oriente*, nada mais.

Considerando-se o ritmo das estradas, em caravanas lentas, nas corcovas de camelos, seriam necessários 45 dias de viagem para chegarem a Jerusalém. A tradição católica definiu a chegada dos magos em Belém no dia 6 de janeiro — daí o Dia de Reis.

Diversos estudiosos questionam a historicidade do episódio. Inúmeros defendem que esse acontecimento foi criado para mostrar o real significado do nascimento de Jesus.

Até os presentes ofertados a Jesus estão repletos de simbolismo. O ouro é metáfora da realeza. O incenso é resina amarga, tirada da casca de um arbusto exclusivo da Arábia, e representa a divindade. A mirra, por sua vez, era empregada em sepultamentos, evocando a imortalidade, ou utilizada para ungir reis. No Oriente, não se comparecia diante de reis sem presentes.

Uma evidência a favor da historicidade desse episódio está na ausência de relatos literários semelhantes que pudessem servir de modelo.

Somente a partir do século VI d.C. os magos são qualificados como reis. O termo *mago* resulta do persa *magu*, *mágos* em grego, *magus* em latim, significando *poderoso*. Com essa nomenclatura, eram conhecidos os sacerdotes da religião persa (Zoroastrismo).

Talvez fossem persas ou babilônicos. Talvez judeus.

Nabucodonosor, o famoso rei da Babilônia, tomou Jerusalém em 597 a.C. e ordenou a deportação de milhares de judeus. A revolta contra a dominação babilônica originou o cerco a Jerusalém em 587 a.C. Não obstante os conselhos do profeta Jeremias, que sugeria a rendição, ultrapassados dezoito meses de resistência a cidade caiu, e o templo construído por Salomão foi destruído. Seguiu-se outra onda de deportações, bem menos maciça que a anterior.

A dor do exílio favoreceu intenso período de reflexões e atividades intelectuais. Em sua duração se pôde compor, como é visto hoje, o Antigo Testamento.

É dessa fase o início da dispersão dos judeus pelo mundo antigo.

Na Pérsia, pátria onde a Astrologia se desenvolveu, Ciro, rei dos persas, que venceu a Babilônia em 540 a.C., terra-mãe da Astrologia, autorizou os exilados a regressarem a Israel. Muitos, contudo, ficaram. (SPEAKE, 1996a, p. 36.)

Seriam os magos sábios judeus vivendo na Babilônia que haviam estudado Astrologia na célebre escola de Sippar? Isso explicaria ao mesmo tempo os conhecimentos astronômicos e o conhecimento das crenças judaicas, entre elas as profecias quanto à chegada de um rei modificador dos rumos da nação e do planeta. Por centenas de anos se afirmou que os judeus não se interessaram pela Astrologia antes da Idade Média. Todavia, entre os manuscritos do Mar Morto foram descobertos dois horóscopos, com signos e ideias astrológicas, comprovando o manuseio desse conhecimento na Palestina judaica do tempo de Jesus. O reinado de Herodes, por exemplo, era representado por Áries, o carneiro.

Jacó de Edessa, no século VII d.C., anotou antigas tradições que atestavam serem os magos procedentes da Pérsia, acompanhados por mais de mil pessoas, o que é manifesto exagero.

Talvez o número de presentes (ouro, incenso e mirra) possa ter induzido os evangelhos apócrifos a estipularem o número de *três* magos. Eles também forneceram nomes aos *três*, ligados à realeza e ao poder: Melchior (hebreu: *rei da luz*), Baltazar (aramaico: *judeus protejam a vida do rei*) e Gaspar, único sobre o qual paira alguma evidência histórica, pois consta um príncipe persa chamado Gundoffar (*vencedor de tudo*), vivendo entre 19 e 65 d.C., cuja tradução do nome levou a *Gasta* e, após, *Gaspar*.

Seja como for, transferidos da Itália, no século XII, para a Alemanha, no altar-mor da impressionante Catedral de Colônia[5] — uma das obras-primas do estilo gótico — estão guardados três caixões revestidos de ouro, contendo os hipotéticos restos mortais dos três encantadores personagens.

---

5   N.E.: Localizada na cidade alemã de Colônia, é uma igreja de estilo gótico, o marco principal da cidade e seu símbolo não oficial.

Capítulo 11 — PERSEGUIÇÃO E EXÍLIO

Ele se levantou, tomou o menino e sua mãe, durante a noite, e partiu para o Egito.
(Mateus, 2:14.)

"Ouviu-se uma voz em Ramá, choro e grande lamentação: Raquel chora seus filhos e não quer consolação, porque eles já não existem" (Mateus, 2:18).

Mateus extraiu essa citação de Jeremias, 31:15. O profeta tomou emprestada a figura histórica de Raquel, mulher de Jacó, para fazê-la chorar, ficticiamente, séculos após sua desencarnação, por seus descendentes.

Talvez porque em Belém Jacó houvesse construído famoso monumento sobre o túmulo de Raquel, Mateus relacionou o choro amargo da matriarca com o pranto das mães vencidas pela crueldade de Herodes.

Não se trata, portanto, de uma profecia sobre o morticínio havido em Belém, descrito com exclusividade por Mateus no capítulo segundo, texto marcado por intensa experimentação da mediunidade onírica.

Os magos são alertados por meio de um sonho a não retornarem à casa de Herodes. José, em sonho, é orientado a proteger a criança da perseguição de Herodes, levando-a para o Egito. Na terra dos faraós, José recebe, também em sonho, a informação da morte de Herodes, bem como a determinação de regressar a Israel. Outro sonho adverte-o dos perigos do governo de Arquelau, na Judeia, e indica-lhe a província da Galileia para viver.

Na Antiguidade, os sonhos não eram vistos como produção da mente, mas como fenômenos sobrenaturais e divinos, extremamente instigantes e sérios. Daí funcionarem como frequente meio de comunicação espiritual e eficiente mecanismo de influência sobre os homens.

Um manual sobre os sonhos foi encontrado entre as ruínas da biblioteca de Nínive (Mesopotâmia), em escrita cuneiforme (numa série de tábuas de argila), pertencente ao rei Assurbanipal (650 a.C.). Na Índia (V a.C.) se organizou um tratado completo acerca dos sonhos, chamado *Atharvaveda*.[6] Em Atenas (150 a.C.), Artemidorus colecionou centenas de sonhos e os colocou, junto com sua interpretação, em um livro denominado *Onirocricia* (do grego *oneirokritika* — análise e interpretação dos sonhos).

Homero, na *Ilíada* e na *Odisseia*, propôs que os sonhos eram mensagens dos deuses. A mitologia grega atribuiu os sonhos aos filhos de Hypnos, deus do sono, que, por sua vez, é irmão gêmeo de Tânatos, deus da morte. Entre os filhos de Hypnos, o célebre Morfeu produziria os sonhos nos homens, Icelus provocaria os sonhos nos animais e Phantasus despertaria sonhos nas coisas inanimadas.

Os livros do Antigo e Novo Testamento apresentaram os sonhos como a via régia da mediunidade de efeitos intelectuais.

No curso do sono, esclarece a Doutrina Espírita, a alma se emancipa do corpo e procura os ambientes e as companhias espirituais que lhe reflitam o teor da onda psíquica. Desencarnados evoluídos, então, quanto permita a faixa de afinidade, valem-se do ensejo e fornecem cooperação benéfica aos encarnados.

É assim que chega a José a deliberação da Vida superior (Mateus, 2:13):

— "Levanta-te, toma o menino e sua mãe e foge para o Egito. Fica lá até que eu te avise, porque Herodes vai procurar o menino para o matar".

No Egito, na época de Jesus, havia duas importantes colônias israelitas: uma em Alexandria, onde dois dos cinco bairros da cidade eram habitados essencialmente por judeus; outra em Heliópolis. (BERNHEIM, 2003, p. 173.) É provável que José tenha se dirigido a uma delas, ou para a cidade do Cairo.

---

6   N.E.: Texto sagrado do Hinduísmo, parte dos quatro livros dos Vedas: o quarto Veda.

CAPÍTULO 11 | PERSEGUIÇÃO E EXÍLIO

A frase com que Mateus alicerça o acontecimento, "Do Egito chamei o meu filho" (MATEUS, 2:15), está em OSEIAS, 11:1: "Quando Israel era menino, eu o amei e do Egito chamei meu filho".

Oseias compara Israel a um menino, e Mateus nisso se apoia para sugerir que o menino Jesus reviveu a história de Israel.

Informado da morte de Herodes, José reconduz Jesus para a terra de seu povo.

Herodes desencarnou sete dias antes da Páscoa, no ano 750 de Roma (4 a.C.). Jesus nasceu em 749. Permaneceu, assim, pelo menos um ano no Egito. Evangelhos apócrifos (Pseudo-Mateus, Pseudo-Tomé e O Evangelho Árabe da Infância) estimam em três anos sua estada na terra do Nilo. Contudo, o mais provável é que tenha voltado logo depois que cessaram as revoltas surgidas com a morte de Herodes.

Lorenzo Zani (*in* GHIBERTI, 1986, p. 45), sobre as narrativas dos evangelhos apócrifos relacionadas à fuga para o Egito, comentou que o intuito de seus autores foi imaginar Jesus manifestando sua divindade aos pagãos por meio de milagres. Com um resumo dos supostos milagres, Zani concluiu:

> Durante a travessia do deserto, Jesus é adorado pelos dragões; leões e leopardos precedem Maria e José, mostrando-lhes o caminho certo; as palmeiras se inclinam para oferecer seus frutos a Maria e fazem com que mane água fresca de suas raízes. No Egito, Jesus cura possessos, surdos-mudos, leprosos;[7] faz as estátuas dos ídolos caírem e ressuscita os sacerdotes pagãos mortos sob as ruínas dos templos. Esse Jesus está em total desacordo com o Jesus descrito nos quatro Evangelhos canônicos. Jesus (adulto) ajudou todos os necessitados, mas sempre se recusou a realizar milagres para eliminar da própria vida as dificuldades, a fome, a cruz, a morte, quanto mais para se impor aos demais.

---

7 N.E.: Na época esse termo era comum, mas atualmente é considerado pejorativo e/ou preconceituoso. Hanseníase, morfeia, mal de Hansen ou mal de Lázaro é uma doença infecciosa causada pela bactéria *Mycobacterium leprae* (também conhecida como *bacilo de hansen*) que afeta os nervos e a pele, podendo provocar danos severos.

Seja para enviá-los ao Egito, seja para resgatá-los do Egito, a fórmula empregada em MATEUS, 2:20 para orientar José é a mesma: "toma o menino e sua mãe". Essa fórmula trata José como um guardião, encarregado de enfrentar problemas e solucioná-los, seguindo instruções do mundo espiritual superior.

José é figura de relevo nessa fase do relato evangélico, especialmente para Mateus, que faz José ocupar o primeiro plano da narrativa, contando os fatos pelo ângulo de sua participação. José personifica um esposo apto a grandes renúncias; um pai ardente de zelo na defesa de Jesus; personifica, enfim, um servo notável da Espiritualidade superior.

Por intermédio de José, a Lei divina estendeu sua proteção ao divino Enviado.

A mesma Lei tolerou (se o fato existiu) o resgate coletivo de alguns Espíritos, recém-reencarnados, sacrificados pela loucura de Herodes, vítimas de agora, algozes do passado que possivelmente fizeram sacrificar outras vidas, no exercício arbitrário de algum poder.

Herodes, percebendo que os magos não sucumbiram a seus ardis, teria ordenado a matança de toda criança masculina, com menos de dois anos, em Belém e em seus arredores.

É estranho um governante da astúcia e inclemência de Herodes não ter mandado seus espiões a Belém, imediatamente, para informarem-no sobre a possível ocorrência de um nascimento messiânico; ou senão ordenar que os magos fossem seguidos. Essa ingenuidade não é compatível com o temperamento de Herodes.

Vários especialistas veem aqui um paralelo com a infância de Moisés. Tradições rabínicas ancestrais e textos judaicos antigos ensinam que, quando o nascimento do libertador hebreu foi anunciado, o governante egípcio mandou matar também as crianças recém-nascidas entre os escravos israelitas, pretendendo a eliminação do menino profético: "Jogai no rio todo menino que nascer". (ÊXODO, 1:22.)

John Dominic Crossan (1995a, p. 31) confrontou as vidas de Moisés e Jesus:

> Assim como o faraó ouviu sobre a chegada do menino predestinado e procurou matá-lo, matando todos os meninos, Herodes fez o mesmo

com Jesus. E assim como o pai de Moisés se recusou a aceitar a decisão geral de divórcio (que os anciãos hebreus haviam estabelecido para afastar os cônjuges entre si e evitar o assassínio dos filhos que surgissem) e recebeu uma mensagem celeste por intermédio de Miriam anunciando o destino de seu filho, também José considerou, mas rejeitou o divórcio de Maria ao receber uma mensagem angélica anunciando o destino de seu filho. Moisés "salvaria meu povo" do Egito, mas Jesus "salvaria seu povo de seus pecados". Há, naturalmente, inversões irônicas bem como detalhes paralelos no relato de Mateus. Os magos leem as estrelas e vêm de longe para aceitar Jesus, enquanto Herodes lê as escrituras e procura matá-lo. E, acima de tudo, Jesus foge em busca de refúgio no Egito, a terra de que Moisés finalmente escapou. Mas mais uma vez Mateus, como Lucas, envia uma vigorosa e significativa mensagem por sua própria estrutura. Jesus é o novo e maior Moisés.

Outros estudiosos entendem que o episódio da fuga para o Egito foi somente um símbolo, composto para reunir três grandes civilizações: a oriental, de onde vieram os magos, a judaica e a egípcia. (DUQUESNE, 2005, p. 59.)

A questão que surge, em verdade, é esta: o massacre dos inocentes em Belém é uma construção teológica do evangelho atribuído a Mateus? Era pretensão apresentar Jesus como um novo e maior Moisés, que veio compartilhar a escravidão de sua gente e libertá-la por meio de um novo êxodo? ou o relato é um fato histórico?

Lucas, 2:22 não registra qualquer ameaça à criança Jesus. Comenta ao contrário, que, ao se completar o tempo de purificação de Maria, ela e José levaram o menino para ser apresentado ao Templo, em Jerusalém, domicílio de Herodes, e depois voltaram para Nazaré.

> Se Mateus está certo ao dizer que a família fugiu para o Egito, como Lucas pode estar certo quando diz que eles voltaram diretamente para Nazaré? (EHRMAN, 2010, p. 48.)

O Levítico, 12:2 a 6 estabelece que se uma mulher conceber um menino ficará impura por sete dias. No oitavo dia, o menino será submetido ao rito da circuncisão, realizado, em geral, por um circuncisor, evocando o pacto de Iahweh com Abraão, podendo desde então se chamar o menino de *hatàn*, esposo do Senhor. Por mais trinta e três dias a mulher não poderá tocar coisa consagrada nem visitar santuário. O período de purificação soma quarenta dias, nascido um menino. Nascida uma menina, esse tempo será dobrado. Então, a mulher deverá levar ao Templo um cordeiro de um ano e uma rolinha para sacrifício. Realizado o rito da expiação, ela ficará purificada de seu fluxo de sangue.

Maria se submeteu a essas obrigações religiosas. Todavia, pobre, em vez do cordeiro ofertou dois pombinhos, como autoriza o Levítico, o que lhe custou um quarto de denário, a remuneração de um trabalhador diarista. (JEREMIAS, 2005, p. 159.)

Na Porta Nicanor,[8] que fazia a comunicação do átrio das mulheres com o dos israelitas, o chefe dos sacerdotes da seção semanal em serviço recebeu o sacrifício de Maria.

No Êxodo, 13:2, Iahweh exorta: "Consagra-me todo primogênito".

Jesus é consagrado a Iahweh no Templo, após a purificação de Maria. Lá se desenvolve o encontro do menino com o justo Simeão, que o identifica como "luz para iluminar as nações" (LUCAS, 2:32), aquele destinado "para a queda e para o soerguimento de muitos em Israel" (LUCAS, 2:34). A profecia de Simeão contrasta: luz do mundo pagão; perseguido pelo próprio povo.

Na mesma ocasião, Ana, a profetisa, louva a criança messiânica como a redenção de Jerusalém. (LUCAS, 2:36 a 38.)

Jacques Duquesne, examinando a passagem da profetisa Ana, ressaltou a quantidade de dados pessoais sobre uma mulher que nem mesmo falou aos pais de Jesus, conforme o texto.

Lucas qualifica Ana como filha de Fanuel (que significa "face de Deus"), da tribo de Aser. Acrescenta que ela viveu sete anos com o marido, tendo completado 84 anos na viuvez. A seguir, o texto lucano anota: Ana

---

8 N.E.: A Porta Formosa, também conhecida como Nicanor, era feita de bronze coríntio de muito valor e, por isso, também chamada de Porta Coríntia. O nome Nicanor se deu por causa de um chefe do exército sírio, inimigo dos judeus; derrotado, foi morto e teve sua cabeça e mão esquerda penduradas nessa porta.

"agradecia a Deus e falava do menino a todos os que esperavam a redenção de Jerusalém" (Lucas, 2:38).

Duquesne (2005, p. 53) observou:

> Tantas informações inabituais para chegar a essa simples frase, e o que ela significa? Os especialistas respondem: observem os números que Lucas tanto ama. Ali está o 7: número de anos durante os quais Ana foi casada. E quanto aos anos de solidão: 84 − 7 = 77. O mesmo número de anos que o de gerações em que, sempre de acordo com Lucas, Israel, solitária num mundo pagão, esperou por Cristo.

Essa elucidação leva a indagar: a profetisa Ana existiu? Se existiu, Lucas adaptou seus dados pessoais? De outro modo, por que o texto lucano se esmerou em fornecer tais particularidades sobre Ana, mas não o fez em relação a quem de mais direito, como Maria e José?

A resposta não parece ao alcance, por enquanto.

Cumpridos os deveres legais, a família de Jesus volta à Galileia, à aldeia de Nazaré. (Lucas, 2:39.)

Segundo Lucas, José e Maria vão atender o censo de Augusto em Belém, onde nasce Jesus. Em Belém, os três aguardam o tempo da circuncisão e da apresentação ao Templo, em Jerusalém, e regressam a Nazaré.

E "o menino crescia, tornava-se robusto, enchia-se de sabedoria; e a graça de Deus estava com ele". (Lucas, 2:40.)

O silêncio de Lucas, quanto à perseguição de Herodes e a fuga para o Egito, é embaraçoso, sobretudo porque Lucas declara na introdução de seu Evangelho (1:1 e 2) sua disposição de historiador sério:

> Visto que muitos já tentaram uma narração dos fatos que se cumpriram entre nós [...] a mim também pareceu conveniente, após acurada investigação de tudo desde o princípio, escrever-te de modo ordenado [...].

Para avaliar se Mateus produziu teologia historicizada, ou simplesmente história, útil é conhecer a personalidade daquele que centraliza os acontecimentos: Herodes. Seria ele capaz de determinar a morte de crianças abaixo de dois anos, numa quantidade indefinida?

A região sírio-palestina (e o Oriente Médio), no século I a.C., foi disputada pelos partas[9] e pelos romanos.

Em Israel, dois irmãos rivalizavam-se pelo poder: Hircano II e Aristóbulo. Ambos pertenciam à tradicional dinastia hebraica dos asmoneus. Hircano II apoiava os romanos; Aristóbulo era a favor dos partas.

Hircano II tinha por primeiro-ministro o edomita Antípatro, pai de Herodes, o Grande.

Com a provisória vitória romana, Hircano II prevalece, mas Roma o limita aos poderes de sumo sacerdote, deixando mais concentrada gama de poder ao primeiro-ministro Antípatro.

No ano 40 a.C., os partas invadem a Síria e a Palestina. Hircano II é feito prisioneiro, e Antípatro é morto. Aristóbulo sobe ao trono da Judeia, submisso aos partas, mas com a vantagem, perante o povo, de possuir ascendência asmoneia.

Herodes, que nutria a ambição de governar, recorre a Roma. Marco Antônio e César Otaviano, o futuro César Augusto, nomeiam Herodes rei da Judeia, ainda em 40 a.C.

Após lutas intensas, os romanos reconquistam a Síria e Jerusalém, entrando Herodes na posse da Cidade Santa em 37 a.C.

Herodes — um edomita (ou idumeu), não judeu, pois tinha mãe árabe — logo se ocupou dos adversários, isto é, ocupou-se da família real asmoneia, pretendente natural ao trono, a começar pelo extermínio dos correligionários de Aristóbulo.

Herodes, contudo, tinha laços familiares com a família real asmoneia; ele se apaixonara e se casara com a filha de Hircano II, Mariamne, bela e nobre, que lhe deu cinco filhos. Mesmo assim, ordenou a morte do cunhado, também chamado Aristóbulo, sumo sacerdote aos 17 anos e amado pelo povo. Quando Aristóbulo subiu ao altar na Festa dos Tabernáculos no ano 35 a.C., o povo o aclamou com lágrimas. Terminada a festa, Herodes, enciumado e receoso, mandou afogá-lo numa piscina de

---

9 N.E.: Nome de um povo que ocupava uma região, correspondente à moderna província persa Khorasan, situada a considerável distância a sudeste do Mar Cáspio.

Jericó. Depois, com sinais de transtornos mentais, acusou Mariamne de adultério e mandou matá-la.

Cada vez mais desequilibrado e obcecado por conspirações, Herodes ainda mandou matar a sogra e outros membros da família. (GHIBERTI, 1986, p. 16.)

Nos anos seguintes, Herodes determinou a morte de parentes afastados da família asmoneia, procurando eliminar quem estivesse em condições de governar. Ordenou até a execução de três filhos. Moribundo, no leito de morte, encarregou sua irmã Salomé de executar diversos chefes judeus que eram seus prisioneiros, para que a morte deles não deixasse sem lágrimas o seu próprio funeral. Salomé não o atendeu. (JOSEFO, 2005, caps. 15-17.)

Flávio Josefo (2005, caps. 15-17) apontou como traço fundamental da personalidade de Herodes um insaciável orgulho, causa de um comportamento pautado na grandeza, a ponto de crer-se superior a Davi, pelas obras monumentais que espalhou pela Palestina. Embora o historiador judeu tenha registrado com minúcia os atos de Herodes, nenhuma menção fez à matança das crianças belemitas, citada por Mateus.

Esse fato, ignorado por todos, menos por Mateus, provoca naturais dúvidas sobre sua realidade.

Dos relatos de Josefo, porém, é justo concluir que Herodes, àquele tempo, era um Espírito cruel e dementado, sem escrúpulos morais que o impedissem de matar crianças para alcançar entre elas uma que detivesse hipotética missão de destituí-lo do reinado.

Os melhores cálculos estatísticos revelaram que o número de crianças eventualmente sacrificadas não passaria de vinte. Que seria isso para o implacável Herodes?

Capítulo 12 | ENTRE OS DOUTORES

E todos os que o ouviam ficavam extasiados com sua inteligência e com suas respostas.
(Lucas, 2:47.)

A mentalidade judaica não valorizava a criança, porque só a fé do adulto poderia ver Deus com completude. Mesmo assim, eram dispensados cuidados às crianças para que, desde cedo, essa fé tivesse colunas para lhe garantir a robustez.

A criança, nos primeiros anos, aprendia a recitar diariamente o *Shemá* e a prece das *Dezoito Bênçãos*, e era levada à sinagoga. Após os 12 anos iniciava as peregrinações às festas religiosas.

Pela manhã e tarde, o hebreu recitava o *Shemá*, que se refere à primeira palavra de uma exortação — *Ouve*. Na íntegra: "Ouve, ó Israel: Iahweh nosso Deus é o único Iahweh. Portanto, amarás a Iahweh teu Deus com todo o teu coração, com toda a tua alma e com toda a tua força". (Deuteronômio, 6:4 e 5.)

Três vezes ao dia, todos proferiam a oração das *Dezoito Bênçãos*. Três louvores, doze súplicas e três agradecimentos. A fórmula deveria ser recitada com alegria e consciência.

Outras preces eram usadas ao longo do dia, como a *Bênção do Pão e do Vinho*, no início das refeições.

Muito pequenos, os meninos aprendiam a acompanhar as complexas liturgias da sinagoga aos sábados, desde o princípio da manhã até o meio-dia. Por anos, a criança ia memorizando e compreendendo as preces, recitações e ritos.

A pouca valorização da criança não era característica isolada dos agrupamentos judaicos, mas uma constante nas sociedades do passado, ressalvadas raras exceções.

O importante historiador e medievalista francês Philippe Ariès (1981, p. 17), em seu *História social da criança e da família*, informou que por volta do século XII a arte desconhecia a infância ou não se importava em representá-la, como se não houvesse lugar para as crianças naquelas coletividades.

Para sustentar sua afirmativa, Ariès recordou entre outros exemplos uma iluminura que se encontra no *Evangeliário de Oto III*, do século XI. Os evangeliários são livros que selecionam fragmentos dos evangelhos para uso cotidiano.

A pintura oferece a passagem de MATEUS, 19:13 e 14 em que Jesus exalta a infância — atitude única entre seu povo e algo extraordinário para toda a Antiguidade:

> Naquele momento, foram-lhe trazidas crianças para que lhes impusesse as mãos e fizesse uma oração. Os discípulos, porém, as repreendiam. E Jesus lhes disse: Deixai as crianças e não as impeçais de virem a mim, pois delas é o Reino dos Céus.

Ao compor a cena, o iluminurista utilizou oito homens de proporções reduzidas para representar as crianças; adultos, com todos os seus traços e expressões, apenas pintados em tamanho menor, como homenzinhos.

Platão, no texto *As Leis*, referiu-se às crianças como "seres impetuosos, incapazes de ficarem quietos com o corpo e com a voz, sempre gritando e pulando na desordem". Segundo ele, a criança é uma fera difícil de ser manejada, pois é "astuta, áspera e insolente". (*apud* KOHAN, 2003, p. 42-43.)

Para Jesus, a criança e suas características momentâneas encerram o modelo de pureza íntima que elevará o indivíduo à vida espiritual superior.

Certa feita, os discípulos procuraram o Nazareno e lhe perguntaram (MATEUS, 18:1):

— "Quem é o maior no Reino dos Céus?"

CAPÍTULO 12 | ENTRE OS DOUTORES

Jesus chamou uma criança e a colocou no meio de todos, e ensinou:
— "Em verdade vos digo que, se não vos converterdes e não vos tornardes como as crianças, de modo algum entrareis no Reino dos Céus. Aquele, portanto, que se tornar pequenino como esta criança, esse é o maior no Reino dos Céus".

Allan Kardec (2013c, cap. VIII, it. 3) observou que Jesus tinha a infância como emblema de pureza. O Espírito reencarnado na criança, é claro, pode ser muito antigo e ainda eivado de imperfeições, o que desmereceria a comparação proposta por Jesus. Todavia — argumentou Kardec — a comparação é exata do ponto de vista da vida presente, quando a criança ainda não tenha manifestado tendências inferiores, isto é, enquanto permaneça um espelho de inocência e candura.

Se a infância não era devidamente valorizada pelos hebreus, a adolescência, por sua vez, era desconhecida. Passava-se da infância à maioridade no início da puberdade, aos 12 e meio das meninas e 13 anos dos meninos.

A menina tinha no casamento o principal marco da existência, que acontecia, em geral, entre os 12 e 12 anos e meio.

Em relação aos homens, uma antiga tradição fixava as etapas da vida do rapaz: aos 5 anos começava o estudo da *Bíblia*; aos 10 anos o estudo da *Mishnah* (tradição oral integrada à Lei escrita); aos 13 anos começava a observar os preceitos da Lei; e aos 18 tinha lugar a *chuppah*, a celebração do matrimônio. (GHIBERTI, 1986, p. 50.)

Textos do *Talmud* confirmam que o homem israelita alcançava a maioridade a partir dos 13 anos.

Quando chegou a essa idade, Jesus foi conduzido à sinagoga para um dia especial. À frente da assembleia, Ele alteou sua voz para ler o trecho selecionado da *Torah*. Depois, um sacerdote o declarou *bar mitzvà* — um adulto devotado ao cumprimento dos preceitos da Lei.

Entre os preceitos estava a peregrinação anual ao Templo, com o comparecimento a uma das três festas principais: Páscoa, Tabernáculos ou Pentecostes.

Havia exceções a esse dever: os surdos, os portadores de debilidades mentais, os hermafroditas, as mulheres, os escravos não libertos, os coxos, os cegos, os enfermos, os velhos e, enfim, os menores não eram obrigados a comparecer. (JEREMIAS, 2005, p. 109.)

Lucas, 2:41 a 50 revela o costume de se levarem os meninos com 12 anos às festas a fim de que se adestrassem nos preceitos exigíveis para o ano posterior, o da maioridade.
Renan (2003, p. 132) comentou:

> A peregrinação era, para os judeus da província, uma solenidade cheia de encantos. Séries inteiras de salmos eram consagradas para contar a felicidade de caminhar assim em família, durante vários dias da primavera, através das colinas e vales, tendo todos a perspectiva dos esplendores de Jerusalém [...] a alegria, para os irmãos, de ficarem juntos.

Jerusalém recebia peregrinos de variadas partes do mundo para as três festas, de março a setembro, época da estiagem. Fora desse período, os caminhos encharcados dificultavam ainda mais o trânsito pelas estradas difíceis ou mal-conservadas.

Perigos naturais, animais selvagens e ladrões desestimulavam as viagens solitárias ou em pequenos grupos.

Grandes caravanas então se formavam para garantir a segurança das pessoas e transportar mercadorias para a Cidade Santa, bem como os impostos devidos ao Templo.

Numa caravana, Jesus viajou aos 12 anos para a Páscoa.

Os caminhos da Palestina eram acidentados e variavam de qualidade conforme a conservação estivesse sob a responsabilidade dos romanos (famosos projetores de estradas) ou do Sinédrio, costumeiramente negligente nesse particular.

Cento e sessenta quilômetros até Jerusalém, a pé. O relevo da Galileia é quase todo montanhoso. Àquele tempo era uma região muito fecunda, abundante de campos cultivados; logo, com fartura de alimentos. As aldeias não se distanciavam mais que um dia de jornada umas das outras.

Quanto mais ao sul, tanto mais o vale do Jordão afunda no solo, e a paisagem se modifica. Cenários inóspitos, vales bizarros. Depois do festivo oásis de Jericó, a fenda que o Jordão abre na região obriga à penosa subida até Jerusalém. Jericó no vale, abaixo; Jerusalém acima, como preciosa joia sobre um pedestal de colinas. O *Uadi el-Kelt* era o caminho de Jericó para

CAPÍTULO 12 | ENTRE OS DOUTORES

Jerusalém, a chamada *vereda de sangue*, local da parábola do *Bom Samaritano*. Na verdade, era uma senda estreita serpenteando quilômetros acima, cujo topo abria início aos montes áridos da Judeia, crivados de cavernas nas encostas, formando uma vista árida, mas bela, a seu modo.

A três quilômetros de Jerusalém, já num dos lados do Monte das Oliveiras, aparecia Betânia, cercada por campos verdes e floridos, plantações de cevada e bosques de oliveiras. A aldeia singela, de casario branco, esparramado pela encosta, onde Jesus reencontraria no futuro três grandes amigos (Marta, Maria e Lázaro), ficava a uma hora de Jerusalém. Antes da Cidade dos Profetas, porém, iam aparecendo figueiras que sombreavam o caminho, formando adiante um pequeno povoado chamado Betfagé (literalmente, *casa dos figos não maduros*), lugar em que os figos não chegavam à etapa do amadurecimento e secavam ainda verdes.

Entre a coroa do Monte das Oliveiras e as portas da magnífica cidade estendida sobre o Monte Sião, por todo o vale abaixo milhares de barracas acolhiam os peregrinos.

A caravana de Nazaré armou suas tendas. Normalmente, os agrupamentos se organizavam respeitando a aldeia de origem ou o parentesco.

Em dias comuns, os viajantes sem recursos não teriam dificuldade em se acomodar. O Templo mantinha albergues destinados aos peregrinos. Durante as festas, entretanto, era muito difícil encontrar vagas nos alojamentos públicos.

Algumas comunidades hebraicas estabelecidas no estrangeiro, vindas de todas as margens do Mediterrâneo e do Oriente, possuíam suas próprias hospedarias, quase sempre anexadas às sinagogas que as representavam.

Havia, também, a opção do comércio hoteleiro.

Príncipes, nobres e ricos, por sua vez, costumavam manter uma residência permanente em Jerusalém.

A cidade não comportava entre seus muros a maioria dos visitantes. Esses viajantes buscavam povoados próximos ou se instalavam nos arredores das muralhas, em tendas rudimentares, arrumadas da melhor maneira para conter o frio ainda restante da estação das águas.

O Espírito Emmanuel informou que nas cercanias do Monte das Oliveiras "estacionavam massas compactas de peregrinos" na Páscoa. (XAVIER, 2013f, Pt. 1, cap. VIII, p. 105.)

Jerusalém significa *cidade da paz* ou *visão da paz*. Jacques Duquesne (2005, p. 16) descreveu, porém, um ambiente de pouca unção, fora e dentro daquelas muralhas: postos de câmbio para troca de moedas; mercadores de animais para sacrifícios; galinheiros e estábulos; poeira no ar, cheiro de excrementos humanos e animais; fumaça de carnes assadas.

Completava o cenário: guardas responsáveis pela não entrada de objetos impuros na cidade (passíveis de purificação mediante o pagamento de taxas); legionários romanos recrutados de todo o Império (de raças variadas, comunicando-se numa mistura de latim, grego, aramaico e outros dialetos); e milhares de peregrinos vestindo azul, branco e cinza.

De todo esse ambiente, porém, destacava-se o Templo, que Herodes quisera imenso e majestoso no topo do mesmo monte em que Salomão ergueu o primeiro. O Templo ainda era canteiro de obras e assim prosseguiria por outros tantos anos, até 64 d.C.

Certamente, os pais do menino mostraram-lhe a cidade e o Templo, cheios de orgulho; porém, no Templo, Jesus não pôde ir além do átrio das mulheres. Não, até completar 13 anos. Por isso, Ele e outros adolescentes passaram parte dos dias em Jerusalém numa área especial do Templo ou numa sinagoga, sendo preparados por sacerdotes, ouvindo os ensinos dos doutores e suas bem-humoradas controvérsias, e respondendo às perguntas que lhes eram feitas.

Lucas, 2:41 a 50 narra que, terminados os sete dias da festa, a caravana de Nazaré deixou Jerusalém. Andaram por todo o dia, e só ao entardecer, após buscas ansiosas, José e Maria se deram conta de que Jesus não voltara com eles. O casal já estava a 15 quilômetros de Jerusalém, num povoado hoje chamado *el-Bireh*, situado na margem da estrada principal que liga a Cidade Santa à Galileia.

O tumulto para que a caravana partisse de Jerusalém era compreensível. Dezenas de milhares de pessoas desejavam regressar a seus lares. Havia a preocupação de organizar todos os pertences, inclusive as várias mercadorias adquiridas, pois a Lei determinava que o israelita deveria gastar uma décima parte de sua renda anual em Jerusalém, entre ofertas de sacrifício, doações ao Templo e compras no comércio local. Além do mais, viajava-se em grandes grupos, com as famílias misturadas.

CAPÍTULO 12 | ENTRE OS DOUTORES

Onde estaria aquele suave mistério que Deus confiara a Maria e José? Que teria acontecido? Teria Ele se aventurado nas margens da estrada e se perdido em alguma gruta, ou caído numa fenda?

O casal deve ter voltado à Cidade dos Profetas em forte conturbação.

Três dias de procura, entre dezenas de milhares de pessoas, e o encontraram "sentado em meio aos doutores, ouvindo-os e interrogando-os; e todos os que o ouviam ficavam extasiados com sua inteligência e com suas respostas". (LUCAS, 2:46 e 47.)

Jesus ouvia, perguntava e era perguntado pelos mestres, que o ouviam.

Diversos especialistas questionam a historicidade dessa passagem, cuja função — sugerem eles — seria "prenunciar o conhecimento sobrenatural de Jesus". Essa narrativa seria apenas um "divertido fragmento [...] de natureza semilendária sobre a sabedoria precoce de Jesus". (VERMES, 2006, p. 255.)

Todavia, o poder das ideias e das atitudes de Jesus se mostrou desde o começo.

Isso não significa dar reconhecimento às tantas narrativas apócrifas que descrevem feitos extraordinários de Jesus na infância, feitos até absurdos como transformar crianças em carneiros ou matá-las, ou secar a mão de um professor e depois matá-lo, como conta o chamado *Evangelho de Pedro*. Pelo contrário, Jesus, na infância e juventude, foi bastante discreto. Evidência disso se recolhe de MARCOS, 6:2 e 3, que relata o assombro dos habitantes de Nazaré diante de Jesus adulto:

— "De onde lhe vem tudo isto? E que sabedoria é esta que lhe foi dada? E como se fazem tais milagres por suas mãos? Não é este o carpinteiro, o filho de Maria, irmão de Tiago, José, Judas e Simão?"

Surpreendidos por encontrar o filho assim, entre os doutores, José e Maria se aproximam, num misto de alegria por achá-lo, de irritação por sua independência de espírito e, ao mesmo tempo, respeito diante daquela claridade indefinível que chamavam de Jesus. É Maria, protecionista, que se interpõe entre Ele e o pai, e lhe dirige constrangida censura (LUCAS, 2:48 e 49):

— "Meu filho, por que agiste assim conosco? Olha que teu pai e eu, aflitos, te procurávamos."

A repreensão de Maria ao filho é compreensível.

Mas Jesus respondeu:

— "Por que me procuráveis? Não sabíeis que devo estar na casa de meu Pai?"

Há estudiosos que reprovam Jesus nesse episódio, por não ter oferecido algum gesto de consolo para seus pais. (ARIAS, 2001, p. 122.) No entanto, haveria consolo maior do que se mostrar consciente de sua missão e revelar-se, naquela ocasião, a serviço de Deus?

Na reclamação angustiada de Maria, ela fala em *teu pai*. A resposta de Jesus salienta a *casa de meu Pai*.

O jovem Nazareno traça uma fronteira à interferência de seus pais, quando o assunto é sua obra para seu Pai. Não se deixa mover por rebeldia, nem pretende desrespeitar os títulos terrenos de José e Maria. Sobre isso, LUCAS, 2:51 fez questão de salientar:

"Desceu então com eles para Nazaré e era-lhes submisso".

E Ele, que encantou os doutores, e poderia prosseguir junto às nobres escolas religiosas de sua pátria, preferiu aguardar trabalhando, humilde, numa rude carpintaria de Nazaré, sendo conhecido como *o filho do carpinteiro* (MATEUS, 13:55), ou *o carpinteiro* (MARCOS, 6:3).

Jesus iniciou seu ministério em torno dos 30 anos. (LUCAS, 3:23.)

Por dezoito anos, Ele viveu anônimo, aguardando a conjunção de fatores sociais e espirituais apropriados a seu ministério, esperando que os convocados a lhe secundar os esforços de fundação do reino de Deus na Terra apresentassem a maturidade necessária para escutar *o chamado*, em condições favoráveis à vitória pessoal e coletiva.

Por dezoito anos!

Terá sido apenas por isso?

Talvez Ele, que tanto amou os jovens, tenha querido dizer-lhes algo com isso. Talvez esse longo tempo silencioso, preparatório, no trabalho humilde, conquistando a subsistência dia após dia, tenha sido uma mensagem, uma advertência contra a ansiedade e a pressa, que tem consumido, ao longo dos séculos, tantos jovens, nos jogos velozes das realizações prematuras.

A todos, porém, é clara sua exemplificação: mais de trinta anos de atenção especial à família, para consagrar-se, todo, três anos à grande família humana.

Capítulo 13

JOÃO BATISTA

Ele caminhará à sua frente, com o espírito e o poder de Elias.

(Lucas, 1:17.)

Para o Primeiro Livro dos Reis, 16:29, Acab foi o mais indigno dos reis até ele. Casado com Jezabel, filha de Etbaal, rei dos sidônios, Acab, instigado por ela, praticou ou, pelo menos, tolerou culto pagão ao deus Baal.

Iahweh, em razão da predileção desses reis pelos sacerdotes pagãos, orientou Elias Tesbita, seu profeta, a se refugiar distante do casal real. Que fosse para as margens do rio Jordão, pois logo Acab e Jezabel mandariam matar os profetas do deus de Israel.

Passados três anos, Iahweh enviou Elias até Acab. Na presença do rei, Elias propôs um desafio (1 Reis, 18:22 a 24):

— "Sou o único dos profetas de Iahweh que fiquei, enquanto os profetas de Baal são quatrocentos e cinquenta. Deem-nos dois novilhos; que eles escolham um para si e depois de esquartejá-lo o coloquem sobre a lenha, sem lhe pôr fogo. Prepararei o outro novilho sem lhe pôr fogo. Invocareis depois o nome do vosso deus, e eu invocarei o nome de Iahweh: o deus que responder enviando fogo, é ele o Deus".

No dia seguinte, os sacerdotes pagãos sacrificaram um dos novilhos e evocaram o nome de Baal, desde a manhã até o meio-dia. Gritavam em alta voz, retalhavam-se, segundo o seu costume, com canivetes e lancetas até se cobrirem de sangue. Por fim, desistiram.

O profeta Elias, na sua vez, chamou por Iahweh.

Narra o cronista bíblico que um fogo desceu do céu (parapirogenia — combustão espontânea paranormal), devorou o holocausto, a lenha e as pedras do altar. Todo o povo, vendo isso, prostrou-se com o rosto em terra.

Então, sob a direção de Elias, o povo se apoderou dos profetas pagãos e os levou ao rio Quisom. Estando lá, Elias ordenou que todos eles fossem decapitados. (1 Reis, 18:40.)

A rainha Jezabel, ao ser informada do que Elias fizera a seus sacerdotes, jurou vingança, e mandou um mensageiro dizer a ele que os deuses deveriam tratá-la com toda a severidade se ela, no dia seguinte, e na mesma hora, não fizesse a Elias o que ele fizera aos sacerdotes. (1 Reis, 19:2.)

Elias teve medo. A rainha era uma mulher de vontade férrea. Ele fugiu para um lugar onde Jezabel não o pudesse alcançar, senão...

Oito séculos mais tarde.

Região da Pereia.

Fortaleza Maqueronte.

O nome não aparece na *Bíblia*. A fortaleza palácio foi erguida sobre uma montanha em forma de cone e, talvez, daí o seu nome grego: *Machairos*, espada, gládio. Era cercada por vales profundos, e sua enorme muralha fazia lembrar uma coroa de pedras.

Próximo ao ano 90 antes de Jesus, Alexandre Janeu, o rei sacerdote de Jerusalém, construiu ali um castelo, com o objetivo de proteger uma rota comercial. O castelo foi tomado e destruído pelos romanos em 57 a.C. Duas décadas depois, Herodes, o Grande, iniciou sua reconstrução, transformando o lugar em uma fortificação, que César Augusto passou ao herdeiro Herodes Antipas, nomeado tetrarca da Galileia e da Pereia, uma espécie de vice-rei.

Março do ano 29, dia do aniversário de Herodes Antipas, que há pouco regressara de uma viagem à Babilônia, onde integrara uma comitiva do imperador Tibério, liderada pelo governador da Síria, o procônsul Vitelos.

A demora em Maqueronte obrigou Antipas a comemorar seu aniversário na fortaleza.

Foram convidados os grandes de sua corte, seus comandantes, as eminentes personalidades da Galileia, sacerdotes, fariseus, dignitários das cidades gregas e romanos ilustres.

Os convivas ocupavam animadamente a sala do festim, formada de naves, como uma basílica. Colunas talhadas com requinte, tapetes luxuosos de Damasco, esculturas preciosas de Atenas, castiçais de ouro polidos em Cesareia, vasos delicados importados de Roma e outros artefatos raros ornamentavam as galerias. Iguarias de fino gosto eram servidas. Vinhos famosos fluíam de grandes vasos de cerâmica para as crateras e destas para as taças.

A certa altura, a algaravia natural cedeu, aos poucos, ao silêncio e, enfim, à estupefação geral. Uma figura vaporosa de mulher e menina, com aproximados 18 anos, vestida de maneira exótica, começou a marcar um bailado ao compasso dos estalos de suas sandálias de penugem de colibri.

Ninguém melhor do que Gustave Flaubert, o inesquecível autor de *Madame Bovary*, descreveu o que então se passou.

Em seu conto *Herodíade*, Flaubert (1974, p. 132-134) narrou:

> Seus pés passavam um na frente do outro [...]. Seus braços roliços chamavam alguém que não cessava de fugir. Ela o perseguia, mais leve que uma borboleta, como uma *psique* curiosa, como uma alma aventureira, e sempre pronta a partir voando.
>
> Os sons fúnebres da flauta fenícia substituíram os crótalos. O desânimo sucedia à esperança. Suas atitudes exprimiam desgostos, e toda a sua pessoa uma tal languidez que não se sabia se ela chorava por um deus, ou se morria em sua carícia. As pálpebras semicerradas, ela se contorcia inteira, balançava o ventre com ondulações de mar agitado, fazia tremer os seios, e o rosto sempre imóvel, e os pés não paravam.
>
> Depois foi o arrebatamento do amor que quer saciar-se. Ela dançou como as sacerdotisas da Índia, como as núbias das cataratas, como as bacantes da Líbia. Requebrava-se totalmente, tal como uma flor agitada pela tempestade. Os brincos saltavam-lhe das orelhas, a seda de suas costas cambiava de cor; dos seus braços, dos seus pés, das suas roupas brotavam faíscas que inflamavam os homens. Uma harpa soou; os presentes receberam-na com aclamações. Sem dobrar os joelhos, abrindo as pernas, ela curvou-se tão bem que o seu queixo

roçou o soalho; e os nômades habituados à abstinência, os soldados de Roma peritos em orgias, os avarentos publicanos, os velhos sacerdotes azedados pelas disputas, todos dilatando as narinas, palpitavam de cobiça.

Em seguida, ela girou em volta da mesa de Antipas, freneticamente; e com uma voz que os soluços da volúpia entrecortavam, ele lhe dizia:

— Vem! Vem!

Girava sem parar; os tamborins ressoavam estrepitosamente, a multidão urrava.

Mas o tetrarca gritava mais alto:

— Vem! Vem! Eu te dou Cafarnaum! A planície de Tiberíades! As minhas cidadelas! A metade do meu reino!

Ela jogou-se sobre as mãos, os calcares no ar, percorrendo assim o estrado como um enorme besouro; e, bruscamente, parou.

Sua nuca e suas vértebras faziam um ângulo reto. Os véus de cores que envolviam suas pernas, passando-lhe sobre as costas como arco-íris, quase lhe tapavam o rosto.

Tinha os lábios pintados, as sobrancelhas muito pretas, os olhos quase terríveis, e gotinha de suor em sua fronte era como orvalho sobre o branco mármore.

Ela não falava. Eles se olhavam.

Ouviu-se um estalido de dedos na tribuna.

Ela subiu lá, reapareceu; e, zezeando um pouco, pronunciou estas palavras, com um ar infantil:

— Quero que me dês numa bandeja, a cabeça...

Tinha esquecido o nome, mas retomou sorrindo:

— A cabeça de Iokanan!

Jezabel realizava sua vingança. Iokanan, *o Senhor foi favorável*, ou como é mais conhecido, João, o Batista, é Elias reencarnado. Herodes Antipas é Acab de volta à vida corporal. Herodíades, sua mulher, é Jezabel.

João estava preso em Maqueronte fazia dez meses, por ordem de Herodes Antipas e instigação de Herodíades.

Conforme o evangelista Marcos (6:19 e 20):

Herodíades então se voltou contra ele e queria matá-lo, mas não podia, pois Herodes tinha medo de João e, sabendo que ele era um homem justo e santo, o protegia. E quando o ouvia, ficava muito confuso e o escutava com prazer.

O Batista denunciara publicamente o matrimônio adúltero e incestuoso (LEVÍTICO, 18:16; 20:21) de Antipas com Herodíades.

Aos três ou quatro anos, Herodíades foi dada, por Herodes, o Grande, seu avô, como mulher de Filipe, tio de Herodíades e irmão de Herodes Antipas. Filipe, deserdado, tinha uma vida discreta, com o que Herodíades não se conformava. Numa das viagens de Antipas a Roma, como informante de César, ele se hospedou com o irmão e se apaixonou pela cunhada e sobrinha. Antipas prometeu-lhe repudiar a esposa, filha do rei da Arábia. Herodíades se divorciaria de Filipe. Mas a mulher de Antipas, descobrindo tudo, partiu para junto do pai, antes que fosse repudiada, e Herodíades, com a jovem filha Salomé, foi se unir a Antipas na Palestina.

Essa união deu início ao lento declínio do prestígio e poder de Antipas. O rei dos árabes (os nabateus) jurou vingança à afronta. O povo estava escandalizado com a violação das leis nacionais e regras religiosas.

João Batista era o único a repreender Herodes em público pela união ilegítima com Herodíades.

Entre a veneração ao Batista e o temor de que a autoridade do profeta e a estima do povo por ele produzissem motins, Herodes Antipas ordenou a prisão de João.

Flávio Josefo (2005, p. 838) escreveu:

> Herodes, temendo que ele, pela influência que exercia sobre eles, viesse a suscitar alguma rebelião, porque o povo estava sempre pronto a fazer o que João ordenasse, julgou que devia prevenir o mal, para depois não ter motivo de se arrepender por haver esperado muito para remediá-lo.

Após ciladas infrutíferas para tirar a vida de João Batista, Herodíades fez de Salomé o ardil bem-sucedido.

Segundo a tradição lendária (fomentada por Jerônimo), Herodíades, quando recebeu nas mãos o troféu tão aguardado, repassado pela filha, sacou um alfinete de ouro e trespassou a língua que tanto quisera silenciar.

Observou Amélia Rodrigues (FRANCO, 1987, p. 42): "Elias resgatava o crime cometido às margens do rio Quizom, quando mandara decepar a cabeça dos adoradores de Baal e, livre, tarefa cumprida, ascendia, agora, os Cimos".

Quanto a Herodes Antipas, logo adveio sua derrota militar perante o pai da ex-mulher, interpretada pelo povo como punição divina ao assassínio de João Batista, de acordo com Flávio Josefo (2005, p. 838):

> Vários judeus julgaram a derrota do exército de Herodes um castigo de Deus, por causa de João, cognominado Batista. Era um homem de grande piedade que exortava os judeus a abraçar a virtude, a praticar a justiça e a receber o batismo, para se tornarem agradáveis a Deus [...] uma grande multidão o seguia para ouvir a sua doutrina [...].

Antipas "era um príncipe preguiçoso e sem valor, favorito e adulador de Tibério" — escreveu Renan (2003, p. 125).

Com a morte de Tibério, protetor de Antipas, o novo imperador, Calígula, admitiu falsas denúncias de que Antipas se armava contra o Império. No ano 37 da Era Cristã, Antipas foi exilado para Lyon, nas Gálias. Herodíades recebeu do imperador autorização para usufruir de seus bens, "mas ela, num gesto nobre, talvez o único em toda a vida, recusou a indulgência, declarando-se disposta a partilhar com Antipas a desgraça, como partilhara com ele a prosperidade. Herodíades teve satisfeita sua vontade: foi enviada para Lyon; os bens do casal passaram assim às mãos de Agripa" (GHIBERTI, 1986, p. 92), irmão de Herodíades, autor das falsas denúncias contra Herodes.

Salomé viveu dois casamentos, o primeiro com Filipe, 30 anos mais velho. Depois, viúva, tornou-se rainha de Aristóbulo, filho de Herodes de Cálcis. Oscar Wilde lhe dedicou um romance; Richard Strauss, uma ópera. Os evangelhos não lhe guardaram nem o nome, que foi dado à posteridade por Flávio Josefo. Um rastro de sua passagem dramática pela Terra foi conservado: uma moeda em que sua imagem aparece com a de Aristóbulo. Nela há uma inscrição: "Do Rei Aristóbulo, da Rainha Salomé".

As ruínas de Maqueronte, hoje, são chamadas pelos beduínos da região de *El Mashnaka*, o Palácio Suspenso. Delas, olhando-se para o norte, ao longe, é possível visualizar o trecho do rio Jordão onde João exerceu o mais honroso ministério, o de Anunciador. Ainda estão de pé as paredes da masmorra lúgubre. Do suntuoso salão do festim, restaram alguns alicerces. Nada sobrou do piso em que estalaram as chinelinhas de penugem de colibri da princesa judia.

Por outro lado, diversos recantos da Terra Santa homenageiam a memória do inesquecível servo de Cristo. Sobre a colina da cidade de Samaria, que Herodes, o Grande, reformulou e deu o nome grego do imperador, Sebaste (augusta), uma basílica transformada em mesquita guarda uma tumba que a tradição, desde o século IV, aponta como o sepulcro do Precursor. Junto à margem do Jordão, perto de Jericó, onde João costumava batizar, ergue-se o belo convento de São João, imponente entre os montes áridos da Judeia. Em *Ain Karem*, vilarejo próximo a Jerusalém, terra natal de João Batista, outro convento foi construído, sobre a gruta que teria pertencido à casa onde ele nasceu.

Em Isaías, 40:3 está escrito: "Voz de alguém que clama no deserto: preparai o caminho do Senhor, endireitai na solidão as veredas." (Bíblia, 1965.)

Malaquias, o último dos profetas do Antigo Testamento, predisse:

> Eis que vou enviar o meu mensageiro para que prepare um caminho diante de mim.[...] (3:1.)
> Eis que vos enviarei Elias, o profeta, antes que chegue o Dia de Iahweh, grande e terrível. Ele fará voltar o coração dos pais para os filhos e o coração dos filhos para os pais. (3:23 e 24.)

Em termos semelhantes, o Espírito Gabriel anunciou o nascimento de João Batista.

Zacarias era um sacerdote modesto, casado com Isabel, muito dignos; ela era descendente de Aarão, irmão de Moisés.

Certa vez, quando Zacarias oficiava no Templo, ele foi sorteado, conforme o ritual sacerdotal, para entrar no santuário, onde deveria fazer a oferta do incenso. Quando se preparava, ocorreu que uma intensa e clara luz se acendeu à direita do altar e tomou a forma humana. Zacarias ficou perturbado e com medo. O Espírito, contudo, aproximou-se mais, e lhe disse (LUCAS, 1:13 a 17 – BÍBLIA, 2000):

— "Não temas, Zacarias, pois teu pedido foi ouvido, e tua mulher Isabel te dará um filho, a quem chamarás João. Ele te encherá de gozo e alegria, e muitos se alegrarão com o seu nascimento. Será grande diante do Senhor; não beberá vinho nem licor. Estará cheio de Espírito Santo desde o ventre materno e converterá muitos israelitas ao Senhor, seu Deus. Irá à frente, com o espírito e o poder de Elias, para reconciliar pais com filhos, rebeldes com o modo de ver dos honrados; assim preparará para o Senhor um povo bem disposto."

Salientou a veneranda entidade espiritual: "com o espírito e o poder de Elias".

Jesus corroboraria a reencarnação de Elias como João Batista.

João estava preso em Maqueronte, e Jesus ampliava os horizontes de suas atividades. João Batista enviou alguns discípulos até Jesus, com uma mensagem (MATEUS, 11:3):

— "És tu aquele que há de vir, ou devemos esperar um outro?"

João fora o primeiro a reconhecer a identidade real de Jesus, após relutantemente ter batizado o Cristo, a pedido deste, que isso solicitou em expressão de solidariedade para com os arrependidos.

- "Eu é que tenho necessidade de ser batizado por ti, e tu vens a mim?" (MATEUS, 3:14).

O batismo que, de fato, Jesus deveria viver Ele o revelou quando Salomé, mãe de Tiago e João, propôs-lhe reservar a seus filhos lugares eminentes no reino (MARCOS, 10:38):

— "Não sabeis o que estais pedindo. Podeis beber o cálice que eu vou beber e ser batizados com o batismo com que serei batizado?"

Por que então a mensagem enviada da prisão? Vacilo da fé afligida pelo cativeiro prolongado? ou dificuldades para compreender aquele que, em vez de ameaças, tocava as pessoas com suas curas, lições e devotamento pessoal?

CAPÍTULO 13 | JOÃO BATISTA

O movimento de discípulos que se formou em torno de João Batista acompanhou com reservas a ascensão de Jesus no cenário hebreu (MATEUS, 9:14):

— "Por que razão nós e os fariseus jejuamos, enquanto os teus discípulos não jejuam?"

Relata o texto joanino outro fragmento desse ciúme.

Surgiu uma discussão dos discípulos de João com um judeu a propósito de purificações. Foram a João e lhe disseram (JOÃO, 3:26 a 30):

— "Rabi, aquele que estava contigo do outro lado do Jordão [...] está batizando e todos vão a ele".

João respondeu:

— "Um homem nada pode receber a não ser que lhe tenha sido dado do céu. [...]. Quem tem a esposa é o esposo, mas o amigo do esposo, que está presente e o ouve, é tomado de alegria à voz do esposo. [...] É necessário que ele cresça e eu diminua".

Por que então a pergunta em tom de dúvida feita da prisão?

O intuito de João Batista era aproximar seus discípulos de Jesus, pois sua morte não demoraria.

A resposta de Jesus veio elucidativa aos resistentes (MATEUS, 11:4 a 6):

— "Ide contar a João o que estais ouvindo e vendo: *os cegos recuperam a vista*, os coxos andam, os leprosos são purificados e os surdos ouvem, os mortos ressuscitam e os *pobres são evangelizados*. E bem-aventurado aquele que não ficar escandalizado por causa de mim."

O final da mensagem se referia sutilmente aos próprios discípulos de João. Após a partida deles, Jesus desvelou a superioridade e a identidade do Batista (MATEUS, 11:7 a 11):

— "Que fostes ver no deserto? Um caniço agitado pelo vento? Mas que fostes ver? Um homem vestido de roupas finas? Mas os que vestem roupas finas vivem nos palácios dos reis. Então, que fostes ver? Um profeta? Eu vos afirmo que sim, e mais do que um profeta. É dele que está escrito: *Eis que eu envio o meu mensageiro à tua frente; ele preparará o teu caminho diante de mim*. Em verdade vos digo que, entre os nascidos de mulher, não surgiu nenhum maior do que João, o Batista, e, no entanto, o menor no Reino dos Céus é maior do que ele".

Dos nascidos de mulher, ou seja, dos sujeitos à reencarnação, João Batista era o maior, mas o menor dos já libertos dos ciclos corporais era superior a João.

Para esclarecer a razão das diferenças evolutivas entre os indivíduos, Jesus completou (MATEUS, 11:13 a 15):

— "Porque todos os profetas bem como a Lei profetizaram, até João. E, se quiserdes dar crédito, ele é o Elias que deve vir. Quem tem ouvidos, ouça!"

Significa dizer que, para compreender a Lei e os profetas, é preciso entender que João é Elias de volta, é preciso examinar a Lei e a mensagem dos profetas à luz da reencarnação.

Elias fora poderoso médium de efeitos físicos. Já como João Batista, e após oitocentos anos de transformações pessoais, deixaria um tributo imperecível, como o mais humilde dos servidores encarnados de Jesus.

A personalidade orgulhosa e arrebatada do passado preservou as conquistas da fidelidade e do ardor à causa monoteísta. Acresceu ao patrimônio espiritual a força insuperável da humildade, que se revelou na nova trajetória desde o ventre materno.

Perante Maria, que visitava sua prima Isabel, e mãe de João Batista, mesmo no ventre materno, o venerando Precursor não se conteve. Ao entrar na pequena morada de Zacarias, Maria saudou Isabel, que, ao ouvi-la, sentiu seu filho de seis meses de gestação se agitar. O nascituro lhe envolveu a mente numa enxertia de ternura e comoção. Mediunizada, Isabel deixou que o reencarnante falasse (LUCAS, 1:42 e 43 – BÍBLIA, 2000):

— "Bendita és tu entre as mulheres e bendito o fruto do teu ventre. Quem sou eu, para que me visite a mãe de meu Senhor?"

Cabe questionar, diante da saudação da criança a Maria: quando ela desenvolveu o discernimento, se ela mal iniciara as primeiras fases de organização cerebral? Não se trata de um feto? Esse detalhe evidencia o acerto de Lucas: "com o espírito e poder de Elias". O Espírito que fora Elias despertou momentaneamente do transe reencarnatório e dirigiu-se a Maria.

Muitas vezes João manifestaria sua encantadora submissão e total dedicação a Jesus.

— "Eu batizo com água. No meio de vós, está alguém que não conheceis, aquele que vem depois de mim, do qual não sou digno de desatar a correia da sandália" (JOÃO, 1:26 e 27).

— "É necessário que ele cresça e eu diminua" (JOÃO 3:30).

Em virtude disso, quando sacerdotes e levitas de Jerusalém o procuraram para perguntar "Então, és Elias?", ele respondeu: "Não sou".

E, de fato, não era mais.

Gregório Magno (*in* PASTORINO, 1964, p. 16) salientou:

> João era Elias pelo espírito que o animava, mas não era Elias em pessoa. O que o Senhor diz do espírito de Elias, João nega da pessoa.

O Espírito é a individualidade, o viajante no tempo e no espaço, a realizar seu progresso no rumo da perfectibilidade. A pessoa, ou personalidade, é transitória, e reúne os atributos temporários de que o Espírito se reveste em cada encarnação.

Narra o texto de Lucas que, da meninice à madureza, João Batista cresceu fortalecendo-se espiritualmente, até que se lhe acordou a vocação (LUCAS, 1:80). Buscou o deserto e se preparou para se apresentar a Israel como o grande profeta do Nazareno.

Quando deixou seu isolamento no deserto, no 15º ano do reinado do imperador Tibério (28 a.C.), para iniciar sua missão, muitos traços da personalidade marcante de Elias afluíram na composição da nova personalidade, ao lado dos novos propósitos espirituais, da nova influência familiar, cultural e social da existência que se desenvolvia como João Batista.

À semelhança do profeta antigo, trajava pele de camelo e um cinto de couro em torno dos rins; barba revolta, pele curtida pelo sol inclemente do deserto — aparência que lembrava Elias.

Ele era de linhagem sacerdotal, mas renunciou a suceder seu pai, Zacarias, rompendo, assim, com o Templo.

Com pregação vibrante, ele sensibilizava o povo, salientando o arrependimento como condição indispensável à construção do reinado de Deus na alma.

A palavra grega usualmente traduzida como *arrependimento*, no discurso de João Batista, é *metanoia*, formada por *metá* e *noús*, respectivamente, *reforma* e *mental*, o que oferece uma perspectiva muito mais abrangente e profunda à sua pregação.

João utilizava, em sua prática, rito tradicional nas religiões ancestrais da Palestina, e também em Israel. Era a purificação com a água, ou imersão, ou batismo, que quer dizer *mergulho*. João propunha que o indivíduo confessasse publicamente seus erros, como forma de romper intimamente com a servidão às próprias fraquezas, e empregava a imersão nas águas do Jordão como símbolo do compromisso de regeneração, o que restringia seu uso aos adultos.

No tempo de João, os israelitas viviam obsessiva preocupação com a purificação pela água. Rabinos, fariseus, sacerdotes, essênios realizavam variados ritos dessa ordem, exigindo-os também do povo. Chegou-se, por isso, até mesmo se supor que João Batista fosse essênio ou tivesse estreitas relações com o grupo de Qumran, o que hoje os especialistas refutam.

O ingresso na comunidade dos essênios era antecedido por uma complexa e demorada iniciação, sendo uma das fases o batismo com água. Para eles, o mergulho em água simbolizava morte e renovação, ou renascimento para uma nova vida.

João Batista reservou o batismo com água a seu ministério individual, anunciando que o Cristo batizaria no fogo do espírito (JOÃO, 1:31 a 33).

Crossan (1995a, p. 49) anotou:

> Herodes condenara-o (João, cognominado o Batista) à morte, embora fosse um homem bom e tivesse exortado os judeus a levarem vidas corretas, a praticar a justiça em relação a seus iguais e a piedade em relação a Deus, e assim se unirem no batismo. Em sua concepção isto era uma preliminar necessária se o batismo devesse ser aceitável para Deus. Não devem empregá-lo para obter o perdão por quaisquer pecados que tenham cometido, mas como consagração do corpo, implicando que a alma já estava completamente limpa pelo reto comportamento.

E completou:

> Josefo insiste em que o batismo não era um ato mágico ou ritual que removia o pecado, mas uma limpeza física e externa disponível *somente depois* de uma purificação espiritual e interna já efetuada.

Ou seja, o batismo de João não era para a remissão de pecados.

Nas tradições dos povos antigos, a água e o fogo eram símbolos representando elementos que purificam, renovam e iluminam.

Dionísio é o deus da metamorfose, da transformação, na mitologia grega; seus sacerdotes ao se iniciarem dirigiam-se para o mar ou rio, banhando-se em simbólica busca de purificação. (BRANDÃO, 1991, p. 116.)

Os taoístas, até hoje, realizam cerimônias em que penetram em chamas, atravessando-as, para se libertarem dos condicionamentos humanos.

O fogo, como a água, é uma metáfora da purificação e regeneração. O fogo simboliza a luz da verdade, e purifica a compreensão. A água, representa a bondade, e purifica o desejo.

Se João utilizava a água, era para dar uma ideia de regeneração e reforçar a necessidade de renovação dos sentimentos.

Jesus oferecia a água da vida e o fogo da verdade.

Por isso, inúmeras correntes cristãs não aceitaram o batismo.

Sabe-se que a Igreja primitiva, com o batismo, pretendeu suprimir a barreira dos gentios aos judeus, ao substituir a circuncisão pelo batismo.

O historiador Geoffrey Blainey (professor da Universidade de Harvard e da Universidade de Melbourne) acrescentou que essa igreja também adaptou alguns dos rituais vindos da vida cotidiana dos romanos:

> [...] quando um bebê romano chegava ao seu oitavo dia, alguns grãos de sal eram colocados em seus pequeninos lábios, na crença de que o sal afastaria os demônios que, do contrário, poderiam prejudicar a criança. Quando a Igreja Cristã, em seu início, batizava seus novos seguidores, ela benzia um bocado de sal e, imitando o costume romano, dava-o aos batizados. (BLAINEY, 2009, p. 107.)

Em seu próprio esforço de regeneração, João Batista travou luta com o passado reencarnatório e suas sequelas.

Certa feita, questionaram a Francisco Cândido Xavier se a decapitação de João deveria ser interpretada como consequência da lei de causa e efeito. O médium de Pedro Leopoldo respondeu (*in* WORM, 1992, p. 42):

> Cremos que João Batista, o Precursor, era Elias reencarnado. O respeito devido ao Evangelho não nos permite anatomizar o problema da morte de João Batista. Mas perguntamos a nós mesmos, na intimidade das nossas orações, se ele não se teria exonerado do rigor do carma, caso agisse com misericórdia no exercício do que era considerado de justiça para a família de Herodes. É um ponto em minhas reflexões na veneração com que cultivo o amor pelos vultos inesquecíveis do Cristianismo.

O Espírito Humberto de Campos (*in* XAVIER, 2013a, cap. 2, p. 21 e 22) também refletiu maduramente:

> [...] Vestido de peles e alimentando-se de mel selvagem, esclarecendo com energia e deixando-se degolar em testemunho à Verdade, ele precedeu a lição da misericórdia e da bondade. O Mestre dos mestres quis colocar a figura franca e áspera do seu profeta no limiar de seus gloriosos ensinos e, por isso, encontramos em João Batista um dos mais belos de todos os símbolos imortais do Cristianismo. Salomé representa a futilidade do mundo, Herodes e sua mulher, o convencionalismo político e o interesse particular. João era a verdade, e a verdade, na sua tarefa de aperfeiçoamento, dilacera e magoa, deixando-se levar aos sacrifícios extremos.

E concluiu o nobre cronista espiritual:

> [...] João Batista foi a voz clamante do deserto. Operário da primeira hora, é ele o símbolo rude da verdade que arranca as mais fortes raízes do mundo, para que o reino de Deus prevaleça nos corações.

Exprimindo a austera disciplina que antecede a espontaneidade do amor, a luta para que se desfaçam as sombras do caminho, João é o primeiro sinal do cristão ativo, em guerra contra as próprias imperfeições do seu mundo interior, a fim de estabelecer em si mesmo o santuário de sua realização com o Cristo. Foi por essa razão que dele disse Jesus: "Dos nascidos de mulher, João Batista é o maior de todos".

Capítulo 14

OS APÓSTOLOS

Naqueles dias, ele foi à montanha para orar e passou a noite inteira em oração a Deus. Depois que amanheceu, chamou os discípulos e dentre eles escolheu doze, aos quais deu o nome de apóstolos.

(Lucas, 6:12 e 13.)

A análise dos evangelhos revela que os seguidores de Jesus formavam quatro círculos em torno dele, ou quatro categorias: os adeptos, os discípulos, os apóstolos e os "três", sendo os apóstolos e os "três" (Pedro, Tiago e João) os círculos mais próximos do Mestre.

Os adeptos eram aqueles que aplicavam ao comportamento as regras morais e espirituais ensinadas por Jesus. Prosseguiam normalmente com suas vidas privadas, ligados aos compromissos familiares e sociais, e compunham uma rede de apoio ao Nazareno. A maioria, simples e pobre; alguns, ricos e relacionados ao Poder, como Nicodemos e José de Arimateia. Entre os adeptos se encontravam amigos íntimos de Jesus, como Marta, Maria e Lázaro.

Os discípulos possuíam responsabilidades na difusão da Boa-Nova, na tarefa de ensinar o Evangelho. Discípulo, do latim, quer dizer *aluno*. Esse grupo teria sido designado após a convocação dos apóstolos. Jesus justificou-o (Lucas, 10:2):

— "A colheita é grande, mas os operários são poucos".

Lucas referiu-se a ele como os setenta e dois, enviados dois a dois à frente de Jesus, "a toda cidade e lugar aonde ele próprio devia ir". (Lucas, 10:1.)

Jesus resumiu a tarefa dos discípulos em duas atividades primordiais (Lucas, 10:9):

— "Curai os enfermos e dizei ao povo: o Reino de Deus está próximo de vós".

A recomendação de curar constituía obra humanitária e, ao mesmo tempo, estratégia de aproximação das comunidades. A Medicina, no estágio em que se encontrava, não existia para os pobres nem atendia com eficácia os afortunados. Durante milênios, o caminho para a recuperação orgânica foi a cura pela fé. Jesus e os discípulos ofereciam curas. Isso abria as portas da hospitalidade e cativava ouvidos para a mensagem do reino de Deus.

"Jesus percorria toda a Galileia, ensinando em suas sinagogas, pregando o Evangelho do Reino e curando as enfermidades do povo. Sua fama se espalhou por toda a Síria, de modo que lhe traziam os acometidos de doenças diversas, bem como os obsidiados e os doentes mentais" (Mateus, 4:23 e 24).

Quando Jesus enviou os discípulos, asseverou (Lucas, 10:16):

— "Quem vos ouve a mim ouve, quem vos despreza a mim despreza, e quem me despreza, despreza aquele que me enviou".

Ele se declarou a luz do mundo (João, 8:12), mas também disse que seus discípulos são a luz do mundo (Mateus, 5:14).

Após a primeira experiência de peregrinação, os 72 regressaram exultantes (Lucas, 10:17):

— "Senhor, até os demônios se nos submetem em teu nome!"

Ao que Jesus ponderou (Lucas, 10:20):

— "[...] não vos alegreis porque os espíritos se vos submetem; alegrai-vos, antes, porque vossos nomes estão inscritos nos céus".

Jacques Duquesne (2005, p. 110) sugeriu:

> O número 72 não deve ser tomado literalmente, porque corresponde ao número de sábios anciães de Israel reunidos por Moisés no deserto para ajudá-lo a governar o povo e também ao número de nações

do mundo, todas nascidas, segundo o *Gênesis*, de filhos de Noé. Mas significa que os discípulos eram bastante numerosos.

Num grupo mais seleto, estavam os reunidos pelo termo grego *apostolos*, de *apostellein, enviar; chelilah*, em hebraico, *enviado, emissário*. Esses receberam as mesmas atribuições dos discípulos, como se vê no Discurso Apostólico de Mateus (10:1 a 42); contudo, eram os cooperadores mais próximos de Jesus e, por isso, tiveram instrução mais profunda sobre a Boa-Nova. Formavam um colegiado de grande autoridade perante os discípulos e adeptos. Eram os intérpretes das ações e ensinos de Jesus.

Os critérios para a escolha desse grupo não foram revelados nos escritos evangélicos. Todavia, houve critérios, não há dúvidas. Lucas conta que Jesus se retirou de Cafarnaum e buscou uma colina próxima para orar, como Ele sempre fazia em momentos importantes. E só depois de orar uma noite inteira Ele entrou novamente na cidade e convocou doze.

O texto joanino não cita o nome de todos os apóstolos; não fala de Mateus ou de Simão, o Zelote. Já as narrativas sinópticas mencionam doze nomes. Pedro e André, Tiago e João, Tomé e Judas Iscariotes são os nomes comuns nos quatro evangelhos.

Mateus, 10:2 a 4 apresenta os doze:

1) *Shim'on* (nome hebraico, *aquele que ouve*), Simão, que Jesus chamou de Pedro (*Kepa*, em aramaico, daí Cefas; em grego, *Petros*);

2) *Andréas* (nome grego, *viril*), André, irmão de Pedro, filhos de *Giona*, João ou Jonas;

3) *Ja'akov* (nome hebraico), Tiago, transliteração grega do nome Jacó (*Iacobos*), dito o Maior, irmão de João, filho de Zebedeu e de Salomé;

4) *Johanan* ou *Iokanan* (nome hebraico), João; este e Tiago chamados por Jesus de Boanerges, filhos do trovão ou trovejantes (Marcos, 3:17);

5) *Filippos* (nome grego, *apreciador de cavalos*), Filipe;

6) *Bartholomaios* (nome grego, originado do aramaico *bar talmai, filho de Tolmai*), Bartolomeu, também chamado Natanael (nome hebraico);

7) *Mattai* (nome hebraico, *dom de Iahweh*), Mateus ou Levi, o publicano;

8) *Toma* (nome aramaico), gêmeo, Tomé, ou *Didymos*, gêmeo em grego;
9) *Ja'akov* (nome hebraico), Tiago, dito o Menor, filho de Alfeu;
10) *Shim'on*, Simão, o nacionalista, o zelote, o cananeu;
11) *Taddai* (nome hebraico), Judas Tadeu;
12) Judas Iscariotes, filho de Simão.

O lago de Genesaré é uma das bacias hidrográficas mais piscosas do planeta, e assim era mais especialmente naquela época, nas áreas próximas a Betsaida e Cafarnaum. Muitas e numerosas famílias se dedicavam à pesca. "As famílias de pescadores formavam uma sociedade doce e cordata, estendendo-se em numerosos laços de parentesco por todo o cantão do lago". (RENAN, 2003, p. 191.)

Onze dos escolhidos eram galileus e ligados à vida do mar da Galileia. Nasceram e se tornaram homens em suas margens, sendo vários deles conhecidos entre si, até por laços de parentesco.

Judas, a exceção, originava-se da Judeia. O apelido vem da cidade de *Cariot* ou *Keriote*, aldeia situada ao sul da Judeia, hoje chamada *Kereitein*. Judas se dedicava "ao pequeno comércio em Cafarnaum, no qual vendia peixes e quinquilharias", quando conheceu Jesus. (XAVIER, 2013a, cap. 5, p. 36.)

André, Pedro, João, Tiago e Filipe eram de Betsaida (*casa dos pescadores*), localizada a noroeste do lago de Genesaré, próxima à foz do rio Jordão. Com terras férteis, clima agradável e bela flora, Betsaida foi o berço de cinco grandes personagens do Evangelho.

O Novo Testamento utilizou quatro nomes para se referir a Pedro: o nome hebraico *Simeão* (ATOS DOS APÓSTOLOS, 15:14), que pode significar *ouvir*; *Simão*, a forma grega de Simeão; *Pedro*, de origem grega, significa *pedra* ou *rocha*; *Cefas*, rocha em aramaico.

Simão Pedro é citado em primeiro lugar nas listas dos evangelhos sinópticos. Foi o apóstolo convocado à liderança dos demais. Pedro era casado, tinha filhos e sua sogra morava com ele. Conhecera Jesus quando os primeiros cabelos embranqueciam. Era pescador e, aparentemente, homem de alguma abastança material. Possuía uma boa moradia, onde Jesus era encontrado com frequência. Seu irmão André, também pescador, foi discípulo de João Batista: "André, o irmão de

Simão Pedro, era um dos que ouviram as palavras de João e seguiram Jesus". (João, 1:40.)

Os evangelhos sinópticos propõem que André e Pedro foram os primeiros apóstolos, chamados depois que João Batista foi preso por Herodes Antipas. Narra Mateus, 4:19 que Jesus caminhava pela orla do lago e viu os dois irmãos:

— "Segui-me e eu vos farei pescadores de homens".

Mas para o quarto evangelho (João, 1:35 a 39), André foi chamado quando estava com o apóstolo João, na companhia de João Batista. É André que informa a Pedro: "Encontramos o Messias". (João, 1:41.) E em seguida o leva a Jesus. Os dois relatos parecem se completar.

Os dois irmãos, Pedro e André, residiam havia muito tempo em Cafarnaum (*vila de Naum*), uma das mais importantes vilas em torno do lago. Jesus fez dela sua cidade: "E entrando em um barco, ele atravessou e foi para a sua cidade". (Mateus, 9:1.)

Cafarnaum era um centro coletor de impostos, próspero centro comercial, localizado numa pequena enseada do lago, perto de onde o Jordão trazia suas águas. O casario era baixo, localizado entre árvores frondosas e muitos pomares. Possuía uma população de 15 mil habitantes, cujos sentimentos ternos e boa vontade faziam de Cafarnaum um lugar especial para Jesus. A cidade de Jesus seria destruída no século VII, jamais sendo restaurada. Suas ruínas foram adquiridas pelos franciscanos em 1894, o que preservou sua herança arqueológica até hoje. (SOTELO, 2003, p. 75-77.)

Tiago e João eram filhos de Zebedeu, um pescador bem-sucedido, dono de vários barcos. Trabalhavam como pescadores e eram companheiros/sócios de Simão Pedro, de acordo com Lucas, 5:10. João, tudo indica, era o outro seguidor do Batista, ao lado de André. Salomé, mãe de Tiago e João, foi uma das destacadas discípulas de Jesus que tiveram a honra de servi-lo até o fim na tarde do Calvário. (Mateus, 27:56.)

Filipe fora aquele que ouviu o *segue-me* e pediu a Jesus (Lucas, 9:59 e 60):
— "Permite-me ir primeiro enterrar meu pai".

Ao que Jesus replicou:
— "Deixa que os mortos enterrem os seus mortos; quanto a ti, vai anunciar o Reino de Deus".

Na despedida, no cenáculo, Jesus enchia de esperanças seus apóstolos entristecidos (JOÃO, 14:6 a 9):
— "Eu sou o Caminho, a Verdade e a Vida. Ninguém vem ao Pai a não ser por mim. Se me conheceis, também conhecereis a meu Pai".
Filipe interrompe-o e pede:
— "Senhor, mostra-nos o Pai e isso nos basta".
Jesus o interpela:
— "Há tanto tempo estou convosco e tu não me conheces, Filipe?"
Filipe era pai de quatro filhas profetisas.
Natanael, ou Bartolomeu, vinha de laboriosa família de Caná, distante 30 quilômetros de Nazaré. Ao ser procurado por Bartolomeu, Jesus disse a seu respeito: "Eis um verdadeiro israelita, em quem não há fraude". (JOÃO, 1:47.) Era um homem verdadeiro.
Simão, o Zelote, viera de Canaã para dedicar-se à pescaria.
Tomé também era descendente de um pescador. Seu nome próprio não foi preservado, sendo chamado gêmeo (*Toma*, em aramaico, e *Didymos*, em grego). A tradição propôs que ele se chamava Judas. Quando Jesus, recém-perseguido na Judeia, quis voltar a ela para acordar Lázaro de seu sono letárgico, Tomé disse, em tom de desagrado e resignação fatalista: "Vamos também nós, para morrermos com ele". (JOÃO, 11:6 a 16.)
Símbolo do discípulo despreocupado e ausente, conforme opinião de Emmanuel (XAVIER, 2013e, cap. 100), Tomé não estava presente na primeira manifestação de Jesus ao grupo.
Era o aprendiz desconfiado (JOÃO, 20:25):
— "Se eu não vir em suas mãos o lugar dos cravos e se não puser meu dedo no lugar dos cravos e minha mão no seu lado, não crerei".
Jesus foi paciente com ele (JOÃO, 20:27):
— "Põe teu dedo aqui e vê minhas mãos! Estende tua mão e põe-na no meu lado e não sejas incrédulo, mas crê".
A partir daí, Tomé se ergueria como um símbolo de dedicação a seu Mestre.
Amélia Rodrigues informa que "Tiago, o *Moço*, Judas Tadeu, seu irmão, e Mateus Levi, o ex-publicano, eram filhos de Alfeu e Maria de Cléofas,

...nta de Maria, Sua mãe. Nazarenos todos, eram primos afetuosos e ...savam como seus irmãos". (FRANCO, 1991a, p. 29.)

Humberto de Campos também afirma isso. (XAVIER, 2013a, cap. 5, ... 35.)

Levi era coletor de impostos em Cafarnaum e, provavelmente, detinha a melhor formação cultural. Devia ser, entre os doze, o que melhor manejava o *kalam* — um caniço talhado para escrever e muito usado na época. Ainda que fosse um coletor de segunda classe, viveria em muito mais conforto financeiro do que a maioria dos seus concidadãos. LUCAS, 5:27 informou que Mateus deixou tudo para seguir seu Mestre.

Jesus causou grande escândalo quando, após convocar Mateus ao apostolado, aceitou o convite do novo aprendiz e ceou em sua casa, sentado à mesa com outros publicanos. Os publicanos, porque arrecadavam o imposto para o dominador estrangeiro, eram vistos como traidores malditos.

Nas sociedades formadas em torno do Mar Mediterrâneo, baseadas na honra e na vergonha, a mesa representava a miniatura do cosmo social dominante. A comensalidade (companheirismo da mesa) definia a hierarquia social. Só os afins sociais desfrutavam da mesma mesa: ela era um espelho das discriminações verticais da sociedade. Jesus defendia uma comensalidade igualitária, em que todos pudessem estar juntos, apesar das diferenças individuais momentâneas.

O grupo dos "três" (Pedro, Tiago e João) se distinguia entre os doze. Nos momentos importantes, eram os "três" as testemunhas prediletas e os auxiliares mais requisitados. Assim foi na cura da filha de Jairo, o chefe da sinagoga de Cafarnaum (MARCOS, 5:27), na transfiguração (MARCOS, 9:2) e no Getsêmani (MARCOS, 14:33).

A sociedade dos doze reunia homens com características pessoais muitos diferentes. Mas uma ambição comum parece ter criado variados momentos de tensão entre eles: trata-se das vantagens pessoais.

O relacionamento entre os apóstolos nunca se ajustou plenamente, tendo exigido um tempo além da vida física de Jesus para que moderassem as dissensões.

Diante da ideia do reino de Deus, a questão era saber quem estaria mais próximo de Jesus. A liderança de Pedro provocava ciúmes. Tiago e seu irmão João, por exemplo, desejavam o mesmo privilégio.

Narra MATEUS, 20:20 a 27:

> Então a mãe dos filhos de Zebedeu, juntamente com os seus filhos, dirigiu-se a ele, prostrando-se, para fazer-lhe um pedido. Ele perguntou: "Que queres?" Ao que ela respondeu: "Dize que estes meus dois filhos se assentem um à tua direita e outro à tua esquerda, no teu Reino". Jesus, respondendo, disse: "Não sabeis o que estais pedindo. Podeis beber o cálice que estou para beber?" Eles responderam: "Podemos". Então lhes disse: 'Sim, bebereis de meu cálice. Todavia, sentar à minha direita e à minha esquerda, não cabe a mim concedê-lo; mas é para aqueles aos quais meu Pai preparou.
> Ouvindo isso, os dez ficaram indignados com os dois irmãos. Mas Jesus, chamando-os, esclareceu:
> — "Sabeis que os governadores das nações as dominam e os grandes as tiranizam. Entre vós não deverá ser assim. Ao contrário, aquele que quiser tornar-se grande entre vós seja aquele que serve, e o que quiser ser o primeiro dentre vós, seja o vosso servo".

Em outra ocasião, o grupo se aproximava de Cafarnaum, após extenuante viagem. Os apóstolos debatiam entre si. Conta MARCOS, 9:33 a 35 que, depois, na casa de Pedro, onde Jesus os aguardava, o Nazareno lhes perguntou em tom melancólico:
— "Sobre o que discutíeis no caminho?"
Os apóstolos ficaram em silêncio, tomados de surpresa, sem coragem de responder, pois eles estiveram discutindo qual deles seria o maior no conceito do Nazareno. E Ele falou aos doze:
— "Se alguém quiser ser o primeiro, seja o último de todos e o servo de todos".
Amélia Rodrigues (FRANCO, 2000, p. 98) observou que entre os apóstolos alguns "eram Espíritos nobres, que se emboscaram no corpo, que lhes amortecia a elevação [...]".
Além dos reflexos da reencarnação sobre o psiquismo, restringindo a potência inerente, a beletrista espiritual salientou a influência do meio sobre aqueles Espíritos, submetendo-os longamente a um cotidiano simples,

repetitivo, monótono. Convocados por Jesus ao apostolado, "a súbita mudança não conseguiu alçá-los de imediato à altura correspondente". Só pouco a pouco isso aconteceria. Por essas razões, eles tatearam "nas sombras dos labirintos da insegurança até encontrarem o caminho que iriam percorrer com invulgar grandeza de alma".

Lentamente, Jesus foi educando os seus a disputarem não mais as vantagens pessoais, mas o privilégio da dedicação aos outros.

Os apóstolos, tão frágeis no início, no curso do tempo alcançariam o apogeu na renúncia à própria vida, oferecendo-a como láurea final de devotamento.

A cristandade primitiva deixou para a posteridade tradições martirológicas sobre o destino de cada apóstolo.

André pregou nas regiões em torno do Mar Cáspio e Mar Negro, no sul da Rússia, talvez em Éfeso e Bizâncio, sendo crucificado em Patras (na Grécia). A localização dos restos mortais de André é a mais confiável. Eles estão numa igreja ortodoxa grega, em Patras, devolvidos pela Igreja Romana em 1964.

Pedro pregou na Judeia, na região norte da atual Turquia (Ponto, Capadócia, Galácia, Bitínia), na Babilônia, em Corinto, em Antioquia, e talvez nas Ilhas Britânicas e nas Gálias. Esteve em Roma, onde foi crucificado de cabeça para baixo, provavelmente no ano 67.

Filipe pregou na Frígia (Ásia Menor), nas Gálias, em Atenas, e morreu como mártir em Hierápolis (cidade da Frígia, hoje Pambuk-Kelessi, Turquia).

Tiago (dito o Maior, o filho de Zebedeu) pregou em Jerusalém e na Judeia; morreu degolado, por volta do ano 44, por ordem de Herodes Agripa (Agripa I), neto de Herodes, o Grande, durante uma das perseguições à igreja de Jerusalém. Foi o primeiro mártir entre os apóstolos. Enfim, ele bebeu o cálice que Jesus lhe anunciara.

Bartolomeu serviu como missionário na Ásia Menor, em Hierápolis e Liacônia, e num lugar chamado Índia, que pode não ser o país que hoje é assim conhecido. Ele também pregou na Armênia (primeira nação da história a proclamar-se oficialmente cristã, em meados do século IV) e lá, na cidade de Albana, sofreu martírio; foi escalpelado vivo e crucificado de cabeça para baixo no ano 68 d.C.

Simão, o Zelote, com os ensinamentos de Jesus, compreendeu que o grande escravizador não era Roma, mas o "pecado". Assim, desfez-se da adaga e da lança e se tornou pregador do Evangelho. Percorreu a Mauritânia, o Egito, a Cirinaica, a África Menor, a Líbia e depois as Ilhas Britânicas, onde teria sido crucificado no ano de 61 d.C., embora outra tradição defenda que Simão foi martirizado na Pérsia, depois de ter-se associado a Judas Tadeu na evangelização daquela região.

Tomé pregou na Babilônia, na Pérsia, na misteriosa Etiópia asiática, na China e, sobretudo, na Índia, sendo martirizado a golpe de lança no sul da Índia (talvez Malabar), região a que teria dedicado os últimos anos de seu ministério.

Tiago, o Menor, depois de dedicar sua vida à igreja de Jerusalém, foi atirado do pináculo do Templo e apedrejado, no ano 62.

Judas Tadeu pregou na Pérsia e na Armênia. Foi martirizado no sul da Armênia, em Ardaze.

Mateus pregou no Egito e foi martirizado na Etiópia (que não corresponde à localização geográfica atual).

Matias, um dos 72, escolhido para substituir Judas Iscariotes, pregou na Armênia, Síria, Macedônia e na imprecisa região da Etiópia oriental. Uma fonte diz que ele sofreu martírio na Etiópia, outra diz que foi apedrejado pelos judeus no ano 61, outra sugere que seu martírio ocorreu em 64 d.C., em Sebastopol, na Ucrânia.

Somente João, o discípulo amado, após longo trabalho de evangelização da Ásia, tendo passado por Roma, não sofreu morte por martírio. Desencarnou de forma natural, em Éfeso, próximo aos 100 anos, "poupado por amar demais". (FRANCO, 1993, p. 140.)

Capítulo 15

AS DISCÍPULAS

Naquele instante, chegaram os seus discípulos e admiravam-se de que falasse com uma mulher.

(João, 4:27.)

Na sociedade judaica do período de Jesus, e no Oriente, em geral, não se admitia a participação da mulher na vida pública.

A casa era o reduto da mulher e sua esfera de ação. Por isso, sua formação se restringia às atividades de ordem doméstica. Se ela saía do lar, deveria apresentar-se com o rosto coberto por um véu especial, em respeito aos bons costumes, sob pena de sofrer repúdio do marido, sem restituição do dote.

A mulher, legalmente, equiparava-se à criança e ao escravo.

Era vergonhoso dirigir a palavra às mulheres nos espaços públicos ou cumprimentá-las, e os rabinos sugeriam que um homem falasse pouco com as mulheres, mesmo à esposa.

Fílon[10] (*in* JEREMIAS, 2005, p. 475), o filósofo judeu, escreveu:

> Negócios, conselhos, tribunais, procissões festivas, reunião de muitos homens, em suma, toda a vida pública com suas discussões e assuntos,

---

10 N.E.: Filósofo alexandrino. Pertencia a uma família nobre judaica e teve uma educação hebraica e grega. O seu pensamento é um sincretismo filosófico-religioso. Também chamado Filo, o Judeu.

em tempo de paz ou de guerra, é feita para homens. As jovens devem permanecer nos cômodos afastados, fixando como limite a porta de comunicação (com os apartamentos dos homens); e as mulheres casadas, como limite, a porta do pátio.

Obviamente, essas limitações não eram absolutas. Algumas mulheres da nobreza não se submetiam a elas. E, assim como as mulheres atenienses da fase clássica, as mulheres hebreias comuns desfrutavam de certa liberdade em algumas festas, como aquela que ocorria nos vinhedos das cercanias de Jerusalém, quando até as jovens das famílias abastadas poderiam exercitar certos ritos de exibição aos rapazes.

Já a mulher romana era *domina*, quer dizer, senhora. Tinha posição digna e autonomia mesmo no casamento, participando da vida social em igualdade com o homem, frequentando espetáculos públicos e as termas públicas.

Em Israel, ao inverso, o pai poderia vender sua filha como escrava até os 12 anos, ou explorá-la como fonte econômica. Dos 12 anos aos 12 anos e meio, a menina era considerada moça, mas seu pai detinha sobre ela poder soberano. A maioridade legal se realizava aos 12 anos e meio.

Admitia-se a poligamia, e a esposa era obrigada a tolerar concubinas. Os filhos deveriam colocar o respeito ao pai acima do respeito à mãe. As escolas eram vedadas às meninas. Não existia uma palavra para se referir à *discípula*. O rabino Eliezer, cerca de 190 d.C., dizia: quem "faz instruir sua filha na Lei ensina-lhe obscenidade". E dizia mais: "a única sabedoria da mulher é a do fuso" — o instrumento utilizado para fiar. "Sejam as palavras da Lei antes queimadas do que ensinadas às mulheres". (GHIBERTI, 1986, p. 474.)

Apesar disso, as famílias mais ricas concordavam em instruir até certo ponto suas jovens, ensinando-as, por exemplo, a língua grega.

No âmbito religioso, a opressão à mulher também era considerável. Quase não possuía direitos religiosos. No Templo, somente poderia penetrar no átrio dos gentios e no das mulheres. Durante o período da menstruação, ou no intervalo de quarenta dias após o nascimento de um filho (oitenta, caso fosse menina), não poderia frequentar nem o átrio dos

CAPÍTULO 15 | AS DISCÍPULAS

gentios, porque, seja quanto ao mênstruo ou ao parto, era preciso que a mulher se purificasse.

Nas sinagogas, de igual modo, existiam áreas apropriadas e separadas para a mulher. Ela sequer poderia ser contada para atender o número legal exigido para orar em conjunto.

O Judaísmo não comportava o sacerdócio feminino, ao contrário de outras religiões da Antiguidade. Mas as pesquisas revelam que, em termos gerais

> a situação da mulher era ainda pior fora do âmbito do Judaísmo, pois neste pelo menos se cultivava um grande apreço pelo corpo e por suas funções reprodutoras e nunca se privou a mulher, por exemplo, de desfrutar dos prazeres do sexo. Nas regiões vizinhas à Palestina, a mulher era considerada pouco mais que um animal. No culto de Mitra, que então era florescente e que, até o século IV, competiria com o cristianismo primitivo, a mulher era excluída de todo tipo de religião, só podendo abraçar a prostituição sagrada. (ARIAS, 2001, p. 158.)

Os filósofos antigos, que tanto saturaram as velhas nações com sabedoria, foram implacáveis com a mulher: Sócrates a ignorou; Platão defendeu que não há lugar para a mulher, sendo preferencial a homossexualidade; Eurípedes supôs que a mulher é o pior dos males; Cícero sugeriu que, se não existissem as mulheres, os homens seriam capazes de falar com Deus. (ARIAS, 2001, p. 158.)

O mundo contemporâneo prosseguiu atando a mulher ao poste da abjeção.

No século XVIII, a Ciência concebia que a mulher seria inferior ao homem, porque seu cérebro pesa cerca de 120 gramas a menos do que o dele.

No final do século XIX, os estudiosos da psicologia feminina afirmavam (FIORE, 2005, p. 47-48):

> O homem preocupa-se com a verdade e a solidez; a mulher só com as aparências. A mulher é incapaz de perseverar no que necessite análise, persistência, porque [...] odeia a análise e por isso impossível lhe é separar o verdadeiro do falso. [...] a maternidade a modifica. Por esta e pelos estados

patológicos mensais é que ela se encontra em estado quase permanente de anormalidade, que a torna impressionável, irascível e mentirosa.

Algumas passagens do Antigo Testamento sugerem alguma valorização à mulher, citando atividades femininas no culto e no Templo, mas sem maiores esclarecimentos. Débora, Judite e Ester são heroínas da literatura bíblica. Em PROVÉRBIOS, uma boa mulher é um dom de Iahweh (19:14). Em contrapartida, Ben Sirac, no ECLESIÁSTICO, foi ríspido: uma mulher má é uma canga de bois desajustada, quem a subjuga é como quem pega um escorpião (26:7).

Essa noção degradada da mulher instituiu em Israel a ideia de que uma boa mulher é uma mulher vigiada, para que seus instintos naturais não a façam se perder. Nas camadas pobres, porém, razões econômicas afastavam a mulher mais frequentemente das fronteiras domésticas. Permitia-se à mulher buscar água na fonte, fazer a colheita e outras atividades do gênero.

Fora de Jerusalém e das cidades, nas áreas rurais e aldeias menores, as relações sociais eram mais livres, mas não a ponto de uma mulher ficar sozinha no campo, sobretudo conversando com um estranho.

Daí porque a mulher samaritana respondeu a Jesus de maneira hostil, bem como seus discípulos ficaram admirados que Ele conversasse com ela... e naquele lugar, à beira do Poço de Jacó, faltando aos *bons costumes*.

Três preconceitos tornaram os judeus inimigos dos samaritanos: o preconceito político, produto da divisão do Estado unificado por Davi e Salomão em dez tribos ao norte e duas ao sul, formando, respectivamente, o reino de Israel, centralizado na Samaria, e o reino de Judá, com capital em Jerusalém; o preconceito racial, originado com a invasão assíria e a transformação da Samaria em território de exilados, no século VIII a.C., com a consequente miscigenação entre dominadores, exilados e samaritanos; e o preconceito religioso, surgido com a construção do templo rival ao de Jerusalém, por Manassés, no Monte Garizim.

A samaritana mencionou outro preconceito (NOVO (O), 2013, p. 404):

— "Como tu, sendo judeu, pedes de beber a mim, que sou mulher samaritana?" (JOÃO, 4:9).

Jesus, ao abordar a aguadeira samaritana, que, de cântaro ao ombro, descia a estrada deserta, naquele meio-dia, fora indiferente a todos os preconceitos; e o último referia-se particularmente a ela, o preconceito social: ser mulher, e mulher samaritana.

O mênstruo era a pior das impurezas. As filhas da Samaria eram consideradas *menstruadas de berço*, ou seja, desde o nascimento e para sempre.

Nisso chegaram seus discípulos, e maravilharam-se de que Ele estivesse falando com uma mulher. (JOÃO 4:27.)

Aquela mulher, em tão breve diálogo, transformou radicalmente seu tratamento em relação a Jesus: primeiro, o chamou *judeu*; depois, *Senhor*; depois, *profeta*; por fim, *Messias*. Os primeiros cristãos a chamariam de Fotina — a iluminadora. Foi considerada a primeira missionária do Cristianismo.

Jesus valorizava a mulher na construção da nova sociedade. Em suas viagens, Ele era acompanhado por mulheres, num convívio habitual com discípulas:

> [...] Os Doze o acompanhavam, assim como algumas mulheres que haviam sido curadas de espíritos malignos e doenças: Maria, chamada Madalena, da qual haviam saído sete demônios, Joana, mulher de Cuza, o procurador de Herodes, Suzana e várias outras, que o serviam com seus bens. (LUCAS, 8:1 a 3.)

Simão e André, Tiago e João foram vocações despertadas pela decisão de Jesus, investindo-os de suas missões. Quanto às mulheres galileias, os evangelhos não narram qualquer convocação de Jesus. Elas o seguiam espontaneamente, e o seguiriam até o fim, como as inesquecíveis testemunhas do calvário e do sepulcro vazio, as "evangelistas e embaixadoras da ressurreição".

Elas formavam dois grupos: um centralizado em Maria, mãe de Jesus; contando com a irmã de sua mãe, também Maria, mãe de Tiago e José, e mulher de Cléofas; Salomé, mulher de Zebedeu e mãe de Tiago e João. E outro grupo liderado por Maria de Magdala, composto, entre outras, por Joana de Cuza e Suzana.

Maria, da cidade de Magdala (*migdol, torres, fortaleza*), foi chamada pelos gregos de *isapostolos* (igual aos apóstolos) e os latinos a denominaram *apostola apostolorum* (apóstola dos apóstolos).

A conduta de Jesus em relação à mulher, seja perante as discípulas, seja perante as enfermas e/ou pecadoras, introduzia drástica alteração nos costumes sociais.

Juan Arias (2001, p. 155) considerou que "o aspecto mais revolucionário do profeta de Nazaré foi, sem dúvida, a relação aberta que ele manteve com as mulheres".

Nesse sentido, o texto joanino (11:5) salienta algo extraordinário: "Jesus amava Marta e sua irmã e Lázaro".

Que singelo e ao mesmo tempo magnífico modo de retratar a terna solicitude de Jesus para com a mulher e sua ligação espiritualmente profunda com a fidelíssima família de Betânia!

Numa das cenas domésticas do pequeno clã, pincelada por LUCAS, 10:38 a 42, são delineadas a mulher tradicional do mediterrâneo e a nova mulher, a mulher discípula.

Marta está inquieta; atarefa-se para que seus hóspedes sejam bem acolhidos. Maria, porém, assenta-se aos pés de Jesus e se demora a ouvi-lo, até que Marta reclama:

— "Senhor, a ti não importa que minha irmã me deixe assim sozinha a fazer o serviço? Dize-lhe, pois, que me ajude".

Jesus responde:

— "Marta, Marta, tu te inquietas e te agitas por muitas coisas; no entanto, pouca coisa é necessária, até mesmo uma só. Maria, com efeito, escolheu a melhor parte, que não lhe será tirada".

Claro que Jesus não pretendeu recriminar a solicitude de Marta, afadigada por lhe desejar uma visita agradável. Mas o contraste é nítido: Marta, a dona de casa; Maria, a discípula.

Marco Adinolfi observou (*in* GHIBERTI, 1986, p. 475):

> A posição que Jesus reserva para a mulher, em sua vida, é a de respeito, indo além da pureza legal e deixando de atender às normas da segregação feminina em vigor no mundo antigo. Isso se deve, sem dúvida, à sua extraordinária afetividade e sensibilidade, assim como à sua serenidade de julgamento, que ignora confusões e sentimentalismos. Mas deve-se, sobretudo, à sua originalíssima concepção da mulher.

CAPÍTULO 15 | AS DISCÍPULAS

Em seu anseio salvador, Jesus identificou, destacou e valorizou os imensos recursos da alma feminina.

Ele não propunha que a mulher tradicional do mediterrâneo fugisse aos compromissos dos deveres domésticos, mas convocou-a, simultaneamente, à construção do novo tempo social e espiritual.
Nessa nova condição e função, salientou Amélia Rodrigues (FRANCO, 2000, p. 104):

> As mulheres, ao lado de Jesus, eram as mãos do socorro atendendo os enfermos, as criancinhas aturdidas e rebeldes que lhes eram levadas, providenciando alimentos e roupas, auxílio de todo jaez nas jornadas entre as aldeias e cidades, povoados e ajuntamentos. [...] Eram as suas vozes meigas e compassivas que tranquilizavam os exasperados antes de chegarem até o Mestre; sua paciência e gentileza que amainava a ira e a rebeldia precedentes ao contato com Ele, constituindo segurança e alívio para as provas que os desesperados carregavam em clima de reparações dolorosas.

A mensagem de Jesus sobre a igualdade atraía os excluídos: os pobres, os doentes, as crianças, os banidos e as mulheres. Para as mulheres, o Evangelho constituía um hino de liberdade, malgrado o clima desfavorável que se respirava, mesmo dentro das comunidades cristãs, não totalmente integradas ao espírito do Cristo quanto ao valor da mulher.

À mulher adúltera, na porta Nicanor do Templo, Ele ofereceu a proteção de sua autoridade moral, sem, porém, a conivência com o erro. Se os sacerdotes resolveram colocá-lo à prova, é porque supunham poder embaraçá-lo diante daquela mulher, em virtude de sua conhecida tendência a defender as mulheres.
Juan Arias (2001, p. 161) escreveu sobre essa passagem:

> A cena de Jesus salvando da morte por apedrejamento a mulher que alguns velhos flagraram em adultério é tão forte que só depois do Concílio de Trento passou a fazer parte dos evangelhos canônicos.

Até então, essa página fora sempre censurada. Foi ignorada pelos autores gregos até o século XI e só chegou ao conhecimento dos latinos no século IV, graças a São Panciano de Barcelona e a Santo Ambrósio. Decerto essa página não era aceita como autêntica por causa da rígida disciplina contra o pecado de adultério vigente nas primeiras comunidades cristãs, que, em vez de cultivar a atitude de Jesus de defesa da mulher pecadora, preferiram eliminar essa página do evangelho.

Foram as mulheres que responderam com mais lealdade e espírito de sacrifício ao chamado do divino Mestre. Talvez, por isso, em nenhuma passagem do Evangelho Jesus nega o pedido de uma mulher.

As narrativas do Gólgota realçaram as mulheres soberanas, pelos testemunhos de fidelidade e amor ao Mestre que as libertara.

Elas talharam o perfil da mulher cristã dos primeiros tempos.

Com a partida de Jesus, os textos canônicos não mais mencionaram o destino de Suzana, Salomé, Maria Cléofas, Joana de Cusa, nem mesmo das mais destacadas: Maria, sua mãe, e Maria de Magdala.

A expansão da mensagem de Jesus deveu-se muito ao devotamento feminino, desempenhado nas comunidades cristãs emergentes.

Maria de Nazaré, na elevação rochosa à beira do oceano, nas proximidades de Éfeso, escreveu formoso capítulo de compaixão e assistência. Sua choupana, conhecida como a "Casa da Santíssima", fez-se o abrigo dos sofrimentos humanos, e seu coração era a oferta balsâmica, lenindo angústias e acalentando esperanças aos desesperados.

Maria de Magdala, que foi o mais expressivo exemplo de soerguimento moral das páginas evangélicas, na pobreza e na solidão a que fora relegada depois do Calvário, associou-se espontaneamente a uma falange de leprosos, com os quais penetrou no vale a eles destinado, nas cercanias de Jerusalém, onde atravessou cerca de três décadas no trabalho anônimo em favor daqueles esquecidos. Desencarnou em Éfeso, acometida de lepra.

Em ATOS DOS APÓSTOLOS, 1:14, Lucas salienta a presença das mulheres no movimento cristão. Narra ATOS DOS APÓSTOLOS, 16:12 a 15 que Lídia, de Filipos, foi a primeira a transformar sua própria casa em santuário do Evangelho. Tabita (Dorcas, em grego), a costureira jopense, é identificada como uma discípula caridosa (ATOS DOS APÓSTOLOS, 9:36 a 42). E os relatos lucanos prosseguem descrevendo conversões femininas. (ATOS DOS APÓSTOLOS, 17:4, 12.)

As mulheres participavam ativamente dos trabalhos cristãos. Mais silenciosas que os homens, sim, mas participando das reuniões semanais, orando e profetizando, como demonstram os versículos 2 a 12, do capítulo 11, da PRIMEIRA CARTA AOS CORÍNTIOS, dedicados à orientação da mulher nas tarefas da oração e da profecia.

Febe é a mensageira da carta de Paulo aos ROMANOS. Na abertura do capítulo 16 da epístola, versículos 1 e 2, Paulo escreve:

> Recomendo-vos Febe, nossa irmã, diaconiza (ministra) da Igreja de Cencreia, para que a recebais no Senhor de modo digno, como convém a santos, e a assistais em tudo o que ela de vós precisar, porque também ela ajudou a muitos, a mim inclusive.

Excepcionalmente, algumas mulheres realizavam tarefas quanto ao ensino.

Em ATOS DOS APÓSTOLOS, 18:26, vê-se Prisca (ou Priscila), mulher de Áquila, participando do *ministério da palavra*. Prisca e o esposo foram responsáveis por obras missionárias entre gentios. Quando Paulo cita o casal nos versículos 3 e 4, do capítulo 16, de sua carta aos ROMANOS, o nome de Prisca é anotado antes do nome do marido, em sinal de sua proeminência.

No mesmo texto, Paulo manda recomendações a uma mulher chamada Maria, salientando o quanto ela trabalhou pelos cristãos de Roma (versículo 6). Também manda lembranças a Trifena, Trifosa e Pérside, aludindo aos grandes esforços que praticavam em favor do Evangelho (versículo 12).

De maneira impressionante, Paulo faz alusão a Júnia, mulher de Andrônico, a quem chama de parente, companheira de prisão e eminente entre os apóstolos.

A tradução do padre Matos Soares da Vulgata Latina diz que Andrônico e Júnia eram *ilustres entre os Apóstolos*, enquanto a tradução de João Ferreira de Almeida emprega *notáveis entre os apóstolos*.

Essa é a única referência no Novo Testamento a uma mulher apóstola.

Entretanto, como conciliar alguns textos de Paulo?
Aos GÁLATAS, 3:28, ele disse:
"Não há judeu nem grego, não há escravo nem livre, não há homem nem mulher; pois todos vós sois um só em Cristo Jesus".
Mas a Timóteo, Paulo foi rígido:

> Durante a instrução, a mulher conserve o silêncio, com toda submissão. Eu não permito que a mulher ensine ou domine o homem. Que conserve, pois, o silêncio. Porque primeiro foi formado Adão, depois Eva. E não foi Adão que foi seduzido, mas a mulher que, seduzida, caiu em transgressão. Entretanto, ela será salva pela sua maternidade, desde que, com modéstia, permaneça na fé, no amor e na santidade. (1 TIMÓTEO, 2:11 a 15.)

Em outras palavras, Paulo ensina que Deus criou Eva como extensão e dependência de Adão; que uma mulher não deve pretender ser mestra do homem, pois será enganada pelo demônio, conduzindo o homem à transgressão.

Mesmo havendo fundadas suspeitas de que Paulo não é o autor da Carta a Timóteo, em sua primeira mensagem aos cristãos de Corinto, ele afirma a inferioridade da mulher, sendo essa carta reconhecida unanimemente como procedente de Paulo:

> Como acontece em todas as Igrejas dos santos, estejam caladas as mulheres nas assembleias, pois não lhes é permitido tomar a palavra. Devem ficar submissas, como diz também a Lei. Se desejam instruir-se sobre algum ponto, interroguem os maridos em casa; não é conveniente que uma mulher fale nas assembleias. (1 CORÍNTIOS, 14:34 e 35.)

Essa é a tradução da *Bíblia de Jerusalém*, que propõe: *não é conveniente que uma mulher fale nas assembleias*. Na tradução de Luís Alonso Schökel, na *Bíblia do Peregrino*, lê-se: "É vergonhoso que uma mulher fale na assembleia". João Ferreira de Almeida também utilizou a palavra *vergonhoso*.

CAPÍTULO 15 | AS DISCÍPULAS

Bart D. Ehrman (2006, p. 188-196) estudou essa contraditória posição:

> Paulo não se empenha por uma revolução no relacionamento entre homens e mulheres — assim como não se empenhou pela abolição da escravatura, mesmo tendo afirmado que em Cristo não "há escravo nem livre". Em vez disso, ele insistia: dado que "o tempo é curto" (antes da vinda do Reino), cada um devia se contentar com os papéis a si atribuídos e que ninguém deveria tentar mudar a própria posição — seja escravo, livre, casado, solteiro, homem ou mulher. (1 Coríntios, 7:17 a 24.)

A visão paulina sobre a mulher favorecia a participação dela na comunidade, até onde era possível a uma mulher, não como aos homens.

A ambivalência de Paulo teria gerado efeitos contraditórios quanto ao papel da mulher nas comunidades cristãs do século II, e significa dizer que em algumas igrejas, será a igualdade em Cristo o paradigma de tratamento da mulher; em outras, a subalternidade da mulher ao homem será o modelo. Certas igrejas valorizarão a participação da mulher, enquanto outras preconizarão o silêncio e a submissão.

Está aí a origem da famosa disputa no seio do Cristianismo primitivo quanto ao papel da mulher, que acabou solucionada em seu desfavor.

Entre fins do século IV e começo do século V, foi concebida uma tese destinada a duradouro efeito numa parte considerável da humanidade. Aurelius Augustinus (Santo Agostinho) imaginou que todos os homens e mulheres nascem em pecado. E nascem em pecado porque são concebidos em pecado. E são concebidos em pecado porque o primeiro homem, Adão, pecou, sob a influência perniciosa da mulher. (RANKE-HEINEMANN, 1996, p. 88.)

Em consequência a isso, o Concílio de Mâcon (ano 585) chegou a discutir se a mulher tem ou não tem alma.

Conforme a mitologia hebraica, Iahweh concebeu Adão do limo da terra, e lhe soprou nas narinas o espírito vivificador, o fôlego vital, que fez de Adão alma vivente (Gênesis, 2:7). Eva, por sua vez, originou-se de uma de suas costelas. Logo, não recebeu o sopro Criador. No grego, uma única palavra designava espírito e sopro.

Santo Alberto (século XIII), considerado o maior filósofo e teólogo alemão da Idade Média, propôs que a mulher é menos qualificada que o homem para o comportamento moral. Santo Alberto foi famoso por seu extraordinário conhecimento e por defender a coexistência pacífica entre Ciência e Religião. Para ele, no entanto, a mulher conteria mais líquidos no corpo que o homem. Os líquidos se movem com facilidade; por essa razão, as mulheres são inconstantes e curiosas. Santo Alberto afirmava ser a mulher um homem vil e bastardo, portadora de uma natureza imperfeita.

São Tomás de Aquino foi discípulo de Santo Alberto. A cristandade o denominou *doctor angelicus*, visto como *o mais sábio dos santos e o mais santo dos sábios*. Mesmo assim, ele defendia a tese de que a mulher só é útil ao homem para procriar e cuidar da casa, não tendo nenhum significado para a vida intelectual do homem. Para ele, o sêmen, ao sair do homem, tem por objetivo produzir algo igualmente perfeito, ou seja, outro homem; circunstâncias adversas geram mulheres. (RANKE-HEINEMANN, 1996, p. 101.)

Nesse ponto, como em outros, a tradição e o espírito judaico prevaleceram entre os seguidores futuros de Jesus, sobrepondo-se ao modo de entender do Cristo, que foi sempre benévolo, compassivo e afetuoso para com a mulher.

Capítulo 16 | CENÁRIO INTELECTUAL DA ÉPOCA

> *Tomai cuidado para que ninguém vos escravize por vãs e enganosas especulações da "filosofia", segundo a tradição dos homens, segundo os elementos do mundo, e não segundo Cristo.*
>
> (COLOSSENSES, 2:8)

Para que o pensamento de Jesus fosse ambientado no planeta, a Terra viveu verdadeira revolução por volta do século VI a.C., recebendo, entre seus grandes povos, a reencarnação de missionários incumbidos de organizar o pensamento religioso e filosófico, de iniciar o homem na investigação da natureza e torná-lo um cultor de diversas artes.

Várias das grandes religiões e sistemas de comportamento ético floresceram nesse período.

> Novas atitudes e crenças, visando a uma vida melhor ou a uma compreensão mais ampla da vida, borbulhavam em muitas partes do mundo. Era como se a humanidade estivesse sendo impelida no sentido de aspirar a coisas maiores, um plano de existência mais elevado. (HYSLOP, 1991, p. 10.)

A "elevação do espírito" — proporcionada por meio do refinamento intelectual, da purificação do sentimento religioso e do desenvolvimento do senso estético — foi essencial para que surgissem condições vibratórias e espaços mentais e emocionais apropriados nos seres humanos, sem o que a mensagem do Cristo não ressoaria.

Na Índia, os quatro livros do Saber, os *Vedas*, convidaram o homem a meditar no sentido profundo da vida, um milênio e meio antes de Jesus, embora para as massas a ênfase estivesse na prática dos sacrifícios de seres vivos, nos gestos e palavras rituais, que obrigariam os próprios deuses a distribuir saúde e prosperidade.

Séculos após, o desenvolvimento filosófico do Vedismo conduziu ao pensamento clássico do Bramanismo, que sistematizou liturgicamente a tradição védica e cantou a força e a generosidade do deus Varuna, o luminoso e justo conservador da ordem. "O Canto do Bem-aventurado", o Bhagavad-Gita, surgiu como o coração do Hinduísmo, convocando à ascensão por meio das sucessivas reencarnações. O *Upanishad* contém textos que enriqueceram a filosofia indiana em torno do século VII a.C., mediante elaborada doutrina filosófico-religiosa, acentuando a importância do conhecimento para dissipar a ilusão e preceituando uma moral ascética, que exerceria imensa sedução sobre a alma indiana, numa febre de renúncia ao mundo material. (PADOVANI, 1990, p. 69.)

Pouco depois, o príncipe Siddharta Gautama (VI a.C.), o Buda, faria de sua vida um modelo de iluminação destinado a influenciar a humanidade milênios afora, propondo a superação dos desejos, das ilusões e do individualismo, que, ao lado da ignorância, seriam as raízes do sofrimento. Para ele, a vida era um curso tormentoso e trágico, e todos tinham o direito de se libertar dela, devendo-se calcar, para isso, no papel do conhecimento contra a escravidão dos sentidos, na renúncia ao mundo, na despreocupação acerca de Deus como caminho para a quietação no nada, o nirvana.

A filosofia indiana, não obstante sempre ligada à tradição religiosa, acabaria resvalando para o ateísmo, ou por confundir o mundo com Deus ou por se concentrar no problema da libertação da vida material, desinteressando-se de Deus.

CAPÍTULO 16 | CENÁRIO INTELECTUAL DA ÉPOCA

Nessa fase recuada da história, o *I Ching* — *Livro das mutações* — sugeria a existência de duas forças opostas e complementares no cosmo, o *yin* e o *yang*, que seriam fundamentais para as duas grandes correntes religiosas chinesas: o Taoísmo, organização das antigas crenças pelo *Velho mestre*, isto é, Lao-Tsé (VI a.C.), que procurava oferecer ao homem um caminho de harmonia com a natureza, enfatizando a alegria existente na aceitação dos ritmos naturais; e o Confucionismo, sistema religioso-político-familiar de Confúcio (Kong-fu-tze – VI a.C.), cuja pretensão, ao inverso, era harmonizar a natureza com o homem.

Zoroastro (VII a.C.) havia depurado o complexo panteão de deuses e crenças da Mesopotâmia, dando à Pérsia um único deus, Ahura-Masda, que viveria na mente de cada homem. A Pérsia marchava para seu apogeu, nos séculos VI e V a.C., com Ciro, o Grande, Cambises e Dario, conformando um império de 5 milhões de quilômetros quadrados, 10 milhões de súditos e uma das mais assombrosas riquezas de todos os tempos.

A poderosa civilização grega micênica, do período épico cantado por Homero, havia se desintegrado, fazendo dos séculos IX, VIII e VII a Idade das Trevas da Grécia.

Mas um novo surto de progresso, com o desenvolvimento das cidades-estados da civilização grega jônica, introduziu conceitos novos: instituição, democracia e cidadania, cuja vivência na praça pública desafiava a palavra, o discurso e a razão (ABRÃO, 2004, p. 17), desenvolvendo um novo modo de pensar, agora racional, opostamente ao pensamento antigo, mitológico. À medida que o pensamento racional ocupava o cenário político, essa metodologia de pensar se difundia para outras áreas do saber, voltando-se para outras questões da vida humana e ensejando o nascimento da filosofia clássica, que teve em Sócrates (469–399 a.C.), o maior expoente, considerado, mesmo hoje, o grande nome da filosofia do Ocidente.

Até a aparição de Sócrates, o pensamento racional grego estava inquieto com dois campos de indagação: de um lado, a política; de outro, o universo e a natureza.

Rompendo com a concepção mitológica, os pensadores jônicos propuseram uma explicação puramente racional do universo.

A partir de Sócrates, a filosofia passa a se ocupar mais com as questões humanas, originando o período antropológico, cuja preocupação central era o homem e o espírito no sistema do mundo.

Sócrates, filho de um escultor e de uma parteira, iniciou o cumprimento da missão que afirmou ter recebido do mundo invisível por volta de seus 40 anos. Havia aprendido a arte paterna, mas "seguiu" a profissão da mãe, procurando, com o método da maiêutica, auxiliar os "partos" do espírito. A pergunta "O que é?" constituía a base do exercício mental dos investigadores do universo e da natureza, os pré-socráticos. Sócrates transpôs essa questão para o mundo dos homens. (ABRÃO, 2004, p. 44.) Andava por Atenas, com vestes simples e rústicas, interrogando seus contemporâneos: O que é a sabedoria? O que é a verdade? O que é a justiça? O que é a virtude? Com isso, procurava levar seus interlocutores a perceber a ignorância que se ocultava nos seus supostos saberes. Então, ele empregava a maiêutica, ou arte de dar à luz, para despertar em suas mentes saberes que estavam adormecidos.

Só pratica o mal quem ignora a verdade, pensava ele. Conhecimento e virtude são forças idênticas. A mais grave das ignorâncias é a ignorância da própria ignorância. Daí seu lema: *conhece-te a ti mesmo*, isto é, torna-te consciente de tua ignorância.

Desde Sócrates, as questões morais não mais são tratadas como meras convenções oportunistas de cada época, mas como uma nova ciência. Surge a Ética.

Voltando-se para as causas primárias, Sócrates perguntou-se: o que é Deus? E respondeu: é a Razão Perfeita.

Platão (V a.C.), discípulo de Sócrates, e aquele que deu à filosofia sua primeira grande sistematização, compreendeu Deus como o artesão que modelou todas as coisas e seres do mundo a partir da matéria-prima do caos, tendo a Ideia do Bem por paradigma na obra universal, que é perfeita, ressalvada apenas a imperfeição da matéria-prima empregada.

Sócrates e Platão defendiam a concepção reencarnacionista, introduzida na filosofia grega por Pitágoras.

Platão propunha que o espírito é peregrino neste mundo e prisioneiro na caverna do corpo (PADOVANI, 1990, p. 115), bem como prisioneiro do senso comum, das opiniões prevalecentes e constituídas com base na ordem material. A alma não encontraria no corpo seu complemento adequado, e seu intelecto seria impedido pelos sentidos de ter a visão do mundo das *ideias*, uma realidade originária e invisível, da qual o mundo material é uma cópia.

Aprender (*mathesis*) é recordar (*anámnesis*), para Platão. Em Fédon, ele situa Sócrates dialogando com Cebes sobre a morte, na prisão, à espera da cicuta:

> — Cebes, reputo que nada pode se opor a estas palavras e que não nos enganamos ao admiti-las. Porque é certo que há um retorno à vida,[11] que os vivos nascem dos mortos, que as almas dos mortos existem, que a sorte das boas almas é melhor e das más, pior.
> — Isso que estás dizendo, Sócrates, é consequência necessária de outro princípio que te ouvi expor: que nosso conhecimento é somente recordação. Se este princípio é exato, temos de ter aprendido em outro tempo as coisas de que nos recordamos. E isso não é possível se nossa alma não existir antes de receber esta forma humana. Esta é mais uma prova de que nossa alma é imortal. (PLATÃO, 2004, p. 135.)

As almas seriam classificadas em quatro categorias: aquelas que cometeram faltas inexpiáveis, destinadas à condenação eterna; as que cometeram faltas expiáveis; as que viveram conforme a justiça; e, por fim, as almas filósofas, videntes das *ideias*. A segunda e a terceira categorias renasceriam após mergulharem no rio *Letes* (palavra que significa "esquecimento"), cujas águas faziam esquecer o passado, recebendo suas penas e prêmios para realizar a sabedoria — conquistar a liberdade real —, representada pela quarta categoria, com o homem livre, para sempre, da vida temporal.

Aristóteles (IV a.C.), o criador da Lógica, necessitou admitir uma causa primeira, iniciadora do ciclo infindável das coisas, a força que pôs em movimento o universo. Se tudo tem causa, é preciso supor uma causa para o mundo, um motor incausado, imóvel, imutável e autossuficiente, na formação do cosmo.

---

11 Nota do autor: A tradução de Jorge Paleikat e João Cruz Costa, para a coleção "Os Pensadores", da Nova Cultural, em vez de um "retorno à vida" preferiu "reviver".

O deus de Aristóteles não interfere no curso do mundo. Para ele, Deus estaria prisioneiro em uma eterna autocontemplação, incomunicável e alheio, absolutamente imóvel e satisfeito com isso.

Aristóteles concebia uma espécie de alma para cada ser vivente, mas só o homem, o animal político, possuiria alma racional. A alma, porém, só existiria no corpo, e não seria imortal.

Vê-se, por esse breve contraste, como foi grande e impróprio o esforço da Igreja medieval para consagrar Aristóteles como o filósofo patrono da Antiguidade e afastar as influências reencarnacionistas de Platão, que era o filósofo mais admirado entre os primeiros pais da Igreja. São Tomás de Aquino (XIII d.C.), o "Doutor Angélico", aristotélico, foi alçado à condição de mais importante teólogo, deslocando Santo Agostinho (IV-V d.C.), platônico, para plano menor.

O pensamento mitológico do tempo de Homero concebia Destino como uma divindade terrível, que não apenas comandava a vida dos homens, como também a existência dos próprios deuses, o que ensejava um destino cego e implacável aos homens.

"Nada, certamente, é mais desventurado que o homem, entre todas as coisas que respiram e caminham na Terra"— disse Zeus em *A Ilíada* de Homero (1987, p. 194), a narrativa épica da Guerra de Troia.

Com o colapso da civilização micênica e a Idade das Trevas, a sensação de que os deuses abandonaram os homens projetou uma sombra ainda maior de pessimismo sobre a alma dos gregos, pessimismo desesperado (como se vê na literatura trágica de Sófocles, com o rei Édipo e Antígone), influenciando sobremaneira a concepção grega da vida, mesmo na maturidade de seu desenvolvimento cultural. (PADOVANI, 1990, p. 93.)

Por razões distintas, as civilizações do Extremo Oriente Asiático e do Oriente Europeu estavam contaminadas por uma visão catastrófica da vida, e, em ambas, a questão fundamental era: qual é o remédio a este mal da existência?

Se o Bramanismo apontava a esperança do paraíso no absoluto, após a morte, e o Budismo a esperança do paraíso no nada, a mitologia grega, até o século VI a.C., oferecia o Hades, lugar de trevas e de silêncio, onde os mortos vaguaeriam exangues e inconscientes, invejando o último dos mortais sobre a Terra. (PADOVANI, 1990, p. 94.)

CAPÍTULO 16 | CENÁRIO INTELECTUAL DA ÉPOCA

Na *Odisseia*, Homero relata no capítulo "Evocação dos mortos" o complicado ritual que Ulisses realiza para fazer a alma de Aquiles recuperar por instantes a razão, pois no Hades se encontrava sem entendimento, inconsciente. Tendo procurado consolar Aquiles de sua morte em idade moça, afirmando que ele fora o mais feliz dos homens, honrado por seus contemporâneos qual se fosse um deus, Aquiles respondeu ao ex-companheiro, transmitindo-lhe uma opinião melancólica sobre a "outra vida" (HOMERO, 1981, p. 109):

> Ilustre Ulisses, não tentes consolar-me a respeito da morte; preferiria trabalhar, como servo da gleba, às ordens de outrem, de um homem sem patrimônio e de parcos recursos, do que reinar sobre os mortos, que já nada são!

Para um príncipe do feitio de Aquiles, viver como um servo lavrador seria a pior humilhação; preferível, contudo, a ser rei no Hades.

A opção do retorno, a reencarnação, só se introduziu na Grécia séculos mais tarde, com Pitágoras, mesmo assim sob perspectiva também trágica: sofrer e morrer de novo.

O pensamento racional não eliminou dos gregos a sensação de abandono. Entretanto, mostrou-lhes que, justamente por esse abandono, poderiam ser livres. As cidades-estados são frutos dessa liberdade física dos homens, e a filosofia é a consequência da liberdade de pensar sem a preocupação com os deuses.

A busca pela construção de uma sociedade livre e melhor para os homens (entenda-se os indivíduos do sexo masculino, gregos, com título de cidadania) e de um pensamento emancipado da mitologia e da religião originou, respectivamente, a democracia e a filosofia. A democracia almeja um sistema jurídico mais perfeito; a filosofia anseia desvendar a lei que está acima de todas as coisas, a lei universal.

Mas derrotas militares desagregaram a Grécia aos poucos, após o período áureo.

O ideal do homem, que era ser "animal político" no seio da "pólis",[12] foi, então, inviabilizado, porque o homem grego agora era súdito dos bárbaros,

---

12 N.E.: Na Grécia Antiga, a pólis (cidade-estado) era um pequeno território localizado geograficamente no ponto mais alto da região, e cujas características eram equivalentes a uma cidade.

seus dominadores. Sem cidade livre para o grego livre, não podia haver cidadania, cuja essência é a igualdade e o bem comum. Sem cidadania, não há realização exterior e não pode haver felicidade coletiva, senão individual.

A investigação das causas primárias e das coisas gerais perde o sentido, e a filosofia se retrai. O homem ficou só, e apenas lhe restava a possibilidade da realização interior, a felicidade na intimidade. E a filosofia grega passa ao pragmatismo, questionando o que é mais eficiente para fazer o homem viver bem e ter uma vida íntima harmoniosa, ou seja, sem sofrimento.

As respostas sugeridas fizeram surgir escolas filosóficas como o Cinismo, o Ceticismo, o Epicurismo e o Estoicismo.

O Cinismo, corrente filosófica fundada por Antístenes (V–IV a.C.),[13] e seguida por seu discípulo Diógenes, o Cínico (IV a.C.),[14] propôs que o conhecimento é sempre incerto, inseguro, duvidoso, como a vida e as pessoas, e o melhor a fazer é se afastar do convívio dos homens e viver à margem, isolado na natureza, fora das cidades, livre das injunções sociais e vícios. Os cínicos procuravam a felicidade por meio da libertação dos desejos, do medo, da raiva e de outras emoções; da libertação do controle religioso e público, da opinião pública e da propriedade material. Tudo o que seria preciso para viver caberia num alforje; aquele que nada tem e nada quer é realmente livre. Por isso, Diógenes vivia num tonel de madeira e, quando viu, certa vez, uma criança bebendo água com as mãos, ele retirou sua caneca do alforje e a quebrou, repreendendo a si mesmo: "Como fui idiota, carregando um peso inútil todo esse tempo!"

A essência do Ceticismo também está na vulnerabilidade e na falibilidade do conhecimento. A verdade seria inacessível. Por essa razão, Pirro de Élida (IV–III a.C.), o fundador dessa corrente, recomendava a imobilidade — nenhum movimento que trouxesse preocupação em torno da verdade e da falsidade das coisas.

Epicuro (IV–III a.C.), por sua vez, sustentou que o prazer sensível é a fonte da felicidade do homem, porque nada existiria além das coisas

---

[13] N.E.: Filósofo grego, discípulo de Górgias e Sócrates. É considerado o fundador da Escola Cínica.
[14] N.E.: Filósofo grego, seguidor de Antístenes, de costumes excêntricos, opôs-se às convenções e pretendeu libertar-se das obrigações sociais e das necessidades materiais.

físicas. Todavia, o autêntico prazer é inseparável da tranquilidade interior. Nenhum prazer deve ser recusado, a não ser que seus efeitos sejam danosos. Deve-se conquistar a faculdade de gozar e não permanecer na necessidade de gozar. A filosofia é que dará a justa medida entre o prazer e a conservação da paz, evitando as doenças e os sofrimentos. O homem deve se libertar das ideias de destino e de deuses. A morte significa ausência de sensações. Sem sensações não há sofrimento. "Nunca nos encontraremos com a morte, porque quando nós somos, ela não é, quando ela é nós não somos mais". (PADOVANI, 1990, p. 153.) Epicuro chegou a venerar os deuses, não para obter-lhes o auxílio, mas para imitá-los.

A apatia, a ausência de paixão, era o ideal ético do Estoicismo, idealizado por Zenão de Cítio (III a.C.), radicalmente materialista. (PADOVANI, 1990, p. 147.) A felicidade consistiria em viver de acordo com a razão, dedicando-se à disciplina intelectual. Desviar-se das paixões, que são sempre perturbadoras da razão, liberta o homem, mesmo que ele continue socialmente escravo ou submetido. O prazer é mórbida vaidade da alma. O suicídio é justificável. Paradoxalmente, a política e a moral estoica valorizavam a igualdade entre todos os seres, inspirando o sentimento de perdão, de caridade, para os escravos, os estrangeiros e os inimigos, originando instituições voltadas para ações humanísticas junto aos pobres e enfermos.

Ao tempo de Jesus, Sêneca impulsionará em Roma uma forma de Estoicismo transfigurada, que admitirá a existência de Deus, transcendente e acima do universo. Moralizante, esse Estoicismo romano preceituará, por razões utilitárias, que o homem deveria praticar o bem, pois assim Deus o ajudaria.

Enquanto a filosofia, nesse período, abria mão dos grandes porquês, para buscar consolo individual à frustração coletiva do homem grego, o pensamento racional, dirigido para além do animal político, lançava o homem à exploração da natureza e do universo outra vez.

Assim como Atenas estava para a filosofia, Alexandria, no Egito, estava para as ciências.

Em Alexandria, Eratóstenes de Cirene (III a.C.), analisando a incidência do Sol sobre os objetos, bem como a projeção, a partir deles, de sombras com diferentes ângulos, cujos graus variavam na proporção da distância, espantosamente consegue demonstrar a esfericidade da Terra e calcular sua circunferência, com insignificante margem de erro.

Euclides (III a.C.) dedica a vida a sistematizar as descobertas matemáticas anteriores a ele, bem como suas próprias descobertas.

Arquimedes (III a.C.), um dos maiores gênios científicos de todos os tempos, traz avanços para a Matemática, a Física e a Engenharia, além de inventos fundamentais.

Herófilo e Erasístrato (III a.C.) avançam na descrição dos órgãos do corpo humano, estudando o cérebro, o nervo óptico, o sistema vascular etc.

Ptolomeu (II a.C.) elabora a teoria geocêntrica, colocando a Terra no centro do cosmo, apesar de Aristarco de Samos (III a.C.) ter defendido a teoria heliocêntrica, pela qual o centro é o Sol, e a Terra é que gira em torno dele.

Em outra vertente, no campo da ciência jurídica, Roma, embora pobre de originalidade intelectual em outras áreas, consegue desenvolver o Direito. Se a Filosofia não falava Latim, o Direito, sim.

Nessa conjuntura global, marcada por desesperanças, contradições, misérias e desilusões, por dominadores e dominados, pode-se imaginar o efeito das palavras de Jesus incendiando as almas, antes rendidas pelo sopro frio do pessimismo.

Jesus superou as concepções anteriores sobre o homem, seu papel no mundo e seu destino, reformulando a ideia de Deus e designando-o por uma forma altamente racional e, ao mesmo tempo, sensível à emoção: Pai.

O deus dos filósofos não é Deus como Jesus vê.

Paulo de Tarso compreendeu isso (COLOSSENSES, 2:8):

> Tomai cuidado para que ninguém vos escravize por vãs e enganosas especulações da "filosofia", segundo a tradição dos homens, segundo os elementos do mundo, e não segundo Cristo.

Uma das realizações mais meritórias da doutrina de Jesus foi libertar os homens do destino, refutando o fatalismo e ensinando que, livres para definir seus caminhos, os homens apenas se encontram enredados por dois determinismos: um pessoal, o das próprias obras, pois que cada um colherá aquilo mesmo que semear; outro divino, a evolução preconizada pelo "sede perfeitos". Nem as criaturas humanas caminham a sós, nem foram abandonadas; estão sob o amparo da Providência divina.

— "Olhai as aves do céu: não semeiam, nem colhem, nem ajuntam em celeiros. E, no entanto, vosso Pai celeste as alimenta. Ora, não valeis vós mais do que elas?" (MATEUS, 6:26.)

A Providência divina é solicitude, desvelo, expressão soberana de dedicação aos seres. Sua delicadeza favorável ampara todas as criaturas.

— "Não se vendem dois pardais por um asse?[15] E, no entanto, nenhum deles cai em terra sem o consentimento do vosso Pai!" (MATEUS, 10:29.)

Dois pardais. Aparentemente tão insignificantes! Dois asses. Tão baratos! Mas tudo encontra significado e valor na obra de Deus e, portanto, recebe sua atenção: nenhum deles vem ao solo sem sua aquiescência.

— "Quanto a vós, até mesmo os vossos cabelos foram todos contados!" (MATEUS, 10:30.)

Não que Deus enumere os cabelos de seus filhos. É apenas uma expressão proverbial, terna e cativante, a dizer a quem chora: aguarde, tudo está sob o cuidado de Deus, Ele vela por todas as coisas. Onipresente, está em toda parte, silenciosamente, suprindo as necessidades de suas criaturas.

E Jesus concluiu:

— "Não tenhais medo, pois valeis mais do que muitos pardais". (MATEUS, 10:31.)

A Providência divina não é geral, é específica. Não é uma única visão sobre todas as criaturas, é uma visão única para cada criatura. Por isso, provê sem assumir as necessidades, a fim de não anular o esforço individual.

— "Pedi e vos será dado; buscai e achareis; batei e vos será aberto. Pois todo o que pede, recebe; o que busca, acha; e ao que bate, se abrirá". (LUCAS, 11:9 e 10.)

É o princípio da lei do trabalho. Cada um está conforme suas obras, que definem o mérito e o progresso.

A Providência divina, porém, nem sempre se apresenta com a rutilância da luz.

---

15 N.E.: Unidade que servia de termo de comparação para as moedas, pesos e medidas de Roma; moeda romana.

Muitas vezes a ausência de um bem desejado é o modo do amor de Deus estar presente, ensinando a medida do necessário, ontem desrespeitada, a dizer que o supérfluo é ornamento com que a aflição se disfarça para se aproximar dos invigilantes.

Se a carência vem, o amor de Deus também, apenas assumindo outras expressões, mas sempre apoiando íntima e exteriormente o necessitado.

Aguardar sem exasperar!

— "Quem de vós, sendo pai, se o filho lhe pedir um peixe, em vez do peixe lhe dará uma serpente?" (Lucas, 11:11.)

Jesus admitiu que seu reino ainda não é deste mundo e até salientou que a vida material tende sempre a oferecer tribulações, não para que a vida seja um vale de sombras, trágico e fatídico, mas porque a justiça reclama a reparação do delito, e a dificuldade constitui precioso estímulo para o desabrochar da virtude.

A ciência do comportamento que Jesus ensinou, se vivida, favorece uma paz predominante, mesmo na vida física, a traduzir-se muito mais profunda e bela na vida espiritual.

A ideia do reino dos céus abriu uma nova perspectiva ao além-túmulo: morrer é se transferir para um mundo que reflete o mundo que se traz por dentro.

Mas tudo é mudança; perene, só a ascensão.

Os desafios existenciais, sejam os da vida terrestre, sejam os da vida espiritual, são as estratégias pedagógicas que impulsionam o homem ao progresso, sugerindo sempre um passo acima.

Quando Allan Kardec (2013a, q. 920) questionou aos Espíritos superiores se o homem pode gozar de completa felicidade na Terra, responderam eles: "Não, porque a vida lhe foi dada como prova ou expiação. Depende dele, porém, amenizar os seus males e ser tão feliz quanto possível na Terra".

A paz íntima é a felicidade certa e realizável na Terra, como mundo de expiações e provas.

Construir a paz no campo interior apenas requer um refúgio consciencial ampliado pela legenda do amor ao próximo, e isso só depende de cada um.

Capítulo 17 | ORGANIZAÇÃO RELIGIOSA DE ISRAEL

> *Ai de vós, escribas e fariseus, hipócritas, que pagais o dízimo da hortelã, do endro e do cominho, mas omitis as coisas mais importantes da lei: a justiça, a misericórdia e a fidelidade.*
> (MATEUS, 23:23.)

Jesus era chamado quase sempre de *rabi*, quer dizer, mestre.

Esse título não era oficial; era como o povo se dirigia aos que ensinavam e tinham discípulos.

O clero em Israel era formado por níveis hierárquicos, a começar pelo sumo sacerdote em exercício. O comandante do Templo era o assistente do sumo sacerdote e gerenciava os outros sacerdotes chefes. Esse cargo era pressuposto para se tornar sumo sacerdote.

Abaixo do comandante do Templo estava o sacerdote que regulava o revezamento dos 24 grupos de sacerdotes que, dispersos pela Judeia e pela Galileia, compareciam uma vez a cada 24 semanas em Jerusalém, alternadamente, para oficiar as atividades diárias do Templo junto à população (holocaustos, sacrifícios pelos pecados, sacrifícios de reparação e de comunhão). Cada grupo de sacerdotes possuía seu respectivo chefe. Todos somavam aproximadamente 7.200 sacerdotes.

Zacarias, pai de João Batista, era um deles, da classe de Abias, a oitava das 24 classes. Isabel, sua mulher, era filha de sacerdote. (LUCAS, 1:5.)

Nas festas, todos os grupos de sacerdotes eram convocados conjuntamente para suprir as enormes demandas de atividades.

Depois do chefe do revezamento semanal, estavam os chefes das quatro a nove seções diárias que faziam parte da seção semanal.

Na ordem hierárquica seguinte, vinha um sacerdote chefe destacado para zelar pela vigilância do Templo, que dispunha da guarda.

Mais abaixo na hierarquia, funcionavam pelo menos três sacerdotes chefes tesoureiros, com vários auxiliares. Eles administravam as finanças do Templo: as rendas, os capitais, os contratos, as vendas de oferendas e as compras.

Por fim, como assistentes subalternos estavam os levitas, que constituíam o "baixo clero", sem serem sacerdotes, divididos igualmente em 24 seções semanárias. O grupo mais eminente de levitas era formado pelos cantores e músicos das liturgias do Templo. O outro grupo reunia os demais funcionários, cerca de 9.600 levitas: guardas, porteiros, faxineiros etc. Foi essa guarda levítica, reforçada pelos guardas do sumo sacerdote em exercício e por soldados romanos, que prendeu Jesus. (João, 18:3.) Alguns levitas tinham destaque no campo intelectual; eram escribas, como José Barnabé, um dos líderes da cristandade primitiva, companheiro de Paulo em sua primeira viagem apostólica.

O título de sacerdote e de levita músico era transmitido por herança. Não havia outra forma de aquisição dessas dignidades. Uma pesquisa detalhada da genealogia do candidato era feita nos arquivos do Templo para se verificar a pureza da descendência. A idade canônica para tornar-se sacerdote era de 20 anos.

Israel era uma teocracia. O clero se localizava no topo sociopolítico e econômico da classe alta, que era composta também pela nobreza leiga, não religiosa. A nobreza sacerdotal era fabulosamente rica, enquanto os sacerdotes comuns recebiam baixos salários.

Todos aqueles classificados como chefes tinham jurisdição sobre os demais sacerdotes e integravam o Sinédrio, a corte suprema da nação, junto com os sumos sacerdotes passados, os escribas e os anciãos, num total de 71 membros.

O Sinédrio, assim, tinha formação tríplice: sacerdotes, escribas e anciãos.

CAPÍTULO 17 | ORGANIZAÇÃO RELIGIOSA DE ISRAEL

Aqueles chamados anciãos, ou, conforme Lucas, 19:47, os "chefes do povo", os notáveis, os grandes de Israel, representavam a nobreza leiga, os chefes de família não sacerdotes, de expressão política e econômico-financeira. Era o caso de José de Arimateia.

Grande parte dos membros da nobreza leiga eram saduceus.

Os saduceus constituíam um partido religioso fundado próximo de 250 a.C.; sua doutrina aceitava Deus, mas negava a ressurreição dos mortos, ou seja, a imortalidade da alma, e preceituava gozar o mais possível dos bens que a Providência divina favorecesse para a vida terrena. Uma vida sábia e honrada seria recompensada na vida física; o sucesso material seria símbolo de uma vida religiosamente pura. Pode-se dizer que eram os materialistas e sensualistas de Israel. Invariavelmente eram ricos, e os sacerdotes que ocupavam os lugares principais na hierarquia do Templo, sobretudo o sumo sacerdote, costumavam ser saduceus.

Após a guerra contra os romanos, entre 66 e 70 d.C., a nobreza leiga e a nobreza sacerdotal, saduceias, entram em declínio. Uma nova classe ascende, a dos escribas, os doutores da Lei.

Diferentemente dos nobres leigos e sacerdotes, os escribas não se baseavam em privilégio de origem, e alguns escribas famosos tiveram até sangue pagão. Pessoas de todas as camadas sociais podiam ser escribas, embora a maior parte deles fosse das camadas do povo, não abastadas: mercadores, artesãos, carpinteiros, fabricantes de tendas, trabalhadores diaristas, quase miseráveis, como o célebre Hilel, da Babilônia. Pouquíssimos escribas eram ricos na época de Jesus. Aqiba, o venerado doutor da Lei, e sua mulher dormiam sobre a palha no inverno; Yuda ben Elai tinha uma só capa, que ele e a mulher usavam alternadamente para sair, e seis dos seus discípulos só tinham um casaco para se cobrirem.

Nicodemos e Gamaliel (Atos dos Apóstolos, 22:3), ao contrário, eram doutores de famílias nobres e ricas, e vestiam a túnica dos escribas de posses, em forma de filactérios, caindo até os pés, com longas franjas. (Mateus, 23:5.)

Joachim Jeremias (2005, p. 320) salienta que o saber era o único e exclusivo fator do poder dos escribas. Quem desejasse se agregar a eles seguia um ciclo regular de estudos em alguns anos, passando de discípulo a rabi.

Até os 40 anos, seria "doutor não ordenado". Alcançada essa idade, era recebido, mediante ordenação, na corporação dos doutores. Estava, com isso, autorizado a fornecer pareceres sobre questões religiosas e legais, inclusive ser juiz em processos criminais e civis. Aliás, no século I, vários cargos importantes da administração pública, anteriormente ocupados apenas por sacerdotes e nobres, estavam dominados pelos escribas.

No tempo de Jesus, o título de rabi ainda era dado como título honorífico geral, mesmo a quem não houvesse adquirido formação acadêmica, ou rabínica. A designação estava em evolução. Só mais adiante seria reservada exclusivamente aos escribas ordenados.

O grande prestígio dos escribas se concentrava não somente no serem detentores do conhecimento, mas especialmente no serem portadores de conhecimentos esotéricos, não revelados aos leigos, a ciência secreta sobre as maravilhas da criação, do homem e de *bar nasa*, o "Filho do Homem". Para essas questões, os ensinos eram particulares e versavam sobre teosofia e cosmogonia. Os ensinamentos esotéricos não constituíam teses isoladas, mas verdadeiros sistemas doutrinários atribuídos à inspiração divina. Do ponto de vista histórico e social, os escribas são os possuidores da ciência secreta de Deus e são os sucessores dos profetas. O povo venerava os escribas como antes fizera aos profetas. À passagem deles, as pessoas se levantavam; nos banquetes, ocupavam os primeiros lugares; nas sinagogas, lugares exclusivos eram destinados a eles. (JEREMIAS, 2005, p. 323-328.)

Jesus também reservara muitos ensinos estritamente aos ouvidos dos apóstolos e discípulos. Nicodemos, quando o visitou, estava interessado em aprofundamentos quanto ao reino de Deus e à salvação, e obteve a confirmação da reencarnação.

Na carta aos HEBREUS, 5:13 e 14, Paulo observa que a criancinha apenas amamenta, não pode degustar algo que curiosamente chama de "doutrina da justiça"; os adultos, porém, possuem o senso moral exercitado para discernir o bem e o mal, e recebem alimento sólido.

A ascensão dos escribas irá alterar profundamente a dinâmica da vida judaica, depois da queda do Templo, no ano 70. De uma aristocracia baseada no sangue, as comunidades israelitas passarão a ser dirigidas por uma aristocracia intelectual, baseada no mérito pessoal.

A maioria dos escribas era composta de fariseus, como fora Paulo, mas também havia escribas saduceus.

Os fariseus formavam um partido religioso de grande prestígio. Parte deles era constituída de escribas, notadamente os membros influentes. (JEREMIAS, 2005, p. 321.) Mas a maioria era do povo, sem formação de escriba.

Fariseu (*perushim*) significa *separado*: a "verdadeira comunidade de Israel", "a comunidade santa" idealizada fazia mais de um século para duas finalidades: resistir à penetração das tendências gregas na cultura judaica e opor-se aos saduceus.

Os fariseus se sentiam mais judeus que os outros e eram conservadores ortodoxos dos preceitos da Lei, severos observadores das práticas exteriores e ostentadores de virtudes.

De origem contemporânea à dos essênios, viram-se os fariseus, com as lutas políticas e religiosas, valorizados junto à população, até que Herodes, o Grande, acabou por ceder-lhes honras e privilégios, projetando-os para dentro do Poder. Formavam um partido das massas, lutando, em termos sociais e religiosos, contra as pretensões da aristocracia saduceia. Se na ordem religiosa, no tempo de Jesus, os fariseus detinham predominante influência, inclusive definindo prescrições litúrgicas do Templo, na administração pública o seu domínio só iria sobrepor-se aos saduceus após a primeira guerra contra os romanos (66–70 d.C.). Na verdade, os fariseus formavam várias comunidades dentro de uma mesma cidade, com seus chefes e assembleias, como acontecia em Jerusalém, todas elas comprometidas em observar o regulamento geral da grande comunidade quanto às regras de pureza e quanto ao dízimo.

Ao mesmo tempo em que representavam o povo, recebendo uma adesão incondicional das massas, os fariseus se "separavam" da população que não observava as prescrições sobre pureza e dízimo. Joachim Jeremias (2005, p. 359) relata que o comércio, o casamento e a comensalidade com o não fariseu, suspeito de impureza, receberam proibições e limitações.

Na esteira das grandes religiões e correntes filosóficas da Antiguidade, essênios, saduceus e fariseus viviam, de variadas maneiras, isolados do povo.

Os essênios viviam em suas comunidades fechadas, sob as rigorosas regras de seus monastérios.

Os saduceus estavam encastelados em seus palácios e em suas posições no Templo, no ponto mais alto de um abismo socioeconômico e religioso.

Os fariseus se afastavam pelo impenitente preconceito religioso cultivado contra o homem comum.

E Jesus?

Jesus foi o rabi dos desfavorecidos e desprezados de Israel.

Exceção feita a alguns notáveis, era a boca do povo simples que se comprazia em chamá-lo *raboni*, mestrezinho.

A distância entre a camada social alta e a camada média e baixa fez que muitos dividissem as sociedades da Antiguidade em apenas duas classes — uma pequena classe superior e uma larga classe inferior. Os seguidores de Jesus pertenciam quase inteiramente à camada inferior.

A classe média era composta por não assalariados: artesãos com oficinas próprias, pequenos comerciantes, estalajadeiros etc.

A classe pobre (*am ha'aretz* – pessoas da terra) era formada pelos diaristas alugados, aqueles que garantiam a subsistência pelo trabalho assalariado (um denário por dia, mais a refeição). Também era integrada por aqueles (numerosos) que viviam da ajuda de terceiros ou do auxílio público: desempregados, mendigos, portadores de deficiências físicas ou mentais. A esses se juntavam, ainda, os escravos.

Jesus era de família muito pobre. Quando sua mãe compareceu ao Templo, após os quarenta dias do parto, para o sacrifício da purificação, ela precisou valer-se do "privilégio" dos pobres: em vez de ofertar o cordeiro de um ano e uma rolinha, apresentou duas rolinhas em substituição. (Lucas, 2:24.) Cada rolinha custava um oitavo de denário, em Jerusalém. (JEREMIAS, 2005, p. 159.)

Ele não teve onde repousar a cabeça (Mateus, 8:20); não levava dinheiro consigo, como revelaram os episódios do estáter[16] encontrado na boca do peixe (Mateus, 17:27) e do tributo a César (Mateus, 22:21); e suas atividades missionárias eram subvencionadas pelos bens das mulheres discípulas (Lucas, 8:3).

---

16 N.E.: Moeda de prata que valia quatro denários.

CAPÍTULO 17 | ORGANIZAÇÃO RELIGIOSA DE ISRAEL

Desse quadro geral, entrevê-se a coragem de Jesus em desmascarar o comportamento dos saduceus, dos escribas e dos fariseus na exploração criminosa dos humildes, seja no episódio da expulsão dos vendilhões do Templo, seja na exprobação pública desses grupos.

Os escribas e os fariseus deveriam ser atendidos em todas as suas prescrições, mas não imitados em suas ações, porque não faziam o que diziam. (MATEUS, 23:1 a 3.) E as boas ações que praticavam, faziam-nas para serem vistos. Eram hipócritas, condutores cegos, sepulcros caiados por fora, raça de víboras, amigos do dinheiro (LUCAS, 16:14) e devoradores das casas das viúvas (MARCOS, 12:40).

Jesus não pretendeu criar um partido religioso, muito menos uma religião para o povo.

O reino de Deus que Ele anunciava está dentro das criaturas, e sua construção se desenvolve numa ligação com Deus em espírito e verdade. Deus "habita" a alma e não a magnificência dos templos.

Mas poucos séculos depois de Jesus, o movimento que Ele iniciou para difundir as leis morais e a ética desse reino sofreria uma grande e perniciosa transformação.

Nas primeiras comunidades cristãs, após a desencarnação dos apóstolos e dos primeiros discípulos, a direção dos trabalhos estava com aqueles que demonstrassem mais dons do Espírito e mais equilíbrio moral, ou santidade; isto é, a liderança se concentrava na autoridade espiritual e moral. No século II, entretanto, as comunidades começaram a ser dominadas pelas hierarquias. O poder dos bispos se sobrepôs ao valor dos dons espirituais (dos carismas) e da moralidade. Lentamente os dons espirituais passaram a ser malvistos. Os bispos se proclamavam sucessores dos apóstolos e elegiam patriarcas. O patriarca de Roma não demorou a sustentar sua supremacia sobre os outros patriarcados, lançando a base do papado, formalizado no século VII.

O termo "católico" vem do grego *kata* (junto) e *holos* (todo), designando o que é universal, o que abrange tudo e reúne todos. Inácio de Antioquia foi o primeiro a empregar esse termo para se referir à igreja cristã de Roma, no século II. No ano de 381, o caráter universal foi admitido como um atributo oficial da igreja romana, no concílio realizado em Constantinopla, colocando as demais igrejas abaixo dela.

Antes, porém, no Concílio de Niceia, primeiro concílio ecumênico da cristandade, em 325 d.C., ocorreu um dos marcos da desnaturação do ideal de Jesus. Nele, entre outros debates cristológicos, o arianismo foi apontado como doutrina herética. Para Arius, Jesus não era Deus. Para os bispos reunidos na cidade de Niceia, Jesus era Deus.

Contudo, algo mais grave iria acontecer no banquete celebrado na conclusão do Concílio de Niceia. Após o encerramento dos trabalhos, os bispos foram ao palácio do imperador romano Constantino e entraram com naturalidade, passando pela guarda real e pelo exército que fazia a segurança do lugar. Ingressando nos aposentos privativos do imperador, os bispos e patriarcas se reclinaram em torno da mesa, cercados por extremo conforto e, ao lado do imperador, esperavam que a criadagem servisse o fino repasto. O banquete do reino de Deus, anunciado na Boa-Nova como resultado da edificação espiritual do ser, estava sendo desfigurado em seu conceito, pois não se concilia com ambições de domínio exterior, principalmente as de influência e poder nos gabinetes da política do mundo.

Juan Arias (2001, p. 128), teólogo e filósofo que por quase quinze anos foi correspondente no Vaticano para o jornal *El País*, lembra que o governo central da Igreja foi copiado basicamente dos imperadores romanos: uma "monarquia absoluta", "preocupada com os ricos e poderosos", "contaminada pelos poderes mundanos e políticos", que tirou "o ouro dos pobres para enriquecer seus templos".

Jesus advertiu seus discípulos, quando censurava os maus escribas e os maus fariseus (MATEUS, 23:8 a 12):

— "Quanto a vós, não permitais que vos chamem 'Rabi', pois um só é o vosso Mestre e todos vós sois irmãos. A ninguém na Terra chameis 'Pai', que um só é o vosso Pai, o celeste. Nem permitais que vos chamem 'Guias', pois um só é o vosso guia, Cristo. Antes, o maior dentre vós será aquele que vos serve. Aquele que se exaltar será humilhado, e aquele que se humilhar será exaltado".

Sendo assim, por que "padre", do latim *pater*, "pai"? Por que "papa", do grego *páppas*, "pai"?

Bonhoeffer, teólogo protestante morto num campo de concentração nazista, escreveu: "Jesus não chamou para uma nova religião, e sim para a vida". (*apud* ARIAS, 2001, p. 131.)

A verdadeira religião de Jesus é a vida, mas uma vida em abundância com o próximo e com Deus.

"Eu vim para que tenham vida e a tenham em abundância". (João, 10:10.)

Jesus é o guia e o modelo para uma vida espiritualmente farta.

"Eu sou o caminho, a verdade e a vida". (João, 14:6.)

As multidões ficavam extasiadas com seu ensinamento, porque "as ensinava com autoridade". (Mateus, 7:28 e 29.)

Guia e modelo, com autoridade.

Dois títulos apenas Ele aceitou: Mestre e Senhor.

"Vós me chamais de Mestre e Senhor e dizeis bem, pois eu o sou". (João, 13:13.)

Capítulo 18
O AMOR EM MOVIMENTO

Andou de lugar em lugar fazendo o bem e sarando todos os oprimidos.
(ATOS DOS APÓSTOLOS, 10:38.)

Outra virtude não existe mais bela.
Vicente de Paulo (*in* KARDEC, 2013c, cap. XIII, it. 12) asseverou que:

> A caridade é a virtude fundamental sobre que há de repousar todo o edifício das virtudes terrenas. Sem ela não existem as outras. [...]
> A caridade é, em todos os mundos, a eterna âncora de salvação; é a mais pura emanação do próprio Criador; é a sua própria virtude, dada por Ele à criatura. [...]

Por tantas maneiras a caridade foi referida!
Brasílio Machado definiu-a como a capacidade que o coração tem de se pulverizar para melhor se espalhar. (SOBRINHO, 1987, p. 241.)
Alguém disse que a caridade dá o tamanho do coração; e outrem, que ela é o coração no gesto.
Nunca houve, assim, coração tão grande e gestos tão cheios do coração, como se viu em Jesus.

Mas se a estrada para o triunfo pessoal se chama caridade constante para com os outros, o primeiro passo de cada dia se chama compaixão.

A parábola do Bom Samaritano projetou com discrição o que Ele próprio trazia na alma: compaixão.

Certo samaritano atravessava a garganta rochosa do *Uadi el-Kelt*, na velha estrada que ligava Jerusalém a Jericó. Caminho íngreme, paisagem bizarra, o samaritano se aproximou de um homem ferido por salteadores. Chegou junto dele, viu-o e moveu-se de compaixão. Aproximou-se, cuidou de suas chagas, derramando óleo e vinho, e depois o colocou em sua própria montaria, conduzindo-o à hospedaria e dispensando-lhe cuidados. No dia seguinte, tirou dois denários e deu-os ao hospedeiro, dizendo: "Cuida muito bem deste homem, e tudo o que gastares a mais no meu regresso eu te restituirei". (LUCAS, 10:33 a 35.)

O samaritano moveu-se de compaixão e compôs um tratado de amor. Deteve-se pelo outro, compadeceu-se, esqueceu-se de si mesmo; cuidou, levou o outro consigo, responsabilizando-se por ele e se comprometendo a regressar.

Uma vez Jesus retirou seus apóstolos para um lugar deserto a fim de que descansassem das viagens recentes, e muitos o viram partir de barco e foram a seu encalço, formando aos poucos uma verdadeira multidão, com cerca de cinco mil homens. Conta MARCOS, 6:34 que, vendo isso, Jesus "ficou tomado de compaixão por eles, pois estavam como ovelhas sem pastor" e "começou a ensinar-lhes muitas coisas", e depois os alimentou com os pães e peixes multiplicados.

Jesus procurava educar antes de amparar o corpo. Remendo de pano novo em roupa velha repuxa a roupa e o rasgo torna-se maior; vinho novo em odres velhos estoura os odres, o vinho entorna e os odres ficam inutilizados. (MATEUS, 9:16 e 17.) A Jesus interessava mais a regeneração da alma, para que a alma doente não voltasse a desajustar o corpo.

Por compaixão, Ele se fizera um pastor diligente e afetuoso, mesmo para as ovelhas perdidas fora da casa de Israel.

"Senhor, filho de Davi, tem compaixão de mim", gritava a mulher siro-fenícia, a cananeia. (MATEUS, 15:22 a 28.) Num primeiro momento, Jesus aparentou se recusar a confortá-la, mas tão só para despertar a compaixão dos apóstolos, que não se manifestou. Então, com delicadeza e afabilidade, Ele sondou os sentimentos da suplicante: "Não fica bem tirar o pão dos filhos e atirá-lo aos cachorrinhos". Ela insistiu: "Isso é verdade, Senhor, mas também os cachorrinhos comem das migalhas que caem da mesa dos seus donos". Ele admirou-se: "Mulher, grande é a tua fé".

Em outra vez, um grupo de anciãos de Cafarnaum procurou Jesus para interceder em favor do servo do oficial romano do lugar. O centurião era amado, sabia distribuir com justiça as leis do império que representava, e agora sofria vendo um empregado querido, enfermo, abeirar-se da morte. Enquanto caminhava para ver o doente, outro grupo de amigos do oficial se antecipava a Jesus, com uma mensagem do centurião (LUCAS, 7:6 a 8):

— "Senhor, não te incomodes, porque não sou digno de que entres em minha casa; nem mesmo me achei digno de ir ao teu encontro. Dize, porém, uma palavra, para que o meu criado seja curado. Pois também eu estou sob uma autoridade, e tenho soldados às minhas ordens; e a um digo 'Vai!' e ele vai; e a outro 'Vem!' e ele vem".

Jesus admirou-se:
— "Nem mesmo em Israel encontrei tamanha fé".

E a distância já se ouvia festivo alarido na casa do chefe da centúria. O servo estava curado.

Em sua origem etimológica, *milagre* vem de *mirari* e significa *admirável, coisa extraordinária*. Em sentido teológico, sugere uma derrogação das leis da natureza, por ato do poder divino; a ocorrência de um fato, produzido por Deus, fora do curso natural das coisas.

Três são os termos usados nos evangelhos para designar os milagres: *dýnamis*, ação poderosa; *terás*, prodígio; *semeion*, sinal.

> Para a mentalidade moderna, milagre é aquilo que supera as leis da natureza. Para o homem bíblico, porém, milagre é tudo que, de acordo ou não com as leis naturais, expressa uma intervenção decisiva de Deus para beneficiar o homem, que, sozinho, não poderia obter tal benefício. É sob essa perspectiva que os evangelhos relatam os milagres. (GHIBERTI, 1986, p. 194.)

O que a teologia interpretou como derrogação das leis naturais foi apenas uma gama de fenômenos cujas leis eram ignoradas.

Considerou Allan Kardec (2013e, cap. XIII, it. 14):

> [...] dos fatos reputados como milagrosos, ocorridos antes do advento do Espiritismo e que ainda no presente ocorrem, a maior parte, senão todos, encontram explicação nas novas leis que ele veio revelar. Esses fatos, portanto, se compreendem, embora sob outro nome, na ordem dos fenômenos espíritas e, como tais, nada têm de sobrenatural. [...]

Num sábado de outubro, tempo da Festa dos Tabernáculos em Jerusalém, os apóstolos avistaram um nado-cego (cego de nascença) assentado em uma das portas do Templo, com sua tigela de madeira para a mendicância. E perguntaram:

— "Rabi, quem pecou, ele ou seus pais, para que nascesse cego?" (João, 9:2.)

Jesus respondeu que nem Ele pecou (do grego *amartia* — desvio), nem seus pais. Não se tratava de uma punição, em face do binômio pecado-castigo.

E acrescentou:

— "Mas é *para que* nele sejam manifestadas as obras de Deus".

As mais prestigiadas traduções empregam "para que". A doença, acima de tudo, tem finalidade; não ocorre simplesmente para ligar o presente ao passado, num resgate alicerçado em culpa pretérita; acontece para se levar a uma meta, no campo do aprendizado e do crescimento pessoal. Aquela cegueira era para manifestar as obras de Deus.

A cegueira pode ser uma expiação. Emmanuel informou que "artistas que se aviltaram, arrastando emoções alheias às monstruosidades da sombra, invocam a internação na cegueira física". (XAVIER, 2013g, cap. 26, p. 62.)

Naquele caso, porém, o sacrifício do nado-cego significava oportunidade de aprendizagem preciosa, pois, muitas vezes, a cegueira é a melhor terapia para que se estabeleça a visão espiritual, quando já se padece da cegueira espiritual por orgulho e presunção. Ao lado disso, sua cura, por Jesus, serviria para exaltar a luminosa comunhão do Cristo com o Altíssimo.

Jesus, compadecido, cuspiu na terra, fez lama com a saliva e aplicou-a sobre os olhos do cego, ordenando que ele fosse se lavar na piscina de Siloé. Ele foi e voltou enxergando. (João, 9:6 e 7.)

CAPÍTULO 18 | O AMOR EM MOVIMENTO

Não houve derrogação das leis naturais.

Uma substância conhecida dos meios iniciáticos desde épocas remotas operou a recuperação orgânica.

Ao cuspir no pó e formar com isso aquela singular pomada, um agente terapêutico foi inoculado na lama, o fluido.

Fluido: termo genérico usado para exprimir a característica das substâncias que correm ou se expandem à maneira de um líquido ou gás; fluente. Há fluidos materiais ponderáveis (como os líquidos) e imponderáveis (como os caloríficos e luminosos). Mas também há fluidos imateriais, espirituais, de variadas qualidades, que modelam a realidade invisível, o plano espiritual. Condensados no corpo espiritual do indivíduo, esses fluidos podem fornecer princípios reparadores ao corpo.

Allan Kardec (2013e, cap. XIV, it. 31) explicou que o Espírito, encarnado ou desencarnado, pode ser um agente propulsor que infiltra num corpo deteriorado uma parte da substância do seu envoltório fluídico:

> [...] A cura se opera mediante a substituição de uma molécula *malsã* por uma molécula *sã*. O poder curativo estará, pois, na razão direta da pureza da substância inoculada; mas, depende também da energia da vontade que, quanto maior for, tanto mais abundante emissão fluídica provocará e tanto maior força de penetração dará ao fluido. [...]

Ademais, sentimentos e pensamentos constroem linhas de força de harmonia ou desarmonia, repercutindo vibratoriamente nos tecidos orgânicos. A maioria das moléstias físicas procede da alma, seja como linhas de força expiatórias criadas em inúmeras existências, seja como linhas de força com raízes na existência em andamento. (XAVIER, 2013i, cap. 157.)

Por vezes, a ação dos fluidos é lenta e exige continuidade para que se produzam os resultados almejados; por outras, é rápida, porque o agente doador é dotado de fluidos mais puros e de mais acentuada força na vontade. As curas que utilizam os fluidos como agentes terapêuticos só se diferenciam entre si pela intensidade e rapidez do processo, variando conforme o doador e o grau de perturbação vibratória em que vive o paciente, pois a recepção e a assimilação dos fluidos dependem de fatores cármicos.

Jesus é Espírito puro, a mais elevada potência psíquica que a humanidade conheceu. Daí imaginar-se a pureza de seus fluidos e o poder de sua vontade. Em poucos momentos, à ação deles, um leproso se recuperava de seu estigma, e paralíticos recobravam os movimentos.

Ele manipulava suas energias perispirituais de variadas maneiras: ora só estendia as mãos sobre o doente, ora tocava nele, ou se deixava tocar. No surdo-mudo pôs sua saliva na língua do paciente. (Marcos, 7:33.) Em certos casos, utilizou a palavra como veículo para fazer vibrar e direcionar seus fluidos. Quanto ao servo do centurião, dirigiu a ação pelo pensamento, ou determinou que algum Espírito integrante de sua falange providenciasse a restauração do enfermo.

Com o nado-cego, Jesus preocupou-se com duas medidas, quais sejam, formar o emplasto de lodo com que envolveu seus olhos e enviá-lo para se lavar nas águas da piscina de Siloé, ali próxima.

Na base do fenômeno permaneceu a ação dos fluidos; o método de aplicá-los é que se modificou. A lama de saliva e terra, por si só, não continha qualquer virtude curativa, mas estava impregnada de fluidos puríssimos, concentrados no emplasto úmido, em face da natural aptidão da água para fixar os fluidos, servindo o pó para aderir a umidade aos olhos do cego. Ou seja, a lama foi reservatório para os fluidos do Cristo.

Já a ida à piscina de Siloé gerou o efeito de potencializar a fé do paciente. Aquela piscina era famosa desde os tempos de Isaías, que lhe elogiou as águas, supostamente milagrosas. Os doentes banhavam-se nela, esperançosos de refazimento e cura. A fé é uma virtude e, também, uma força atrativa, gerando uma propriedade aspirante, assimiladora. Por essa razão, Jesus salientava frequentemente: "se tiveres fé", ou "a tua fé te salvou".

A compaixão é poderoso catalizador da vontade e da sublimação dos fluidos.

Jesus, com sua compaixão, é a união entre o sofrimento e a irrupção da Misericórida divina.

Em sua visita a Nazaré, durante o ministério, Ele selecionou um texto de Isaías para leitura na sinagoga (Lucas, 4:18 e 19):

CAPÍTULO 18 | O AMOR EM MOVIMENTO

O Espírito do Senhor está sobre mim, porque ele me ungiu para evangelizar os pobres; enviou-me para proclamar a remissão aos presos e aos cegos a recuperação da vista, para restituir a liberdade aos oprimidos e para proclamar um ano de graça ao Senhor.

Evangelizar era a maior expressão de sua compaixão. Evangelizar para facultar o perdão, a visão espiritual, a liberdade e o amor a Deus. Sobretudo porque era das feridas morais originadas da ausência dessas *substâncias* imunológicas que os *parasitas* mais destrutivos provocavam as infecções mais desestruturadoras: o orgulho, o egoísmo, o ódio e o vício.

A obsessão, como patologia mental de causa extrínseca, naqueles dias como na atualidade, era síndrome de repercussões alarmantes.

Allan Kardec (2013b, cap. XXIII, it. 237) definiu a obsessão como "o domínio que alguns Espíritos logram adquirir sobre certas pessoas".

O Codificador classificou o processo obsessivo em três estágios, conforme os efeitos e a intensidade do constrangimento negativo.

A obsessão pode ser catalogada como simples se o obsedado tem consciência do constrangimento, notando a fonte intrusa e perturbadora. Numa fase além, se o obsessor já abrigou a sugestão perniciosa na emoção e no pensamento do obsedado, fazendo dela um comando hipnótico para driblar o senso crítico do paciente, levando-o à alienação, tem-se a obsessão por fascinação. Se o apoderamento se completa, já se constrangendo o obsedado a tomar atitudes e assumir condutas ao governo do obsessor, manifesta-se o último estágio, a obsessão por subjugação.

Por outras palavras, a obsessão simples se verifica por meio da sugestão; a fascinação tem como instrumento a indução; a coação é o mecanismo da subjugação.

Com razão, Emmanuel (*in* XAVIER, 2013h, cap. 18, p. 65) afirmou que "a vida de Jesus, na Terra, foi uma batalha constante e silenciosa contra obsessões, obsidiados e obsessores".

Herodes, associado a entidades espirituais criminosas, mandou matar as crianças belemitas.

Espíritos ardilosos e mistificadores supuseram poder tentá-lo, no deserto.

Alguns familiares o hostilizavam publicamente, chamando-o de louco, influenciados pelos inimigos espirituais da causa.

Maria de Magdala foi curada de obsessão cruel, manipulada por sete usurpadores do plasma sexual.

Pedro sofria de obsessão periódica, como demonstraram os episódios da estrada de Cesareia e do Cenáculo, do Getsêmani e do pátio do palácio de Anás.

Judas vivia perigosa fascinação, enceguecido pela ambição.

Caifás se consumia em paranoia por efeito de suas afinidades espirituais.

Pilatos tinha crises de medo. O ato de lavar as mãos repetiu-se alucinador, como tentativa de autoliberação. Fixada a neurose de culpa, com o sangue de Jesus "nas mãos", que representava todas as suas vítimas, dominado por remorsos e amarguras, ele praticou suicídio, após ser "banido para Viena, nas Gálias" (XAVIER, 2013f, Pt. 1, cap. X, p. 168), jogando-se em queda numa "cratera profunda de um vulcão extinto" (FRANCO, 1988, p. 200).

Sacerdotes, escribas, fariseus e saduceus sentiram-se autorizados, pelos inimigos da verdade, a acusá-lo, injuriá-lo e tramar sua morte.

No Pretório, a multidão preferiu Barrabás.

Entidades galhofeiras e vulgares assumiram as agressões dos soldados romanos, esbofeteando-o, cuspindo-lhe e ferindo-o como forma de extravasar toda ojeriza ao que é bom, belo e sublime.

Na cruz, Giestas[17] foi a voz dos mentores das trevas, que vieram, ao final, açoitá-lo com o sarcasmo, supondo poderem esfriar-lhe o amor.

Em todas as horas, Ele respondeu com a compaixão, ora a expressar-se como advertência enérgica, fluidos curadores, ensinos iluminativos, ora como orações.

Aos que desejavam a libertação do jugo opressor das mentes enfermas, Ele os socorreu; aos que se comprazian no tormentoso conúbio,

---

17 Nota do autor: Nome do malfeitor suspenso na cruz, ao lado de Jesus, que o insultou, dizendo: "Não és tu o Cristo? Salva-te a ti mesmo e a nós" (Lucas, 23:39), assim identificado pelo Espírito Amélia Rodrigues. (FRANCO, 2000, p. 149.)

respeitou-lhes a escolha, mas sempre lhes deixando no coração um sopro renovador, para abreviar-lhes a doença.

A base da obsessão é a mentossíntese, isto é, simbiose das mentes, pela troca de fluidos mentais multiformes. E porque Jesus possuía percepção profunda, conhecendo o melhor momento de abordar os padecentes, sua ação desobsessiva era breve e eficaz.

Na sinagoga de Cafarnaum, um obsidiado por um "espírito impuro" gritou (MARCOS, 1:24 a 27):

— "Que queres de nós, Jesus Nazareno? [...] Sei quem tu és: o Santo de Deus!"

Jesus o repreendeu, ordenando a liberação do enfermo. O "espírito impuro" agitou-se, gritou e saiu.

Surpreendidos, os presentes perguntaram:

— "Que é isto? Um novo ensinamento com autoridade! Até mesmo aos espíritos impuros dá ordens, e eles lhe obedecem!"

O geraseno subjugado por pertinaz obsessão, que vivia entre os sepulcros, com restos de cordas atados nos pulsos e tornozelos, das tentativas de se prendê-lo, quando viu Jesus exclamou (MARCOS, 5:7 a 9):

— "Que queres de mim, Jesus, filho do Deus altíssimo? Conjuro-te por Deus que não me atormentes!"

Jesus perguntou-lhe o nome e obteve a resposta antológica:

— "Legião é o meu nome, porque somos muitos".

A psiquiatria contemporânea diagnosticaria o evento como síndrome de personalidades múltiplas, causada por dissociação ou fragmentação da individualidade; uma organização anormal do psiquismo, gerando sistemas de personalidades independentes na mesma pessoa.

Joanna de Ângelis, a nobre benfeitora espiritual, reconheceu que muitos desejos não realizados podem estacionar nas camadas do subconsciente como do inconsciente e interferir na conduta dos indivíduos. Recordou que muitos traumas relacionados a esses desejos podem se exteriorizar na consciência em processo conflituoso. Destacou, todavia, que existem outros componentes para a compreensão das personificações parasitárias ou múltiplas, "qual a interferência dos Espíritos desencarnados através dos processos mediúnicos, alguns deles vigorosos, que produzem estados obsessivos", e as reminiscências de existências passadas, identificadas com experiências fortes, não diluídas no inconsciente, e que "continuam ressumando desses profundos alicerces e depósitos, assumindo controle sobre o Eu atual". (FRANCO, 1999, p. 135.)

No caso do geraseno, ou gadareno, tratava-se de uma síndrome obsessiva com diversos participantes, ou um condomínio espiritual de mentes ociosas e atormentadas.

Após a descida do Tabor, um pai aflito aguardava Jesus em Cafarnaum (LUCAS, 9:38 e 39):

— "Mestre, rogo-te que venhas ver o meu filho, porque é meu filho único. Eis que um espírito o toma e subitamente grita, sacode-o com violência e o faz espumar; é com grande dificuldade que o abandona, deixando-o dilacerado".

Jesus, fazendo a anamnese do paciente, interrogou ao pai sobre o surgimento das crises e foi informado que elas vinham da infância.

— "E muitas vezes o atira ao fogo ou na água para fazê-lo morrer". (MARCOS, 9:22.)

O fato poderia ser explicado por um dos capítulos da neuropatologia, a epilepsia.

A medicina do século XX ofereceu variadas explicações à epilepsia: desde tumores até causas traumáticas, genéticas, endócrinas, tóxicas, emocionais.

Além dessas origens, a crise epileptiforme pode representar o sintoma de um transtorno espiritual, podendo ser o efeito de pavores inspirados por lembranças culposas de outras existências; clichês macabros impressos na mente e que ressurgem do inconsciente passado; medos induzidos pelas antigas vítimas e agora vingadores sedentos etc.

Bezerra de Menezes (*in* FRANCO, 1985, p. 104) ofereceu lúcida distinção:

> Indubitavelmente há processos perniciosos de obsessão, que fazem lembrar crises epilépticas, tal a similitude da manifestação. [...] o hóspede perturbador exterioriza a personalidade de forma característica, através da psicofonia atormentada, diferindo da *epilepsia genuína*. Nesta, após a convulsão vem a coma; naquela, à crise sucede o transe, no qual o obsessor, nosso infeliz irmão perseguidor, se manifesta.

CAPÍTULO 18 | O AMOR EM MOVIMENTO

O relato evangélico sugere que o quadro enfermiço do menino possuía natureza mista, o que ocorre na maioria dos casos. Tinha causa orgânica, que se revelou nos primeiros anos daquela existência. Tinha causa obsessiva, imposta pela vítima do passado que, enlouquecida de ressentimento, formou um quadro psicótico de vingança e se investiu da posição de cobrador, complicando a enfermidade do menino. O pai havia observado que, após a crise, o algoz espiritual dificilmente o deixava.

Jesus interveio no processo de dominação, diluindo com seus fluidos a nuvem de energias mórbidas que encharcava o sistema nervoso do menino, corrigindo ao mesmo tempo o transtorno neurológico.

Para se ter uma ideia do quanto se afadigou Jesus no socorro aos enfermos de toda sorte, excetuados os capítulos do Evangelho de Marcos relacionados à paixão, as descrições dos "milagres" ocupam 47% de seu texto. E, naturalmente, os evangelhos reconstituíram apenas uma parcela de tudo o que Ele fez.

Jesus inaugurou uma era nova para o amor na Terra, o tempo da caridade — o amor em movimento, incessante.

Para isso, Ele veio dos *continentes celestes*: para compartilhar a dor, para que a dor ganhasse significado e dimensão além da sensação.

O homem caído da parábola fez do samaritano um anjo.

Estaria aí a resposta ao enigma? Por que Deus tolerou a dor, entre os efeitos da liberdade do homem?

Talvez o grande papel da dor seja despertar o anjo nos caídos, quando por seus olhos relampagueia o fulgor inesquecível da gratidão; ou acordar o anjo nos benfeitores, cujos corações se embargam de compaixão.

Como pode ser fecunda a dor! Como é sempre fecunda a caridade!

Capítulo 19

VIAGENS

Quando se completaram os dias de sua assunção, ele tomou resolutamente o caminho de Jerusalém.

(Lucas, 9:51.)

A Palestina tinha posição geográfica estratégica no cenário internacional do século I. Era, então, o ponto de articulação entre a Ásia e a África, além de se situar em frente a ilhas e países do Mediterrâneo oriental.

Depois de sua anexação a Roma, a Palestina foi dividida em cinco distritos administrativos — Judeia, Galileia, Samaria, Pereia e Decápole.

Jesus concentrou-se especialmente na Galileia e na Judeia, onde vivia a maioria dos "filhos da casa de Israel".

Fora os deslocamentos da infância, a primeira viagem de seu ministério foi a de Nazaré até o Jordão, onde foi batizado por João. (Mateus, 3:13.)

Esse trajeto se estendia por cerca de 150 quilômetros.

Enrico Galbiati o descreveu (*in* GHIBERTI, 1986, p. 140-141).

Das colinas que cercam Nazaré, Jesus desceu por uma passagem ao pé do Monte do Precipício e alcançou a planície do Esdrelon, pantanosa em alguns pontos. Ele tomou a direção sudeste, no rumo de Citópolis e do vale do Jordão. A temperatura, nesse trecho, podia chegar a 45°C.

Percorridos 35 quilômetros, depois de Citópolis, fazia-se uma parada. Na vizinhança, o Jordão começava a se mostrar, serpenteando seu curso. Mais 50 quilômetros e se chegava à colina do Alexandreion, fortaleza em que Herodes, o Grande, havia guardado seu tesouro. Era ali que os viajantes preferiam pernoitar.

Adiante, a viagem se tornava mais amena nos próximos 35 quilômetros, até Jericó.

Jericó é a cidade mais antiga da Terra, fundada pelo menos sete milênios antes de Cristo. Está no oásis mais fértil da Palestina.

Mais para o leste, 10 quilômetros à frente, num trecho do Jordão, o povo procurava João para o batismo. Era o lugar onde os hebreus haviam atravessado o Jordão para entrarem na terra prometida, ficando entre o Monte Nebo, onde Moisés morreu, e Jericó.

Esse foi o caminho que Jesus percorreu a maior parte das vezes para ir a Jerusalém, subindo, a partir de Jericó, a depressão do vale do Jordão até Jerusalém, por 30 quilômetros. O desnível entre Jericó e a Judeia, no alto, superava mil metros. Esse caminho, o *Uadi el-Kelt*, lugar da parábola do Bom Samaritano, era uma estrada romana, ainda hoje utilizada, embora exista outra mais moderna.

A alternativa a esse itinerário seria viajar pelos montes da Samaria, interposta entre a Galileia e a Judeia — uma viagem também de 150 quilômetros. De Jerusalém a Siquém eram 60 quilômetros. Um dia e meio durou o percurso que Jesus fez na ocasião de seu encontro com a mulher samaritana. Por volta do meio-dia (João, 4:6), Ele e os apóstolos chegaram ao poço de Jacó, às portas de Siquém. De Siquém seguia-se para Gine, o último vilarejo da Samaria. Entrava-se na planície do Esdrelon, evitando-se a cidade de Tiberíades, considerada impura; chegava-se a Magdala e costeava-se o lago de Genesaré até Cafarnaum, a "cidade de Jesus" (Mateus, 9:1) e epicentro de seu ministério.

As rusgas entre samaritanos e judeus criavam embaraços aos peregrinos que utilizavam a Samaria para chegar a Jerusalém.

Depois da transfiguração no Tabor, Jesus manifestou resoluta disposição de ir a Jerusalém. (Lucas, 9:51 a 53.) Ele mandou mensageiros à sua frente. Os mensageiros entraram numa aldeia da Samaria para preparar o descanso noturno. Jesus, no entanto, não foi admitido, porque os aldeães perceberam que seu aspecto era de quem ia para Jerusalém. Tiago e João, por isso, perguntaram:

— "Senhor, queres que mandemos descer fogo do céu para os consumir?" Jesus os repreendeu:
— "Vós não sabeis de que espírito sois". (LUCAS, 9:54 e 55 – BÍBLIA, 1993.) E foram para outra aldeia.

Uma caravana pequena, menos protegida, preferia normalmente o caminho de Jericó, por não poder se defender de eventual hostilidade samaritana.

Cafarnaum se distanciava 45 quilômetros de Nazaré, ou seja, um dia de caminhada, passando por Magdala e pelo Monte Tabor.

Por Cafarnaum passava a estrada que ligava a Palestina à Síria, a estrada de Damasco, celebrizada pela conversão de Saulo de Tarso.

De Cafarnaum se viajava com facilidade a outras cidades importantes, como Tiro e Sidon (onde ocorreu o episódio da mulher cananeia), como Cesareia de Filipe, em cuja estrada Jesus questionou aos apóstolos "Quem dizem os homens que eu sou?" (MARCOS, 8:27.)

A cidade de Séforis, reconstruída ao longo da juventude de Jesus, a seis quilômetros de Nazaré, possuía estrada importantíssima, que ligava a Baixa Galileia a Ptolomaida, cidade na costa do mar Mediterrâneo. Ptolomaida era servida pela estrada *Via Maris* (caminho do mar), artéria internacional que, por um lado, ligava a Palestina ao Egito; e à Síria e à Mesopotâmia, por outro.

As aldeias e cidades em torno do lago eram visitadas de barco.

Os evangelhos falam de uma viagem de Jesus à Decápole, quando ocorreu a cura do obsidiado de Gadara (MATEUS, 8:28) ou Gerasa (MARCOS, 5:1). Gadara e Gerasa eram duas cidades próximas entre si. Com outras oito cidades independentes, formavam uma federação, a Decápole. As dez cidades davam ao viajante a impressão de estar na Grécia, seja pelas construções, seja pelo tipo de vida de seus habitantes.

A província da Pereia (em grego, "região além" do Jordão), onde estava a fortaleza Maqueronte, prisão de João Batista, foi visitada por Jesus pouco antes de sua última viagem a Jerusalém. (MARCOS, 10:1.)

Quando Jesus chamou os doze para irem a Jerusalém, nesta que seria a última jornada, ao vê-lo tão resoluto, as expectativas de seus seguidores se exaltaram; certamente, o reino de Deus iria se manifestar naquela Páscoa.

Por isso, no curso dessa viagem, Salomé requereu posição de destaque no reino para seus dois filhos, Tiago e João, sem atinar que, pouco antes, no mesmo caminho, Ele havia anunciado novamente sua morte iminente.

Em Jericó, ao entrar (segundo LUCAS, 18:35), ou ao sair (conforme MATEUS, 20:29 e MARCOS, 10:46), Ele curou um mendigo cego, de acordo com Marcos e Lucas, ou dois cegos, segundo Mateus. O texto de Mateus tem tendência a dobrar; em Gadara, para ele, foram dois obsidiados. O correto, porém, é que, ao entrar em Jericó, Jesus cura o cego Bartimeu.

— "Que queres que eu te faça?"
Respondeu o cego:
— "*Rabbúni!* Que eu possa ver novamente". (MARCOS, 10:51.)
Jesus dormiu em Jericó, na casa de Zaqueu, o publicano.
Zaqueu era o chefe dos coletores de impostos de Jericó. (LUCAS, 19:2.)
"Residindo em suntuoso palacete [...] se cercara de luxo, de modo a encher de bens externos o vazio do coração, por saber-se detestado por toda a cidade". (FRANCO, 1987, p. 143.)

No entardecer daquele dia, a chegada de Jesus e a cura de Bartimeu provocaram alvoroço em Jericó e "uma explosão emocional na alma de Zaqueu". (FRANCO, 1987, p. 145.)

De baixa estatura, o publicano subiu numa árvore. Ele não ousava falar com Jesus, mas queria ao menos vê-lo.

Quando o Nazareno se aproximou do lugar onde Zaqueu estava, disse-lhe:
— "Zaqueu, desce depressa, pois me convém ficar hoje em tua casa".
Jesus tinha disponibilidade para conviver, mesmo diante da hora grave que se aproximava.

Porque as pessoas murmurassem maliciosas, Zaqueu se prontificou a dar metade de seus bens aos pobres e a restituir quatro vezes mais no que houvesse prejudicado alguém (embora a lei só exigisse restituição em dobro).
E Jesus asseverou:
— "Hoje a salvação entrou nesta casa". (LUCAS, 19:9.)
No outro dia, Jesus seguiu pelo *Uadi el-Kelt*. Faltavam 30 quilômetros para se chegar a Jerusalém. Caminho poeirento, por encostas nuas de vegetação. Por outro lado, a altitude favorecia uma temperatura mais agradável.

Quase ao final da jornada, no Monte das Oliveiras, a estrada se bifurcava, levando a Betânia e a Jerusalém.

Betânia era uma aldeia singela, mas rica de encantos naturais. Os bosques de oliveiras e figueiras, as plantações de cevada e as casinhas brancas formavam bela paisagem campestre na encosta do Monte das Oliveiras. Contudo, o que tornava aquela aldeia muito aprazível a Jesus era a presença dos três irmãos: Lázaro, Marta e Maria.

Depois de três dias de viagem, Ele chegou a Betânia num sábado, 8 de *nisã*. O *nisã* é o primeiro mês do calendário judaico, correspondente a março e abril do calendário gregoriano. Então, Jesus chegou a Betânia em 28 de março, seis dias antes da Páscoa (JOÃO, 12:1), que ocorreria em 14 de *nisã* — apesar da inexatidão do calendário judaico tornar esses cálculos duvidosos, advertiu Renan (2003, p. 350, nota 10).

A granja de Lázaro seria o local de sua hospedagem durante os dias da festa.

O Espírito Amélia Rodrigues, com seu dom invulgar, descreveu a vivenda como uma casinha em forma de cubo, cercada de roseiras, cedros e pessegueiros, e suas paredes eram cobertas de trepadeiras. A varanda era ampla, e suas colunas abraçadas por hera verde-escura. (FRANCO, 187, p. 151.)

No primeiro dia em Betânia, ofereceram a Jesus uma ceia na casa de Simão, o leproso. (MATEUS, 26:6.) Lázaro estava à mesa, Marta servia. Então Maria, para surpresa de todos, entrou com um vaso de alabastro cheio de bálsamo de nardo puro e derramou nos pés de Jesus, quebrando em seguida o vaso, como se usava fazer quando se desejava tratar um hóspede com distinção. (RENAN, 2003, p. 351.) E ela, no ardor de sua afeição pelo Cristo, enxugou seus pés com os longos cabelos. O precioso perfume recendeu por toda a casa, para alegria de muitos.

O nardo é essência derivada do óleo de uma planta indiana. Naquele tempo, era embalado comumente em vaso de alabastro, artisticamente moldado em forma de pera, com gargalo fino e cumprido. MATEUS, 26:7 e MARCOS, 14:3 informam que o bálsamo foi derramado sobre a cabeça de Jesus; JOÃO, 12:3 indica que foi sobre os pés.

Irritados com o que supunham ser desperdício, alguns discípulos recriminaram Maria e disseram que o perfume poderia ter sido vendido por alta soma, e o dinheiro entregue aos pobres.

Jesus intercedeu por ela:

— "Por que aborreceis a mulher? Ela, de fato, praticou uma boa ação para comigo. Na verdade, sempre tereis os pobres convosco, mas a mim nem sempre tereis. Derramando este perfume sobre o meu corpo, ela o fez para me sepultar. Em verdade vos digo que, onde quer que venha a ser proclamado o Evangelho, em todo o mundo, também o que ela fez será contado em sua memória". (Mateus, 26:10 a 13.)

Jesus definiu a homenagem amorosa de Maria como uma unção sepulcral antecipada. Ele exaltou o significado profundo de seu gesto repleto de afeição, que alguns dos presentes não puderam entender. A cena contrastou generosidade e mesquinhez. A preocupação em dar o preço do perfume aos pobres era aparente, ocultava cobiça. Trezentos denários (Marcos, 14:5) equivaliam a trezentos dias de salário de um trabalhador comum.

João, 12:4 informou que a proposta de se vender o perfume por 300 denários veio de Judas; dele, que receberia trinta moedas ou siclos de prata para delatar o paradeiro de Jesus. Sintomaticamente, conta Mateus que, logo após Jesus defender Maria, Judas procurou os chefes dos sacerdotes e lhes propôs:

— "O que me dareis se eu o entregar?" (Mateus, 26:15.)

Trinta siclos de prata foi a oferta; era o preço da indenização que o Êxodo, 21:32 impunha ao dono de um boi que matasse um escravo alheio.

A tese da predestinação de Judas à traição, sob a premissa de que era necessário um traidor, não tem respaldo nas leis morais reveladas pelo Espiritismo, nem nos ensinos de Jesus, ou mesmo no Antigo Testamento.

Judas não viveu predestinação, mas tentação. E tentação é o assédio que sofrem as disposições morais novas ante a pressão das antigas e infelizes tendências, a se insinuarem na existência atual como estímulos perigosos, empurrando o invigilante para fora das linhas do equilíbrio. Na verdade, em vez de um mal, a tentação é um recurso da sabedoria da vida para dar à criatura o conhecimento de si própria. É ela, a tentação, que afere a reabilitação depois das quedas íntimas, funcionando como um degrau de acesso à fortaleza espiritual.

Três anos antes, na primeira coleta de recursos entre os discípulos, de iniciativa de Judas, e após reunir o modesto saldo das doações, o filho de Simão de Keriote exclamou, satisfeito, apresentando a miúda bolsa presa às dobras de sua túnica:

— "Senhor, a bolsa é pequenina, mas constitui o primeiro passo para que se possa realizar alguma coisa..."

Conta Humberto de Campos (*in* XAVIER, 2013a, cap. 5, p. 40) que Jesus o olhou serenamente e desejou:

— "Sim, Judas, a bolsa é pequenina; contudo, permita Deus que nunca sucumbas ao seu peso!"

Capítulo 20

ÚLTIMA SEMANA

Dou-vos um mandamento novo: que vos ameis uns aos outros. Como eu vos amei, amai-vos uns aos outros.

(João, 13:34.)

No domingo, 9 de *nisã*, Jesus partiu para Jerusalém, distante apenas três quilômetros de Betânia, cerca de uma hora de caminhada.

Antes da Cidade dos Profetas, porém, iam aparecendo figueiras que sombreavam o caminho, formando adiante um pequeno povoado chamado Betfagé — literalmente, "casa dos figos não maduros", lugar em que os figos não chegavam à etapa do amadurecimento e secavam ainda verdes.

Ao se aproximar de Betfagé, Jesus orientou dois discípulos a entrarem na aldeia e trazerem uma jumenta e um jumentinho. Se alguém questionasse a retirada dos animais, que lhe dissessem que o Senhor precisava deles e logo os mandaria de volta. (Marcos, 11:3.)

Não há dúvidas de que Jesus preparou uma entrada solene, indicando que vinha cumprir a profecia de Zacarias, 9:9 e 10:

> Exulta muito, filha de Sião! Grita de alegria, filha de Jerusalém! Eis que o teu rei vem a ti: ele é justo e vitorioso, humilde, montado sobre um jumento, sobre um jumentinho, filho da jumenta. Ele eliminará os carros de Efraim e os cavalos de Jerusalém; o arco de guerra será

eliminado. Ele anunciará a paz às nações. O seu domínio irá de mar a mar e do rio às extremidades da terra.

Forrado o jumentinho, Jesus o montou, causando comoção nas pessoas que integravam sua caravana, e, quanto mais seguia rumo ao cume do monte, para do outro lado chegar a Jerusalém, crescia o número de pessoas que se incorporavam à manifestação.

Do Monte das Oliveiras, ao sul se via Belém, ao norte se destacavam as montanhas da Samaria. Era chamado monte da perdição, da corrupção ou do escândalo. Nele, Salomão havia levantado altares a deuses pagãos. (2 REIS, 23:13.) No entanto, nele Jesus viveu momentos inesquecíveis, como o discurso sobre a destruição do Templo e a consumação dos tempos, a agonia e também a entrada triunfal.

De acordo com a *Bíblia do Peregrino*, Mateus e João falam em "grande multidão", Marcos em "muitos", enquanto Lucas diz só "multidão". Muitas pessoas cobriam o caminho com mantos (Mateus), muitos mantos e ramos cortados no campo (Marcos), mantos (Lucas) e ramos de palmeira (João), realizando uma prática costumeira para honrar pessoas ilustres.

O Espírito Emmanuel informou que a chegada de Jesus a Jerusalém foi saudada por grandes manifestações de alegria da parte do povo, que ainda comentava a chamada ressurreição de Lázaro. As janelas foram enfeitadas com "flores para sua passagem triunfal, as crianças espalharam palmas verdes e perfumadas no caminho". (XAVIER, 2013f, Pt. 1, cap. VIII, p. 105.)

Entre a coroa do Monte das Oliveiras e as portas da magnífica cidade estendida sobre o Monte Sião, abaixo, por todo o vale do Cedron, viam-se centenas de barracas, erguidas para abrigarem os peregrinos, vez que a cidade não comportava entre seus muros o imenso volume de visitantes.

O Templo, símbolo da unidade nacional, única casa de Deus, localizava-se bem em frente ao Monte das Oliveiras. Fachada ampla, 50 metros de altura, mármore claro, escadarias monumentais, suas colunatas separavam os pátios e vestíbulos. Havia tanto ouro em seu interior que causava assombro. O santuário do meio lembrava um monte coberto de neve.

Jerusalém, *cidade da paz* ou *visão da paz*, afigurava-se agora bastante mundana, um ambiente de pouca unção, fora e dentro das muralhas.

Postos de câmbio para troca de moedas, mercadores de animais para sacrifícios; o cheiro de excrementos humanos e animais misturado ao cheiro de carnes assadas; guardas do Templo, legionários romanos e peregrinos; tudo produzia um quadro febricitante.

A chegada de Jesus levou pessoas a perguntarem:

— "Quem é este?"

Diziam:

— "Este é o profeta Jesus, o de Nazaré da Galileia!" (MATEUS, 21:10 e 11.)

Diante de certas aclamações (uns chamavam-no Filho de Davi, outros rei de Israel), os fariseus se aproximaram e falaram:

— "Mestre, repreende os teus discípulos".

Jesus respondeu:

— "Eu vos digo, se eles se calarem, as pedras gritarão". (LUCAS, 19:39 e 40.)

Alguns especialistas consideram a entrada triunfal uma agitação política revolucionária, subversiva, objetivando instigar os compatriotas contra as autoridades públicas. Isso não procede. Jesus não foi um revolucionário político, mas, sim, um pacifista revolucionário. Não era incomum, em tais ocasiões, que os mestres fossem recebidos assim pelos moradores e visitantes de Jerusalém. O jumentinho era visto como montaria real, mas pacífica e humilde. Os relatos evangélicos não insinuam qualquer movimento de libertação militar ou intenção de tomar o poder político, tanto que o fato não foi citado no processo religioso nem no processo civil contra Jesus.

João não conta o que aconteceu a mais naquele domingo.

Marcos narra que Ele entrou "no Templo, em Jerusalém, e, tendo observado tudo, como fosse já tarde, saiu para Betânia com os doze". (MARCOS, 11:11.)

MATEUS, 21:12, entretanto, relata que no mesmo dia Ele entrou no Templo e, após inspecioná-lo, ao chegar ao pátio dos gentios, pelos quase quinze mil metros quadrados, deparou vendedores de animais para os sacrifícios e cambistas que trocavam outras moedas pelo dinheiro de Tiro, único válido para fazer pagamentos ao Templo, e expulsou todos os que ali vendiam e compravam, derrubando as mesas dos cambistas e suas cadeiras.

— "Minha casa será chamada casa de oração. Vós, porém, fazeis dela *um covil de ladrões*!" (MATEUS, 21:13.)

Os ritos da Páscoa exigiam enormes quantidades de animais (bois, ovelhas, pombas etc.). As famílias dos sacerdotes eram responsáveis por grande parte da comercialização (tinham monopólio do sal, perfume e pães) e recebiam parte dos lucros dos cambistas.

Luís Alonso Schökel comentou (*in* BÍBLIA, 2000, p. 97):

> O que era o comércio de gado e de moedas no pátio maior do recinto do templo se pode deduzir de testemunhos da época: centenas de milhares de cabeças de gado e de aves, câmbio de moeda de muitos países. Se a operação era necessária, prestava-se a múltiplos abusos tolerados pelas autoridades. Desfigurava o sentido e a função do Templo.

Alguns anos depois, seriam tomadas providências para afastar o comércio de oferendas do recinto do Templo. (DUQUESNE, 2005, p. 204.)

Jesus respeitava o culto e a Lei, visitava o Templo, pagava-lhe o imposto e frequentava as sinagogas, mas subordinando as regras religiosas ao essencial. Ele nunca revelou qualquer preocupação com o Templo, seja quanto a sua administração, seja quanto a sua pureza. A indignação que o impulsionou dizia respeito à corrupção do sentimento religioso, o aviltamento da mensagem religiosa que o plano espiritual, em abundância, derramara sobre Israel, de Abraão a João Batista, bem como à exploração criminosa da rica classe sacerdotal em relação ao povo, vítima de extorsão disfarçada de exigências ritualísticas.

Naquela ocasião, Jesus ainda curou cegos e coxos no Templo, cujas presenças eram proibidas ali pelo segundo livro de Samuel, 5:8, como a dizer que, no novo tempo, os templos deveriam transformar-se em abrigos dos desafortunados, lugar de fazer o bem, em vez de palácios estéreis para oferendas inúteis.

Crianças então o saudaram: "Hosana ao Filho de Davi", o que deixou os principais sacerdotes e escribas agressivos.

Somente depois disso, para Mateus, Ele saiu da cidade, retirando-se para Betânia, onde pernoitou.

Lucas, 19:44 descreveu que, ao entrar na Cidade Santa, no domingo, Jesus chorou, lamentando o futuro da cidade e de seus habitantes, que seriam cercados por trincheiras e arrasados, não ficando "pedra sobre pedra".

Ato contínuo, Ele expulsou os vendilhões.

Para MARCOS, 11:12 a 16, só na segunda-feira, depois do episódio da figueira sem fruto nas proximidades de Betfagé, é que houve a expulsão dos comerciantes e cambistas do Templo. O evangelista acrescenta que, além de expulsar os vendilhões, derrubar mesas e cadeiras, Ele não permitiu que ninguém conduzisse qualquer utensílio pelo Templo, conforme mandava a Lei.

JOÃO, 2:13 a 17 situa a passagem da expulsão dos vendilhões no começo do ministério de Jesus, mas sem razão. Tivesse o fato se verificado no início de suas tarefas e Jesus acabaria hostilizado muito precocemente, comprometendo o desenvolvimento de sua missão. Também, a ocorrência da expulsão durante a paixão forma uma cadeia lógica com sua prisão e condenação.

Na segunda-feira, pela manhã, Ele seguiu para Jerusalém, outra vez. Pelo caminho, encontrou a figueira sem frutos. Embora não fosse tempo de figos, Jesus se abeirou da árvore e os procurou, sem êxito. Daí, exclamou em voz alta: "Nunca mais nasça fruto de ti!" Segundo MATEUS, 21:19, no mesmo instante ela secou. Para MARCOS, 11:20, a figueira só foi notada seca no dia seguinte, na terça-feira, quando retornaram novamente a Jerusalém. Mateus adianta o final do episódio, que Marcos deixa em suspenso para o dia seguinte.

O episódio da figueira sem frutos representa uma "parábola encenada", técnica presente no Antigo Testamento e de que Jesus se utilizou para fixar imprescindível lição para aqueles dias.

Huberto Hohden (2005, p. 139-146) se referiu a essa técnica. Inclusive argumentou que as passagens dos evangelhos sinópticos havidas como instituição da Eucaristia (palavra grega que significa "reconhecimento") na verdade representam uma "parábola dramatizada", a "parábola dramatizada do pão e do vinho":

> A explicação que acabamos de dar dos eventos da Santa Ceia em forma de parábola é indubitavelmente exata. Se assim não fosse, se os 12 discípulos de Jesus tivessem sido ordenados sacerdotes e comungado realmente a carne e o sangue de Jesus, seria absolutamente

incompreensível, repetimos, o que aconteceu logo depois dessa suposta ordenação sacerdotal e primeira comunhão: traição, suicídio, negação, juramento falso, blasfêmia, fuga covarde dos apóstolos — um caos de paradoxos, um inferno de pecados...

O Espírito Emmanuel esclareceu (XAVIER, 2013c, q. 318):

— A verdadeira eucaristia evangélica não é a do pão e do vinho materiais, como pretende a Igreja de Roma, mas a identificação legítima e total do discípulo com Jesus, de cujo ensino de amor e sabedoria deve haurir a essência profunda, para iluminação dos seus sentimentos e do seu raciocínio, através de todos os caminhos da vida.

Numa pregação de Jesus na sinagoga de Cafarnaum, Ele afirmou (JOÃO, 6:56):
"Quem come a minha carne e bebe o meu sangue permanece em mim, e eu nele".
Questionado pelos discípulos, Ele explicou (6:63):
"O espírito é que vivifica, a carne para nada serve. As palavras que vos disse são espírito e vida".
Na Parábola da Figueira, Jesus procura por figos. Os figos são flores, flores inclusas. Simbolizam as qualidades íntimas, morais e espirituais.
Jesus, vendo que a figueira estava cheia de folhas, procura frutos.
Constata muitas exterioridades sem nenhuma interioridade.
Já disseram que a religião do Cristo não é a religião de folhas, mas, sim, de frutos.
A figueira estava submetida ao determinismo da natureza. Não era tempo de figos, por isso não poderia produzir figos. Os seres humanos são dotados de livre-arbítrio, podendo e devendo se esforçar para gerar frutos mesmo em momentos não favoráveis.
Nos dias imediatos, os discípulos viveriam horas penosas, momentos de provas definidoras de rumos. Jesus, ao mesmo tempo, chama-lhes a atenção para a necessidade de frutos, mais do que a aparência da virtude, e os fortalece ensinando que a figueira secou por força da fé:

— "Em verdade vos digo: se tiverdes fé, sem duvidar, fareis não só o que fiz com a figueira, mas até mesmo se disserdes a esta montanha: 'Ergue-te e lança-te ao mar', isso acontecerá. E tudo o que pedirdes com fé, em oração, vós o recebereis". (MATEUS, 21:21 e 22.)

Na segunda-feira, Ele expulsou os vendilhões do Templo, de acordo com MARCOS, 11:15 a 18, e pregou no Templo e debateu com fariseus, segundo MATEUS, 21:12 a 17. À noite, voltou para Betânia.

Na terça-feira, pela manhã, indo novamente para Jerusalém, os apóstolos observam que a figueira secou, conforme relata MARCOS, 11:20. Em Jerusalém, Jesus faz novas pregações, debate com os saduceus e faz o comentário sobre o óbulo da viúva. Ao entardecer, sai do Templo e prediz sua destruição. Na volta para Betânia, para no Monte das Oliveiras, contempla a cidade e pronuncia seu sermão sobre o fim de Jerusalém e o fim dos tempos. (MARCOS, 13.)

Na quarta-feira, Jesus permanece em Betânia.

Para MARCOS, capítulo 14, entre a quarta-feira e a quinta-feira é que se verificou a unção de Maria, com o perfume de nardo.

Quinta-feira, 13 de *nisã*, 2 de abril, provavelmente à tarde, Ele retorna a Jerusalém. (MARCOS, 14:1).

No poente da sexta-feira se iniciará o *Shabat* e, com ele, a comemoração da Páscoa, com o banquete do cordeiro.

A ceia daquela quinta-feira não integrava o ritual da Páscoa. Os evangelhos sinópticos confundiram essa ceia com a ceia do cordeiro pascal: MATEUS, 26:17, MARCOS, 14:12 e LUCAS, 17:7 disseram que Jesus fez a última ceia no dia do sacrifício do cordeiro pascal, sexta-feira; no entanto, Ele teria sido julgado e crucificado durante o sábado.

Possivelmente, esse engano originou-se da comemoração da Páscoa em 14 de *nisã*, pelos primeiros cristãos, que definiram Jesus como o verdadeiro cordeiro pascal.

O Evangelho de João, porém, frisou que Jesus ceou na quinta-feira, sofreu prisão e, pela manhã da sexta-feira, foi levado para o Pretório (fórum), a fim de ser julgado por Pilatos:

"Eles não entraram no Pretório para não se contaminarem, mas poderem comer a Páscoa" (18:28); "E era a parasceve (sexta-feira) pascal, cerca da hora sexta; e disse (Pilatos) aos judeus: Eis aqui o vosso rei" (19:14); "Então, os judeus, para que no sábado não ficassem os corpos na cruz [...] rogaram a Pilatos que se lhes quebrassem as pernas, e fossem tirados" (19:31).

Amélia Rodrigues escreveu que naqueles últimos dias Jesus mais se agigantara, "especialmente a partir do momento em que, montado no jumento, Ele varara a Porta Dourada, entrando na cidade". Mas as "homenagens com que O receberam muitos que ali aglutinavam pareciam entristecê-LO". (FRANCO, 1991a, p. 129.)

Em alguns momentos íntimos naquela semana, suas palavras foram tão sublimes que até Judas, não obstante atormentado, não pôde reter o pranto. Em Judas, estavam "duas naturezas em conflito: o homem profundamente infeliz e o espírito necessitado entrechocavam-se naquele instante". (FRANCO, 1991a, p. 130.)

Renan (2003, p. 359) observou intuitivo:

> não há dúvida de que o amor terno que o coração de Jesus dedicava a essa pequena igreja que o rodeava tivesse transbordado naquele momento. Sua alma serena e forte achava-se leve sob o peso das sombrias preocupações que o assediavam. Ele teve uma palavra para cada um de seus amigos. Dois deles, João e Pedro, principalmente, foram alvo de ternas demonstrações de dedicação. João estava deitado no divã, ao lado de Jesus, e sua cabeça repousava sobre o peito do mestre. Ao fim da refeição, o segredo que pesava no coração de Jesus teve que lhe escapar. "Em verdade", disse ele, "eu vos declaro: um de vós me trairá". Para os ingênuos, foi um momento de angústia.

Capítulo 21

NO JARDIM DAS OLIVEIRAS

Jesus foi com seus discípulos para o outro lado da torrente do Cedron. Havia ali um jardim, onde Jesus entrou com seus discípulos.
(João, 18:1.)

Escavações junto à parte velha de Jerusalém revelaram o trecho de uma estrada romana, com degraus de pedra, que descia a encosta oriental do Monte Sião, na direção do Vale do Cedron.

O Cedron é um riacho que passa grande parte do ano seco. Findo o período chuvoso, em março, ele toma a aparência de torrente, ou seja, um curso de água formado por enxurradas.

Adiante do Cedron, eleva-se o monte que no passado era um bosque de oliveiras. No começo de sua encosta, havia uma granja chamada Getsêmani e, nela, um jardim.

Gethsemani ou *gethsemanei* vem do aramaico significa *lagar das olivas* ou *de azeite*, isto é, tanque ou prensa onde se espremem azeitonas; moinho de óleo.

Jesus e os apóstolos desceram a estrada romana em direção ao Getsêmani. Era por volta das 22 horas, mas não havia escuridão, porque era tempo da Páscoa e, portanto, de lua cheia. Lá chegando, Jesus disse aos onze:

— "Sentai-vos aí enquanto vou até ali para orar". (Mateus, 26:36.)
Pedro, João e Tiago foram com Ele.

Mateus, 26:37 descreve o estado emocional de Jesus a partir daí: "começou a entristecer-se e a angustiar-se". Marcos, 14:33 foi mais longe: "começou a apavorar-se e a angustiar-se". A tradução de João Ferreira de Almeida e a Tradução Ecumênica da Bíblia preferem "pavor": "começou a sentir-se tomado de pavor e angústia".

Haroldo Dutra Dias (NOVO (O), 2013, p. 232) informa o sentido literal da palavra grega empregada por Marcos: "surpreender-se (positiva ou negativamente), pasmar-se, ficar atônito", razão pela qual adotou: "começou a ficar atônito e a angustiar-se". (Marcos, 14:33.)

Então, Jesus falou aos três:

— "Minha alma está triste até a morte. Permanecei aqui e vigiai comigo". (Marcos, 14:34.)

Existia ali uma gruta que Jesus e os apóstolos costumavam frequentar. Nela estava instalada uma prensa para olivas. O lugar deveria ser propriedade de algum seguidor de Jesus, pois os primeiros cristãos visitavam-no constantemente e, já nos primeiros séculos, foi erguida sobre ele uma igreja rupestre, a Basílica da Agonia.

Caminhando um pouco à frente dos três, Jesus entrou na gruta, que media naquela época cerca de 13 metros por 8 metros. Lucas, 22:41 e 42 informa que Ele se afastou dos três à distância de "um tiro de pedra", quer dizer, o suficiente para ser visto e ouvido.

A sós, Ele se prostrou com o rosto no chão e orou:

— "Meu pai, se é possível, que passe de mim este cálice; contudo, que não seja como eu quero, mas como tu queres".

Lucas, 22:43 acrescenta, neste ponto, que um Espírito angélico lhe apareceu para confortá-lo.

Passagens como essa demonstram que os evangelhos são mais que simples discursos em louvor a Jesus. É lógico perguntar quem descreveu a passagem, se as testemunhas dormiam. Lógico também considerar que os evangelistas não teriam interesse em inventá-la, por seu conteúdo aparentemente embaraçoso, pois muitos intérpretes supõem por ela que Jesus sofreu o tormento do medo, reagindo qual homem comum.

CAPÍTULO 21 | NO JARDIM DAS OLIVEIRAS

Outros intérpretes, como Mario Galizzi (*in* GHIBERTI, 1986, p. 645), entreviram no episódio algo diverso do medo:

> Ele não é um homem amedrontado. Sente tristeza e angústia, mas tem pleno controle sobre si mesmo e se esforça para não interromper a comunhão que se havia estabelecido entre ele e os discípulos durante a Última Ceia.

Amélia Rodrigues (FRANCO, 1991a, p. 134) salientou, por sua vez:
"A agonia, a dor produzida pela ingratidão dos comensais do Seu amor feriam-n'O fundamente e Ele buscava o abismo do Pai".

Depois da oração, Jesus retornou ao lugar onde estavam os três apóstolos, mas os surpreendeu dormindo. E disse a Pedro:
— "Como assim? Não fostes capazes de vigiar comigo por uma hora!"
Há pouco, Ele lhes tinha dito no cenáculo:
— "Vós sois os que permanecestes constantemente comigo em minhas tentações". (LUCAS, 22:28.)
Agora dormiam.
— "Vigiai e orai, para que não entreis em tentação, pois o espírito está pronto, mas a carne é fraca". (MATEUS, 26:41.)
Ele adverte, constatando o perigo que ronda os apóstolos.
Outra vez Jesus se retirou para orar:
— "Meu Pai, se não é possível que isto passe sem que eu o beba, seja feita a tua vontade!" (MATEUS, 26:42.)
Novamente encontrou os três em sono pesado. E eles não sabiam como explicar, sobretudo porque Jesus lhes pedira: "Vigiai e orai".
Jesus ainda entrou na gruta uma terceira vez e repetiu a mesma prece.
Reaproximando-se dos apóstolos entorpecidos pela estranha fadiga e sonolência, recomendou:
— "Dormi agora e repousai; eis que a hora está chegando, e o Filho do Homem está sendo entregue às mãos dos pecadores". (MATEUS, 26:45.)
E por fim:
— "Levantai-vos! Vamos! Eis que meu traidor está chegando". (MATEUS, 26:46.)

Entende-se a palavra agonia quase sempre como sinônima de aflição e sofrimento. Entretanto, ela significa também "combate". (DUQUESNE, 2005, p. 231.) Aquele era um momento de grande tensão e combate. O êxito da missão de Jesus estava sob ataque cerrado. Falanges da espiritualidade inferior, sem poderem atingi-lo, diretamente, irromperam vigorosa ação obsessiva sobre as autoridades humanas e os apóstolos. Jesus deveria ser morto, e seus seguidores deveriam esquecê-lo, como se acordassem, após sua morte, de um pesadelo, que o tempo varreria de suas consciências e, portanto, das páginas da história, tornando inócua sua passagem entre os homens.

Sua agonia não retrata a fragilidade de Jesus, como querem uns, mas seu combate espiritual com forças muito além da compreensão humana.

Os germens de grandes lutas da humanidade futura estavam sendo soprados venenosamente, para contaminar os séculos com guerras fraticidas e ódios asselvajados entre indivíduos e povos.

Ele não quedou perante a antevisão do sacrifício da cruz a levantá-lo, mas sofreu e lutou espiritualmente para que se amenizassem as consequências sinistras do maior conflito espiritual que a Terra já viveu.

Por isso, o Profeta do Amor ardentemente intercedeu junto a Deus em favor dos homens, rogando que aquele cálice de presciência fosse afastado de seus lábios.

Capítulo 22 — COM UM BEIJO

> — *"Salve, Rabi!"*
> *e o beijou.*
> *Jesus respondeu-lhe:*
> — *"Amigo, para que estás aqui?"*
> (MATEUS, 26,49 e 50.)

A lua cheia derramava sua claridade sobre a filha de Sião, uma Jerusalém semiadormecida.

Um grupo numeroso de pessoas deixou a cidade e aproximou-se do Horto das Oliveiras, portando lanternas e archotes, espadas e paus.

MATEUS, 26:47 identificou entre elas os enviados dos principais sacerdotes (a nobreza clerical) e dos anciãos do povo (a nobreza leiga). MARCOS, 14:43 relacionou os escribas entre os mandantes. LUCAS, 22:52 registrou que os próprios chefes dos sacerdotes, os chefes da guarda do Templo e os anciãos foram prender Jesus, no que, certamente, equivocou-se. JOÃO, 18:3, todavia, referiu-se a uma coorte romana e guardas dos judeus destacados pelos chefes dos sacerdotes e fariseus, todos conduzidos por um tribuno (18:12).

Estes seriam os executores da prisão de Jesus: a polícia do Templo, integrada por levitas, os servos de judeus importantes (da nobreza clerical e leiga) e uma tropa de soldados imperiais.

Os textos sinópticos omitem, mas o quarto evangelho sugere a participação romana, quando menciona uma coorte, ou seja, um destacamento da guarnição romana de Jerusalém. O texto joanino estará correto?

Ainda que sim, sua alusão à *coorte* precisa ser compreendida em sentido genérico, afinal não se concebe a necessidade de 600 soldados — ou um décimo de uma legião — para realizar a prisão de um mestre e poucos discípulos.

Parte dos especialistas defende que o relato joanino merece crédito. Ele teria preservado uma tradição corrente, que denunciava a coligação romana na prisão de Jesus.

O primeiro evangelho consolidado, Marcos, foi escrito em Roma, para difusão do Cristianismo na Cidade Eterna, provavelmente algo depois do ano 70. A insurreição judaica contra os romanos havia sido esmagada por Tito há pouco, culminando com a destruição do Templo. Desde agosto de 64, após o famoso incêndio em Roma, atribuído ardilosamente por Domício Nero aos cristãos, o Império iniciara o período de perseguições às comunidades cristãs, interpretando os seguidores do Cristo como uma perigosa seita apocalíptica judaica, um foco de agitação política, cuja propagação poderia causar ruptura na ordem pública, em face das ideias de igualdade e de não violência difundidas. Era a *exitiabilis superstitio*, superstição funesta, no dizer de Tácito.

Talvez 93% da população do Império Romano fosse politeísta. Os deuses interviriam na vida humana — conforme se pensava — dando-lhe prosperidade e paz em troca de simples atos de adoração coletiva, familiar e individual. Males e ameaças de males significavam que os deuses estavam insatisfeitos com as homenagens prestadas ou não prestadas. O povo e muitas autoridades, visto que os cristãos se negavam à adoração politeísta, supunham na recusa cristã a justificativa para variadas crises: epidemias, guerras, catástrofes naturais, acidentes, improdutividade agrícola etc. As perseguições, aos olhos das massas, eram entendidas como oportunidades aos cristãos de se redimirem, adorando os deuses segundo os rituais necessários. A resistência pedia o sacrifício como forma de desagravo dos deuses ofendidos.

No fundo, porém, os cristãos eram odiados porque seus membros cultivavam o dever e não se associavam aos costumes dissolutos da época, razão de serem taxados de antisssociais.

Os célebres martírios, desde então, tingiriam com sangue 249 anos de história, até que Constantino publicasse o Édito de Milão (313 d.C.), licenciando os cristãos para o exercício e o ensino público da doutrina de Jesus.

CAPÍTULO 22 | COM UM BEIJO

O notável Paul Winter (1998, p. 105-106) observou que se Marcos

> dissesse que foram os soldados do imperador que detiveram Jesus, o evangelista atrairia mais oposição à sua causa e tornaria mais difícil para si próprio atingir seu objetivo: convencer os leitores (romanos) do caráter apolítico da mensagem de salvação através de Jesus.

E acrescentou Winter (1998, p. 105):

> parece mais provável que a participação romana tenha sido omitida pelo autor do segundo evangelho, e não inventada pelo autor do quarto.

Três indícios ofereceriam consistência à proposição joanina. Primeiro, os quatro evangelhos contam que Pôncio Pilatos estava pronto para o julgamento de Jesus na manhã seguinte, pressupondo anterior conhecimento da prisão de Jesus. Segundo, o grupo que encontrou Jesus no Getsêmani estava dividido em duas facções: uma trazia espadas e outra, paus — espadas à coorte romana, paus aos guardas judeus, como seria mais apropriado aos guardas de um povo dominado. Terceiro, o Evangelho de João apresenta uma nítida tendência a reduzir o papel dos romanos no julgamento e condenação de Jesus, ele atribui quase inteiramente aos judeus a responsabilidade pela morte de Jesus. Sendo assim, a inclusão dos romanos na cena do Getsêmani revela imparcialidade.

Carlos Torres Pastorino (1971, p. 69) advogou o contrário: militares romanos não participaram do grupo que prendeu Jesus, embora o texto de João diga-o liderado por um tribuno (grego: *chiliárchos*). O nobre professor da língua de Homero sustentou a impropriedade de se traduzir o grego *máchaira* por *espada*, como fazem variadas versões bíblicas. *Máchaira*, facões. Se quisesse exprimir *espada*, o texto grego utilizaria *xíphos*. Todavia, nem *xíphos* nem *lógchê* (lança) e, sim, *máchaira* e *xylos*, isto é, facões e paus.

A presença romana durante a prisão de Jesus não é questão secundária. Essa discussão introduz o grande debate sobre os responsáveis pela condenação e morte de Jesus.

Por que Pilatos ou alguma outra autoridade romana interferiria com seus legionários nos propósitos dos judeus?

Os acontecimentos recentes relacionados a Jesus — desde a entrada triunfal, passando pela expulsão dos vendilhões do Templo até os debates públicos com a casta sacerdotal — devem ter elevado a vigilância dos romanos, sobretudo após o episódio com os revoltosos que tentaram tomar a Fortaleza Antônia, entre eles, Barrabás.

Conforme o Espírito Emmanuel, Pilatos sabia que Jesus entrou em Jerusalém aclamado pela massa popular, entre palmas e flores. (XAVIER, 2013f, Pt. 1, cap. VIII, p. 107.)

Mas o que ocasionou a prisão?

O Evangelho de Marcos (11:15 a 18) situa a origem da conspiração para a morte de Jesus logo após a expulsão dos vendilhões do Templo:

> E entrando no Templo, ele começou a expulsar os vendedores e os compradores que lá estavam; virou as mesas dos cambistas e as cadeiras dos que vendiam pombas, e não permitia que ninguém carregasse objetos através do Templo. E ensinava-lhes, dizendo: "Não está escrito: Minha casa será chamada casa de oração para todos os povos? Vós, porém, fizestes dela um covil de ladrões!" Os chefes dos sacerdotes e os escribas ouviram isso e procuravam como o matariam; eles o temiam, pois toda a multidão estava maravilhada com o seu ensinamento.

Alguns estudiosos indicam essa passagem como fundamento da prisão de Jesus, que teria sido adiada para um momento em que não causasse revolta ao povo, francamente admirado com os feitos e os ensinos do jovem galileu. O Templo era o local da convergência religiosa e política de Israel. A Páscoa atraía dezenas de milhares de hebreus para relembrar a libertação do povo escolhido do cativeiro egípcio. Israel estava outra vez sob cativeiro. Antes, o Egito; agora, Roma. A conduta de Jesus no Templo pode ter sido entendida como um ato intencionalmente voltado a deflagrar uma rebelião coletiva, diante da insatisfação da maioria israelita, pobre e oprimida por tributos do Templo e do Império, enquanto o alto clero e os nobres, bem como os dominadores estrangeiros, esbanjavam riquezas, em luxo e fausto. Interpretado como um camponês subversivo, causador de desordens e desafios aos poderes constituídos, Jesus teve sua prisão ditada pelo orgulho, intolerância e autopreservação dos príncipes judeus.

Há autores, baseados no Evangelho de João (11:46 a 50), que supõem na ressurreição de Lázaro a força desencadeante da conspiração:

> Mas alguns dirigiram-se aos fariseus e lhes disseram o que Jesus fizera. Então, os chefes dos sacerdotes e os fariseus reuniram o Conselho e disseram: "Que faremos? Esse homem realiza muitos sinais. Se o deixarmos assim, todos crerão nele, e os romanos virão, destruindo o nosso lugar santo e a nação". Um deles, porém, Caifás, que era sumo sacerdote naquele ano, disse-lhes: "Vós de nada entendeis. Não compreendeis que é de vosso interesse que um só homem morra pelo povo e não pereça a nação toda?"

Aqui, o ciúme e a inveja pelo êxito de Jesus junto às multidões se aliam ao temor pela formação de um movimento político popular, provocando reação militar romana.

Poder-se-ia também recordar o discurso de Jesus, naqueles dias da Páscoa, desmascarando a hipocrisia e a vaidade dos escribas e fariseus (MATEUS, 23) — outro ingrediente a favorecer a reação criminosa contra Ele.

Contudo, é necessário identificar, nas ideias e exemplos de Jesus, os reais motivos do crime contra Ele praticado.

Jesus difundiu princípios renovadores de consciências. O amor como fim; a posse a serviço do bem comum; o perdão incondicional e incessante; a fraternidade e a solidariedade como metodologias pessoais e coletivas de felicidade. Tudo isso num mundo dividido, por um lado, entre senhores e súditos; e, por outro, escravos e párias. A afronta de propor um reino de que todos participassem com igualdade — inclusive aqueles últimos — angariaria hostilidades em qualquer sociedade humana, por muitos séculos.

Judas marchou à frente do grupo para indicar o lugar e identificar o prisioneiro com um sinal: um beijo. João realça que Judas conhecia bem o lugar onde poderia encontrar Jesus, pois os discípulos se reuniam com frequência com Ele no Jardim das Oliveiras.

John Dominic Crossan (1995b, p. 91) contesta a historicidade desse beijo, alegando que "um aperto de mão, abraço ou beijo em público exige, dos envolvidos, crescentes níveis de proximidade em lealdade, amizade e assistência mútua". Para Crossan, o texto de Marcos (copiado pelos demais evangelhos) somente pretendeu fazer mais odiosa a traição de Judas. No cosmo cultural mediterrâneo, trair após um beijo era vergonhoso, trair com um beijo era infame.

O beijo de respeito é sinal de paz e cortesia natural no Oriente; mais ainda entre um discípulo e seu mestre. Se em outras partes dos evangelhos não se vê Jesus e seus discípulos oferecendo-se beijos, é porque em nenhum outro contexto um beijo se mostrou elemento tão marcante e significativo para ser anotado.

A despeito das controvérsias alimentadas pelos especialistas, as fontes espirituais colocam Judas à frente do grupo responsável pela prisão de Jesus (FRANCO, 2000, p. 146) e salientam o beijo infeliz (XAVIER, 2003, p. 49).

Mateus narra que Jesus ainda falava aos discípulos, quando Judas, à frente do numeroso grupo, exclamou:

— "Salve, Rabi!"

E lhe deu um beijo.

Jesus lhe disse:

— "Amigo, para que estás aqui?" (MATEUS, 26:50.)

Apesar da luz lunar, os archotes e o beijo são necessários para se identificar o procurado naquela área escura de vegetação e grutas.

Judas oferece o beijo de discípulo e diz:

—"Salve, Rabi!"

Jesus tudo compreende, mesmo assim dirige-se ao delator chamando-o de amigo.

LUCAS, 22:48 soma ao diálogo de Jesus e Judas uma pergunta:

— "Judas, com um beijo entregas o Filho do Homem?"

À frente daqueles olhos que tão bem conhecia, serenos e bons, Judas nada pôde responder. A indagação de Jesus ungiu-se de profunda melancolia. É de se imaginar o quanto ela martirizou a alma do discípulo infiel, até que sua consciência imortal engendrasse o autoperdão, nalguma estação do tempo futuro, e sublimasse a recordação daquela inesquecível entonação.

João, 18:4 a 6 esclarece que Jesus, embora sabendo do que se tratava, adiantou-se e perguntou a seus captores:

— "A quem procurais?"

Responderam:

— "Jesus, o Nazareu".

Houve um momento suspenso, de expectativa, até que Ele, sereno, respondeu:

— "Sou eu".

Alguns retrocederam e caíram no chão, "porque não aceitaram que Aquele fosse o criminoso que buscavam, não o acreditaram, ficando aturdidos", explicou Amélia Rodrigues. (FRANCO, 2000, p. 146.)

Jesus insistiu:

— "Eu vos disse que sou eu; mas, se me procurais, deixai estes irem embora".

O Evangelho de João (18:10) descreve a agressão de Simão Pedro contra Malco, o servo do sumo sacerdote, decepando-lhe a orelha.

Jesus advertiu seu discípulo:

— "Embainha a tua espada. Deixarei eu de beber o cálice que o Pai me deu?" (18:11)

Para MATEUS, 26:52, a advertência a Pedro foi outra:

— "Guarda a tua espada no seu lugar, pois todos os que pegam a espada pela espada perecerão".

LUCAS, 22:35 a 38 narra as advertências com que Jesus, ainda no cenáculo, procurou despertar ânimo forte e prontidão nos discípulos, para aquele momento que marcaria o início de seu sacrifício:

— "Quando eu vos enviei sem bolsa, nem alforje, nem sandálias, faltou-vos alguma coisa?" — "Nada", responderam.

Ele continuou:

— "Agora, porém, aquele que tem uma bolsa tome-a, como também aquele que tem um alforje; e quem não tiver uma espada, venda a veste para comprar uma. Pois eu vos digo, é preciso que se cumpra em mim o que está escrito: *Ele foi contado entre os iníquos*. Pois também o que me diz respeito tem um fim".

Disseram eles:

— "Senhor, eis aqui duas espadas".
Ele respondeu:
— "É o suficiente!"

Jesus, ante a dura provação que seus discípulos enfrentariam a partir de poucos instantes, lembra a assistência da Providência divina, que lhes supriu as incapacidades pessoais nas primeiras experiências apostólicas.

No simplório e literal entendimento de um dos discípulos, se Jesus aconselhava a posse de *máchaira* (facão), eles possuíam dois facões. Resignado, sem poder prosseguir nos alertas em face da limitada faixa de entendimento revelada, Jesus asseverou que era o quanto bastava e se dirigiu ao Monte das Oliveiras. O que poderia a inferioridade de dois facões contra a numerosa guarda que viria aprisioná-lo? Nada! Era o suficiente para que o bom senso desautorizasse qualquer reação. Não obstante, alguém questionou Jesus na presença de seus captores, antes que Simão golpeasse Malco:

— "Senhor, e se ferirmos à espada?" (LUCAS, 22:49.)

A espada em mãos de Simão já provocou muita controvérsia entre os estudiosos. Alguns procuraram ver na arma que Pedro portava uma metáfora, o que não parece devido. Além da posição de Carlos Torres Pastorino — traduzindo *máchaira*, em vez de espada, por facão, normal na mão de um pescador —, Luís Alonso Schökel lembra que a palavra *espada*, no grego, também podia designar um punhal ou navalha de uso pessoal e pacífico. (BÍBLIA, 2000, p. 115, nota 26,51.) Seja como for, Simão sacou um objeto e, arma ou não, feriu uma pessoa. O objeto produziu violência. Quem gera violência pode se tornar vítima dela. A cena retrata outra vez a ambivalência que marcou parte da trajetória do apóstolo, em seu conflito pessoal e obsessivo: fé e dúvida, afirmação e negação, mansidão e violência; para que, no futuro, Pedro amadurecesse no amor.

LUCAS, 22:51 a 53 conta que Jesus estancou a hemorragia no ferido e censurou seus captores:

— "Como a um ladrão saístes com espadas e paus? Eu estava convosco no Templo todos os dias e não pusestes a mão sobre mim. Mas é a vossa hora, e o poder das Trevas".

Jesus repugna a covardia maliciosa de seus algozes. Ele não se comportava como um líder clandestino que urdisse atividades criminosas na calada da noite. Um malfeitor, sim, poderia ser encontrado em seu covil à noite. Ele era um mestre e, como tal, poderia ser facilmente encontrado durante o dia, em meio aos aprendizes.

Marcos amplia a cena e salienta que, nessa hora, todos os discípulos fugiram, abandonando-o.

Judas não foi o único a ser fraco.

O Espírito Emmanuel (XAVIER, 2003, p. 50), em uma de suas páginas repletas de sabedoria, escreveu:

> Jesus, nas horas derradeiras, deixa uma lição aos discípulos do futuro. Não são os inimigos declarados de Sua Missão Divina que vêm buscá-Lo em Gethsemani. É um companheiro amado. Não é chamado à angústia da traição com violência. Sente-se envolvido na grande amargura por um beijo. O Senhor conhecia a realidade amarga. Conhecera previamente a defecção de Judas: É assim que me entregas? — falou ao discípulo. O companheiro frágil perturba-se e treme.

Outra lição atravessou dois milênios, gravada no silêncio de Judas. O nobre benfeitor espiritual ainda ponderou:

> Não devemos comentar o quadro, em vista de que, quase todos nós temos sido frágeis, mais que Judas, mas não podemos esquecer que o Mestre foi traído com um beijo.

Capítulo 23 | PERANTE ANÁS E CAIFÁS

> *"Que pensais?" Eles responderam: "É réu de morte". E cuspiram-lhe no rosto e o esbofetearam. Outros lhe davam bordoadas, dizendo: "Faze-nos uma profecia, Cristo: quem é que te bateu?"*
>
> (MATEUS, 26:66 a 68.)

O sumo sacerdote projetava-se como a personagem mais importante da teocracia judaica, na ausência de um rei. Era o mandatário de Iahweh na Terra, detentor da "santidade eterna".

Dos deveres desse príncipe — além de ser o primeiro representante do povo, na fase sem rei, e além da direção do Templo e do Sinédrio — destacavam-se suas responsabilidades junto à liturgia relacionada ao Dia das Expiações, prescritas por Iahweh a Moisés, notadamente os sacrifícios de animais realizados, sob sua presidência, para purificar os seus e os pecados do povo.

Também lhe competiam diversas atividades cultuais nas festas de peregrinação (Páscoa, Pentecostes e Tabernáculos).

Joachim Jeremias (2005, p. 208-212) esclarece que o supremo atributo dessa função religiosa era cumprir a expiação pela comunidade. As vestes eclesiásticas do príncipe clerical constituíam um símbolo do Judaísmo, e possuíam virtudes expiatórias. A vestimenta compunha-se de oito peças: túnica de bisso (espécie de linho finíssimo), calção de bisso, turbante, cinto, peitoral, o efó (larga faixa de tecido munida de alças), a túnica por baixo com capuz, o diadema de ouro (colocado sobre o turbante). Cada peça do traje liberava determinados pecados. O diadema de ouro, por exemplo, nos sacrifícios do Templo, expiava a impureza do sangue do animal ofertado e as impurezas do fiel ofertante.

A vida santificada do sumo sacerdote dava à sua morte o poder de expiar homicídios por negligência e mesmo homicídios intencionais praticados por judeus, isentando seus autores de punição.

No tempo de Jesus, tão preciosos paramentos não estavam à disposição irrestrita do sumo pontífice. Desde Herodes, o Grande, passando por seu filho Arquelau, ocorrendo o mesmo durante a administração romana da Judeia, o traje era guardado na Fortaleza Antônia, dentro de Jerusalém.

Mas essa restrição não foi imposta pelos romanos. O sumo sacerdote Hircano mandara construir uma torre perto do Templo e nela passou a guardar o traje, sendo seguido no exemplo por seus sucessores. Quando Herodes subiu ao trono, achou a localização dessa torre muito vantajosa e transformou-a na Fortaleza Antônia — em homenagem a Marco Antônio, o general romano, seu amigo. Herodes determinou que, a partir daí, o traje fosse guardado numa câmara de pedra lacrada com o selo dos sacerdotes, dos guardas do tesouro do Templo e do comandante militar romano, para apenas ser entregue ao sumo sacerdote sete dias antes de cada uma das três grandes festas do ano. Com os romanos, esse procedimento permaneceu de 6 a 37 d.C., até que Lucius Vitellius, buscando reconquistar a confiança dos judeus na administração romana da Judeia, reintegrou a vestimenta à guarda do Templo. Em 44 d.C., o imperador Cláudio, por um pronunciamento real, confirmou a decisão de Vitellius.

Entre os privilégios do cargo de sumo sacerdote, o maior consistia em penetrar no Santo dos Santos. O Santo era formado de uma câmara, com paredes recobertas de ouro, e peças de arte e culto: o imenso candelabro de ouro maciço, de sete braços, a mesa de ouro maciço dos pães da proposição. Naquele recinto poderiam acontecer aparições divinas ao sumo sacerdote.

Yosef Qayyafa (José Caifás), sumo sacerdote em exercício nos anos 18 a 37 d.C., desposara a filha de Anás, ex-sumo sacerdote, de 6 a 15 d.C.

Marcos relata que Jesus, uma vez preso, foi conduzido à presença de Caifás, para interrogatório.

João, porém, informa que a coorte romana e os guardas do Templo, liderados por um tribuno, ataram as mãos de Jesus e o apresentaram primeiro a Anás, sogro de Caifás.

A substituição de um sumo sacerdote não lhe afastava as prerrogativas da função, senão aquela de ingressar no Santo dos Santos e de praticar alguns atos litúrgicos. Permanecia detentor de uma "santidade eterna". LUCAS, 3:2, quando João Batista inicia suas pregações, trata Anás como sumo sacerdote, ao lado de Caifás. Lucas anotou, em ATOS DOS APÓSTOLOS, 4:6, quando foram presos Pedro e João: "Estava presente o sumo sacerdote Anás, e também Caifás, Jônatas, Alexandre e todos os que eram da linhagem do sumo sacerdote".

Jônatas e outros quatro filhos de Anás seriam sumos sacerdotes, como também alguns de seus netos. Anás fruía de poder e prestígio, fazia parte dos meios ricos; porém, não desfrutava da melhor reputação. Uma canção difamatória do *Talmud* dizia:

> Ai de mim diante da casa de *Boethus*: ai de mim diante dos seus bastões! Ai de mim diante da casa de *Annas*; ai de mim por causa das suas denúncias! Pois eles são sumos sacerdotes e seus filhos tesoureiros e seus genros administradores e seus servos espancam o povo com bastões. (KELLER, 1978, p. 378.)

Jesus é trazido ao palácio de Anás, na parte alta e territorialmente nobre de Jerusalém. A mansão possuía um grande pátio, um porteiro e outros servos. As residências dos sumos sacerdotes ostentavam grande luxo.

Trajando túnica branca, turbante trespassado por fios de ouro, Anás interroga Jesus sobre seus discípulos e sua doutrina. E Jesus lhe responde (JOÃO, 18:20 a 23):

— "Falei abertamente ao mundo. Sempre ensinei na sinagoga e no Templo, onde se reúnem todos os judeus; nada falei às escondidas.

Por que me interrogas? Pergunta aos que ouviram o que lhes falei; eles sabem o que eu disse".

De fato, um conspirador não atua à luz do dia.

Um dos guardas, ante a serena e sensata consideração de Jesus, bate-lhe no rosto:

— "Assim respondes ao sumo sacerdote?"

Jesus, sem alteração, questiona o agressor:

— "Se falei mal, testemunha sobre o mal; mas, se falei bem, por que me bates?"

O Espírito Camilo interpretou com fina argúcia: a ocasião não podia ser melhor para aquele guarda tirar proveito pessoal, bajulando seu superior, mesmo em exibição de covardia, diante daquele manso. (TEIXEIRA, 1997, p. 92.)

Camilo revelou:

> Nas dobras do tempo, contudo, a mão que esbofeteou o Nobre Amigo, veio a tornar-se apoio aos desvalidos numerosos das estradas ásperas do mundo, fazendo-se todo sentimento socorrista, transformado, o violento de outrora, nas vias de testemunho luminoso de amor e fidelidade ao Cristo, nas fileiras do cristianismo adiante. (TEIXEIRA, 1997, p. 95.)

A reação de Anás é enviar Jesus ao sumo sacerdote em exercício.

Do ponto de vista técnico e jurídico, não há necessidade da presença de Jesus perante Anás. O breve relato de João — cena que deve ser encaixada dentro da narrativa dos evangelhos sinópticos — fornece a impressão de um simples interrogatório preliminar, presidido pelo ex-sumo sacerdote. Talvez uma honra a Anás, pelos que querem agradá-lo; talvez um desejo do próprio Anás, quem sabe para ver, de perto, a extraordinária figura do Nazareno. O processo e formal julgamento ocorrerão pela manhã, depois do cantar do galo e das negações de Simão Pedro. LUCAS, 22:66 informa: "Quando se fez dia, reuniu-se o conselho dos anciãos do povo, chefes dos sacerdotes e escribas, e levaram-no para o Sinédrio".

O Sinédrio, o Grande Conselho de 71 membros, a mais alta corte no campo administrativo e religioso, a suprema instância judiciária judaica, estendia suas atribuições aos judeus do mundo inteiro.

Embora Marcos deixe entender que Jesus foi levado do local de sua prisão até a casa de Caifás, onde o Sinédrio se reuniu para uma sessão noturna; fato é que os escritos de Flávio Josefo e a literatura rabínica não indicaram a existência de qualquer outra reunião do Sinédrio na casa de um sumo sacerdote.

Lucas contrasta com Marcos, pois apresenta a reunião do Conselho pela manhã, na casa do Conselho. Quando a versão lucana disse "levaram-no para o Sinédrio", subentende-se que *Sinédrio* apareceu como referência à sede, ao edifício, e não ao Conselho em si. Quando Lucas descreve que Jesus foi preso e introduzido na casa do sumo sacerdote, estaria falando de Anás, em cujo pátio o evangelista descreve as negações de Pedro? O texto "Quando se fez dia [...] levaram-no para o Sinédrio" explicita que Jesus foi transportado da casa de Anás para a sede do Conselho, onde se apresentaram testemunhas contra Jesus e se verificou seu interrogatório.

Paul Winter (1998, p. 62), confrontando Marcos e Lucas, nesse ponto, analisou:

> A versão lucense é livre da influência marquense. Não apenas o cenário e a ordem do tempo são diferentes; também o vocabulário varia de tal modo que *a priori* se torna improvável que o terceiro evangelista tivesse, nesse caso, recorrido ao segundo evangelho como fonte. Segundo Lucas, Jesus foi escarnecido e maltratado depois de sua prisão, mas antes da sessão do Sinédrio; os escarnecedores eram os carcereiros. Segundo Marcos, o escárnio ocorre depois da sessão do Sinédrio no palácio do hierarca, e são alguns membros da Corte Suprema que tomam parte da farsa cruel. Os atos dos membros do Conselho são definidos por Marcos como [...] [cuspir, cobrir, esbofetear] [...]. Em Lucas, aparecem os verbos [...] [zombar, espancar, cobrir e blasfemar], todos referindo-se ao comportamento dos carcereiros.

Logo, em Lucas, a tradição primitiva foi conservada com mais exatidão. Sobre o veredicto da corte judaica, contudo, os evangelhos não dissentem: "réu de morte".

Desde a recuperação de Lázaro procuravam matá-lo. Narra o evangelho atribuído a João, 11:48 que os sacerdotes principais e fariseus reuniram o Conselho e discutiram sobre os fenômenos que Jesus operava, argumentando uns que a admiração das massas e os já muitos adeptos de sua doutrina representavam perigo para Israel: "[...] todos crerão nele e os romanos virão, destruindo o nosso lugar santo e a nossa nação". Caifás dirigia aquela sessão do Sinédrio e propôs: "[...] é de vosso interesse que um só homem morra pelo povo e não pereça a nação toda?". (João, 11:50.)

Após a expulsão dos vendilhões do Templo, os chefes dos sacerdotes e escribas cogitavam um meio de matá-lo. (Marcos, 11:18.) Dois dias antes da prisão de Jesus, no pátio da casa de Caifás, uma reunião do alto clero e da nobreza leiga urdia sua prisão e morte, por um modo que não trouxesse tumulto à festa da Páscoa. (Mateus, 26:3 a 5.)

Por isso, decidida a sua morte antes do trâmite legal do processo, as autoridades judaicas já não estavam preocupadas com as regras e formalidades pertinentes.

Muitos especialistas não creem que Jesus tenha sido conduzido ao Sinédrio para uma sessão regular de trabalhos, após sua passagem pelo palácio de Anás. Jacques Duquesne (2005, p. 237), entre eles, relacionou alguns argumentos:

> A acusação não devia ser feita na casa do sumo sacerdote, mas no recinto do Templo (exatamente no "quarto de pedra talhada"); era preciso prorrogar a execução de uma condenação pelo Sinédrio durante 24 horas ao menos, o que não ocorreu; os direitos da defesa tinham de ser respeitados, o que também não ocorreu; Jesus não foi enterrado num dos dois lugares previstos pelo Sinédrio para os condenados à morte. Se os rigorosos fariseus, alguns dos quais certamente eram membros do Sinédrio, tivessem participado da reunião na casa de Caifás, teriam sem dúvida exigido a aplicação estrita das regras, assim como fizeram no ano 62, quando o sumo sacerdote saduceu Ananias convocou o Sinédrio sem avisá-los, para condenar Tiago, irmão de Jesus, e alguns outros cristãos. A desobediência às regras processuais no caso de Tiago tornou a sessão ilegal, e o sumo sacerdote foi punido com a suspensão de suas funções.

CAPÍTULO 23 | PERANTE ANÁS E CAIFÁS

Duquesne sugeriu (2005, p. 238), com plausibilidade, que o julgamento de Jesus pelos judeus deve ter sido realizado por uma assembleia de representantes da maioria no Sinédrio (como acontece nos modernos parlamentos), composta pelos mesmos que já haviam decidido sua morte, com a cumplicidade e passividade da maioria, pois era suficiente para uma condenação a presença de 23 juízes dos 71 integrantes.

Marcos conta que eles "procuravam um testemunho contra Jesus para matá-lo", mas as declarações incriminadoras que se levantaram contra Jesus não eram coerentes. A regra exigia no mínimo dois testemunhos coincidentes. Mateus mencionou algumas testemunhas falsas. E citou duas cujas declarações consistiam em terem ouvido Jesus prometer destruir o Templo e em três dias levantar outro.

Ante a ineficiência dos malsinados esforços probatórios, interfere José Caifás e indaga de Jesus se Ele é o Cristo, o Filho de Deus. Replica-lhe o sereno galileu (MATEUS, 26:64):

— "Tu o disseste. Aliás, eu vos digo que, de ora em diante, vereis o Filho do Homem sentado à direita do Poderoso e vindo sobre as nuvens do céu".

Dessa afirmação de Jesus aproveita-se Caifás para declará-lo blasfemo. A pena por blasfêmia prescrita no LEVÍTICO, 24:16 era a morte por apedrejamento. Em que consistiu a blasfêmia? Israel, segundo as profecias, receberia de Iahweh o poder sobre todas as nações. Jesus, com sua afirmativa, propõe que esse poder seria dado a Ele, não a Israel, e, ao mesmo tempo, reconhece implicitamente ser o Messias, constituindo isso valiosa razão política para apresentá-lo a Pilatos, pois seria, então, o libertador da nação, o condutor de Israel à hegemonia política do mundo.

Alguns estudiosos justificam o interesse dos judeus em entregar Jesus ao governante romano baseados na assertiva de Flávio Josefo, segundo a qual o Império, no ano 6 d.C., subtraíra dos judeus o *jus gladii*, o direito de executar suas sentenças de morte, passando a submetê-las à confirmação do procurador romano. (KELLER, 1978, p. 379.) Uma fórmula jurídica do *Talmud* parece corroborar a informação de Josefo. João também faz alusão a essa proibição. Conforme João, Pilatos disse aos acusadores de Jesus: "Tomai-o vós mesmos, e julgai-o conforme a vossa Lei".

E responderam ao procurador romano: "Não nos é permitido condenar ninguém à morte". (João, 18:31.)

Não é, porém, o que se depreende da morte de Estêvão. Cerca de dois anos depois da crucificação de Jesus, Estêvão é julgado também por blasfêmia (Atos dos Apóstolos, 6:11) e, em seguida ao seu discurso de defesa perante o Sinédrio, "[...] arrastando-o para fora da cidade, começaram a apedrejá-lo" (Atos dos Apóstolos, 7:58).

Joachim Jeremias (2005, p. 246 e 302) narrou a condenação à morte imposta pelo Sinédrio à filha de um sacerdote surpreendida em adultério, ao tempo de Agripa I (41 a 44 d.C.). Acrescentou o erudito pesquisador que a decisão, nesse caso, obedeceu não ao direito farisaico, mas ao saduceu. O direito farisaico propunha que a pena de morte por fogueira (Levítico, 21:9) se aplicava internamente, infligida com chumbo derretido derramado pela boca do réu. O direito saduceu defendia queimar os culpados exteriormente, por fogueira tradicional. Assim, a jovem Imarta Bath Tali foi queimada publicamente em Jerusalém.

Incontestável exemplo de autonomia jurídico-criminal se extrai do julgamento e da execução de Tiago. Escreveu Flávio Josefo (2005, p. 925):

> Anano [...] era homem ousado e empreendedor, da seita dos saduceus, que, como dissemos, são os mais severos de todos os judeus e os mais rigorosos nos julgamentos. Ele aproveitou [...] para reunir um conselho, diante do qual fez comparecer Tiago, irmão de Jesus, chamado Cristo, e alguns outros; acusou-os de terem desobedecido às leis e os condenou ao apedrejamento.

Parece suficientemente demonstrado o exercício da justiça criminal pelos judeus, com possibilidade de sujeição dos veredictos à pena de morte. Se essa faculdade não foi empregada no caso de Jesus, foi por mera conveniência, qual seja, transferir a responsabilidade de sua morte à autoridade romana, num exercício de autopreservação da elite judaica perante o povo. A aristocracia clerical, especialmente os saduceus, entre os quais se escolhiam o sumo sacerdote e principais dirigentes religiosos, enfrentava um progressivo descontentamento das massas. Seus privilégios e fortunas, criminosamente desfrutados pelo papel de intermediar as relações do Império Romano e do povo subjugado, necessitavam ser protegidos. Os nobres judeus nem podiam tolerar um movimento popular que provocasse desestabilidade social, e consequente intervenção militar romana, nem podiam se indispor ainda mais com o povo.

Paul Winter (1998, p. 41) comentou o impedimento proposto por João:

> Se o segundo evangelista tivesse a informação que aparece em Jo 18:31b, ele a teria passado a seus leitores para motivar sua história e explicar por que Jesus, já condenado à morte, foi levado a um novo julgamento diante do governador. E teria explicado por que ele, condenado [...] [por blasfemar], foi na verdade executado por conta de uma acusação diferente. [...]. O segundo evangelista teria perspicácia bastante para perceber essa incoerência. Como não menciona qualquer impedimento legal à autoridade do Sinédrio, devemos presumir que ele não sabia de qualquer impedimento.

O Império Romano sempre priorizou a administração indireta, sendo sua política geral deixar à cidade-estado, conquistada ou anexada, a competência para organizar suas instituições judiciárias (na defesa dos interesses que não diziam respeito a Roma), de modo que as questões locais fossem resolvidas por tribunais locais. Por isso, os líderes judeus mais de uma vez mostraram preferência por um governador romano a um príncipe local.

Depois da morte de Herodes, o Grande, embaixadores do Sinédrio foram a Roma dizer a César Augusto que preferiam um prefeito imperial estrangeiro a qualquer dos filhos de Herodes. Dez anos após, fizeram o mesmo quanto a Arquelau, comunicando as arbitrariedades do etnarca e conseguindo sua deposição, para, a partir daí, sujeitarem-se ininterruptamente à administração de procuradores de Roma. Essa preferência só encontra respaldo numa conclusão: os direitos tradicionais dos judeus de autodeterminação eram mais respeitados pelos administradores imperiais. Os romanos não tinham interesse na jurisdição interna dos judeus e só aceitaram mandar um governador para a Judeia com relutância, pela necessidade de proteger as estradas que comunicavam a Síria ao Egito.

Muito provavelmente, os prefeitos romanos se reservavam o poder de julgar e punir infrações capituladas como insurreição, alta traição ou perturbação da ordem pública. Quanto aos temas de ordem religiosa, e nos demais casos previstos na legislação mosaica, a autonomia judaica foi preservada, abrangendo mesmo o poder de julgar sobre vida e morte, e a respectiva execução da sentença, inclusive com diferentes tipos de penas capitais.

É preciso reconhecer, todavia, que, do ponto de vista histórico, não há confirmação sobre a competência legal do Sinédrio para a aplicação da pena capital por autoridade própria. E talvez esse seja um enigma insolúvel, se depender das fontes humanas.

Seja como for, os evangelhos num ponto não deixam dúvidas: no edifício destinado ao desempenho das funções do Grande Sinédrio, o tribunal judaico, ou uma comissão de seus representantes, interpelado por Caifás, julgou Jesus *réu de morte*.

A sessão judicial foi encerrada e sua condenação aprovada.

O manso então foi ultrajado: cuspiram-lhe no rosto, esbofetearam-no; fizeram zombarias. Cruel brincadeira divertiu os circunstantes: cobriram-lhe o rosto com um pano e, dando-lhe golpes, escarneceram:

— "Faze-nos uma profecia, Cristo: quem é que te bateu?"

Capítulo 24 | NEGAÇÕES DE PEDRO

Homem fraco na fé, por que duvidaste?
(MATEUS, 14:31.)

O alto relevo de sua imagem — a gravura de um homem lançando redes de pesca — tornar-se-ia no futuro um poderoso símbolo na mão esquerda do pontífice da Igreja de Roma, o Anel do Pescador.

Entretanto, Pedro, a *rocha*, apelido que evocava o vigor de seu caráter, vivia naqueles momentos grave vulnerabilidade.

Jesus havia alertado aos seus:

— "Nesta noite todos vós tropeçareis por minha causa". (BÍBLIA, 2000 – MATEUS, 26:31.)

Mas Pedro, insubmisso, respondeu:

— "Ainda que todos tropecem esta noite, eu não tropeçarei".

Pedro tinha crises obsessivas costumeiras (XAVIER, 2013h, cap. 18, p. 66), como se observa nos acontecimentos da estrada de Cesareia de Filipe, no Getsêmani e no pátio das casas de Anás e Caifás.

O grupo caminhava certa manhã, quando Jesus indagou aos apóstolos:

— "Quem dizem os homens que é este Homem?" (BÍBLIA, 2000 – MATEUS, 16:13 e ss.)

Disseram:

— "Uns que é João Batista; outros, Elias; outros, Jeremias ou algum outro profeta".

Os apóstolos e o povo — demonstra a resposta — tinham a crença de que seus grandes vultos poderiam regressar à vida material, sob nova vestimenta carnal, reencarnando. Jesus não os corrige, prosseguindo com naturalidade o diálogo:

— "E vós, quem dizeis que eu sou?"

Simão Pedro, envolvido por força superior, redarguiu:

— "Tu és o Messias, o Filho de Deus vivo".

Jesus aprova:

— "Feliz és tu, Simão, filho de Jonas! Porque isso não te foi revelado por alguém de carne e sangue e sim por meu Pai do céu".

Ao mesmo tempo em que o Nazareno desvela sua identidade aos queridos companheiros, Ele valoriza o filtro mediúnico de Simão:

— "Pois eu te digo que tu és Pedro e sobre esta Pedra construirei minha igreja [...]. A ti darei as chaves do reino de Deus: o que atares na Terra ficará atado no Céu; o que desatares na Terra ficará desatado no Céu".

A caminhada avançou e, breves minutos depois, Jesus fez o primeiro anúncio da paixão e da ressurreição, predizendo as dores próximas do pesado tributo de renúncia. Os discípulos se atemorizaram e Pedro, exaltado, chamou Jesus em separado para censurá-lo:

— "Deus te livre, Senhor! Tal coisa não te acontecerá".

O que poderia parecer um consolo fraternal, Jesus desvendou como ardilosa infiltração obsessiva. O apóstolo cedia a entidade espiritual interessada em fazer o grupo recuar, insuflando medo, quando a determinação deveria prontificá-los até o testemunho mais sacrificante.

Amélia Rodrigues (FRANCO, 1981, p. 77) esclarece que, diante do que envolvia o discípulo além das zonas físicas, "Jesus profere a severa frase com que expulsa a insinuação e desarticula o programa de perturbações nefastas":

— "Retira-te, Satanás! Queres fazer-me cair. Pensas de modo humano, não de acordo com Deus".

O opositor espiritual se afasta. Pedro desperta.

> A delicada mediunidade do apóstolo que recebeu a inspiração do Céu, há pouco, num instante de invigilância sintoniza com a representação do mal de que se nutrem os Espíritos empedernidos

CAPÍTULO 24 | NEGAÇÕES DE PEDRO

na perversidade. Pela ponte mediúnica transitam anjos e demônios, conforme a concessão mental e emocional do seu detentor, a cada momento. (FRANCO, 1981, p. 77.)

Pois na noite da prisão de Jesus, nova crise obsessiva terá curso. Simão já havia resistido a que Jesus lhe lavasse os pés, no cenáculo, criticando a permissão dos demais apóstolos. Em breve, enquanto seu Mestre buscará na oração alívio à tristeza, no Jardim das Oliveiras, Pedro experimentará estranho cansaço, repentino e exauriente, que o subjugará ao sono. Depois agredirá Malco, o servo do sumo sacerdote, ferindo-lhe a orelha. O Amigo, no entanto, procurou preparar seu amigo para aquela travessia, alertando-o para as personalidades inferiores que, da esfera espiritual, estreitavam-lhe o cerco, explorando perigosamente sua fraqueza:
— "Simão, Simão, eis que Satanás pediu insistentemente para vos peneirar como trigo; eu, porém, orei por ti, a fim de que tua fé não desfaleça. Quando, porém, te converteres [arrependeres], confirma [fortalece] teus irmãos". (LUCAS, 22:31 e 32.)
A tolerância de Jesus à investida dos agressores espirituais da causa seria advertência permanente aos discípulos de todos os tempos, a recomendar humildade: "O trigo joeirado torna-se pão" e "ralar o grão é meio para libertar os recursos nutrientes que nele dormem". (FRANCO, 1993, p. 135.)
Pedro protestou; estava disposto a enfrentar prisão e morte com seu Mestre. Em sua inquietação espiritual, queria dar mostras de sua dedicação; mais por palavras, é verdade. Então, Jesus, melancólico, compreendeu que o apóstolo necessitava de nova lição e detalhou-lhe uma das antevisões de sua clarividência:
— "Em verdade te digo que esta noite, antes que o galo cante, me negarás três vezes". (MATEUS, 26:34.)
Horas adiante, Simão, desnorteado, seguia de longe o prisioneiro. Seriam esperáveis a prisão e a morte do Manso, mas não indispensáveis a traição, a negação e o abandono dos seus amigos.
Outro discípulo também acompanhava Jesus, e porque era conhecido do sumo sacerdote (conforme JOÃO duas vezes ressaltou — 18:15 e 16), ou

dos servos do sumo sacerdote (como entende boa parte dos especialistas), entrou na residência da autoridade eclesiástica com Jesus, até o interior do pátio, enquanto Pedro, que vinha mais distante, ficou à porta. O outro discípulo retornou, falou com a porteira [criada], e ela permitiu a entrada de Pedro. Nesse momento, a porteira questionou Simão:

— "Não és, tu também, um dos discípulos deste homem?" (JOÃO, 18:17.)

Respondeu ele:

— "Não sou".

A nobreza sacerdotal habitava a parte alta de Jerusalém. Segundo as tradições, as famílias do alto sacerdócio viviam em residências de grande luxo. O ex-sumo sacerdote, Anás, ocupava um palácio com dezenas de cômodos, servido por numerosa criadagem, e para essa casa Jesus foi levado logo após a prisão. Em seguida, teria sido conduzido ao não menos suntuoso palácio de Caifás, o sumo sacerdote em exercício.

A narrativa joanina situa pelo menos a primeira negação do apóstolo no pátio da mansão de Anás, valendo-se da técnica do relato simultâneo, descrevendo o interrogatório de Anás, com inserções do que acontecia em outro ambiente, o pátio. Os evangelhos sinópticos indicam o pátio da residência de Caifás como o cenário das negações, alternativa em geral preferida pelos estudiosos.

Paul Winter (1998, p. 66), em sua obra clássica, observou:

> Somos chamados a entender que, enquanto Pedro era abordado pelas criadas de algum personagem influente, sucumbindo diante de perguntas hostis, Jesus conservava a fé e mantinha a compostura diante da mais elevada autoridade do país, sem se importar com as consequências.

O outro discípulo que acompanhava o destino do prisioneiro Jesus era João, conforme a maioria dos comentaristas, encarnados e desencarnados. Há, porém, quem entenda se tratar de Nicodemos, por ser mais natural a ele conhecer o sumo sacerdote. Tendo introduzido Pedro no pátio, João foi a Betânia, para levar a Maria a notícia pesarosa. (XAVIER, 2013a, cap. 26, p. 170.)

CAPÍTULO 24 | NEGAÇÕES DE PEDRO

A porteira do palácio de Anás é a primeira a notar que Simão era um dos discípulos do Nazareno. E Pedro vacilou, cedendo à força perturbadora:

— "Não sou".

Pedro aproximou-se de um braseiro e, de pé, procurava se aquecer, durante a espera interminável.

Entre os circunstantes, alguém perguntou:

— "Não és tu também um dos seus discípulos?"

— "Não sou". (João, 18:25.)

Um dos servos do sumo sacerdote, parente daquele a quem Pedro ferira a orelha, interveio:

— "Não te vi no jardim com ele?"

Ante a terceira negativa, o galo cantou.

Segundo fontes rabínicas muito antigas, a criação de galinhas era proibida na Cidade Santa, pelo perigo de expor à superfície coisas impuras, no ato de ciscar, o que violaria sagradas normas de pureza. A proibição, todavia, como outras, não era respeitada, e havia quem advogasse que a criação daquelas aves tornava-se legal se houvesse um jardim ou um monte de esterco onde elas permanecessem.

Alguns comentaristas sugerem que Pedro negou Jesus não apenas três vezes, mas pelo menos cinco vezes: três vezes a uma mulher e duas vezes a homens. As primeiras três vezes, contestando a porteira: uma à entrada; outra quando ela o examina à luz da fogueira; e, na terceira vez, quando Simão busca refugiar-se dela no alpendre, mas, nessa ocasião, há a possibilidade de o apóstolo ter sido reconhecido por uma segunda mulher. Pouco tempo depois de desembaraçar-se da porteira, um homem o identificou, conforme Lucas. Esse evangelho então informa que, uma hora após, outro homem apontou Pedro como discípulo de Jesus.

Para MATEUS, 26:69 a 74, duas servas questionaram Pedro sobre sua ligação com Jesus. E as pessoas que se encontravam à beira do fogo, por fim, reconheceram Simão como seguidor de Jesus, por seu modo de falar o aramaico, modo tipicamente galilaico.

MARCOS, 14:67 a 72 registrou uma mesma serva duas vezes interpelando o apóstolo, acrescida pelo coro dos demais, que identificaram a origem de Pedro em virtude de seu sotaque e dos maneirismos próprios dos nascidos na Galileia.

Lucas, 22:56 a 62 enumerou uma serva e dois homens. Frisou que, no exato instante da última negação, o galo cantou, e Jesus, de onde estava (talvez deixando a sala de audiências), voltou-se para o apóstolo, fixando nele piedoso olhar.

Simão saiu dali. Eram cerca de três horas da manhã, e as vielas solitárias de Jerusalém cobriam-se do marmóreo palor da lua cheia. Pedro, sempre rígido quanto ao perdão às quedas alheias, agora, sob remorso obcecante, chorava amargamente.

Cinco séculos mais tarde, no local onde se supõe que Simão abriu a alma em choro convulsivo, ergueram uma igreja com o nome de *São Pedro in Galli Cantu*.

Amélia Rodrigues (FRANCO, 1991b, p. 95) escreveu:

> Com o espinho do arrependimento cravado na mente, a doer no coração, o discípulo se deixaria agora joeirar pelo sacrifício e se tornaria uma bandeira desfraldada, simbolizando a coragem que deveria infundir nos irmãos que lastreariam os solos das outras vidas com o martírio de si mesmos.

— "Que ensinamentos nos oferece a negação de Pedro?" — perguntaram a Emmanuel.

> — A negação de Pedro serve para significar a fragilidade das almas humanas, perdidas na invigilância e na despreocupação da realidade espiritual, deixando-se conduzir, indiferentemente, aos torvelinhos mais tenebrosos do sofrimento, sem cogitarem de um esforço legítimo e sincero, na definitiva edificação de si mesmas. (XAVIER, 2013c, q. 320.)

Em outra parte (XAVIER, 2013b, cap. 89), o nobre benfeitor refletiu que o fracasso momentâneo do venerando pescador decorreu de sua desatenção para com as advertências recebidas.

CAPÍTULO 24 | NEGAÇÕES DE PEDRO

Salientou Emmanuel que Pedro seguia Jesus, naquela noite, após a prisão, "de longe", e "assentou-se entre os criados".
O querido mentor então concluiu:

> [...] muitos amigos do Evangelho prosseguem caindo em suas aspirações e esperanças, por acompanharem o Cristo a distância [...] entre os servos das convenções utilitaristas [...].

Sim, Pedro possuía uma personalidade complexa; era impetuoso e inconstante. Com frequência, deixava-se dominar por receios. Sintonizava-se com Espíritos de evolução primária. Mesmo assim, Jesus o escolheu para ser *pescador de homens* e paradigma da fé cristã, para os séculos. Por quê?

Jesus amava em Pedro a força de seu caráter, o entusiasmo, sua bondade, sinceridade, sua simplicidade, justiça, o espírito conciliador, que o tornavam merecedor de grande respeito, além de ser, no trabalho e na família, homem exemplar.

Um episódio dos evangelhos traduz, porém, aquela que talvez fosse a melhor das qualidades de Pedro: a disposição de tentar.

Encerrada a distribuição dos pães e peixes, e recolhidos os tantos cestos com os pedaços que sobraram, Jesus ordenou que seus apóstolos seguissem à frente, pelo lago, a caminho de Betsaida, enquanto Ele despedisse a multidão. Jesus ainda se demorou, procurando a quietude para a oração. O barco já estava à significativa distância, por volta da quarta vigília da noite, isto é, entre três e seis horas da manhã. Ventos contrários e ondas eriçadas dificultavam o movimento dos remos. Sobressaltados, os discípulos veem que algo se aproxima no nível das águas. Um fantasma? — eles se questionam, e gritam atemorizados. Contudo, é Jesus, que logo lhes diz:

— "Tende confiança, sou eu, não tenhais medo". (MATEUS, 14:27 a 31.)

Simão Pedro é quem ousa romper a tensão:

— "Senhor, se és tu, manda que eu vá ao teu encontro sobre as águas".

Jesus autoriza:

— "Vem".

E de fato, descendo do barco, Pedro inicia os primeiros passos sobre as ondas do Genesaré, em direção a Jesus.

Mas o vento prossegue revolvendo o ambiente. Simão se deixa impressionar e abre flanco para o medo e grita:

— "Senhor, salva-me!"

O Nazareno, com presteza, segura-o, sem omitir a necessária repreensão:

— "Homem fraco na fé, por que duvidaste?"

Bela imagem! Repleta de símbolos, é, ao mesmo tempo, verídica, já que a levitação humana compõe uma das mais expressivas páginas do livro da mediunidade, em seu capítulo dos efeitos físicos.

Mesmo sem alcançar o êxito, sob o aparente fracasso, Pedro revelou a essência de sua psicologia: foi o único disposto a tentar, confiou na garantia de Jesus o quanto suas forças permitiram, entremostrando o gérmen de sua aptidão para segui-lo no futuro, incondicionalmente, pelos movediços e perigosos caminhos humanos.

Por todas as experiências que viveu — suas quedas e suas vitórias — Simão Pedro é bem um símbolo das principais pelejas que aguardam o candidato às culminâncias espirituais.

Capítulo 25

ECCE HOMO

E Pilatos lhes disse: "Eis o homem!" Quando os chefes dos sacerdotes e os guardas o viram, gritaram: "Crucifica-o! Crucifica-o!"
(João, 19:5 e 6.)

Quando Jesus estava com 11 anos, Arquelau, filho de Herodes, o Grande, foi deposto por César Augusto, e a Judeia e sua capital, Jerusalém, perderam também a independência política interna. Não só a Judeia, mas a Samaria e a Idumeia se transformaram também em extensão da província da Síria, cujo governador era o embaixador imperial Publius Sulpício Quirino.

Vários procuradores romanos, subordinados a Quirino, administraram a Judeia. Na sequência: Copônio, Marcos Ambívio, Anio Rufo, Valério Grato.

A partir do ano 26 d.C., por uma década, Pôncio Pilatos ocupou a função.

Nenhum outro personagem dos evangelhos possui tantas informações históricas, fora do Novo Testamento, como Pôncio Pilatos, da família Pôncia. Até uma inscrição constando seu nome foi encontrada num santuário erguido em homenagem a Tibério. E, talvez, Filo tenha sido quem mais exatamente traçou o perfil do juiz de Jesus.

Filo, o Judeu (30 a.C. a 45 d.C.), foi um dos principais representantes da escola filosófica greco-judaica. Em Alexandria, ele tentou produzir uma interpretação do Antigo Testamento com base na filosofia grega, defendendo a preexistência da alma e sua transmigração, isto é, a reencarnação.

Para Filo, Pilatos tinha um caráter inflexível, radical, rude e obstinado, arbitrário e arrogante, insensível ao sofrimento alheio, com tendência à crueldade, responsável por inumeráveis atrocidades, entre elas a execução de pessoas sem o devido processo legal.

> Era cruel, a sua frieza de coração não conhecia a misericórdia. No seu tempo reinavam na Judeia a corrupção e a violência, o roubo, a opressão, as humilhações, as execuções sem processo legal e crueldade sem limites. (*apud* KELLER, 1978, p. 379.)

Flávio Josefo (2005, p. 832 e 835) também descreveu um Pilatos violento:

> Ele ordenou então aos soldados que escondessem cacetes debaixo da túnica e rodeassem a multidão. Quando recomeçaram as injúrias, sinalizou aos soldados para que executassem o que havia determinado. Eles não somente obedeceram, como fizeram mais do que ele desejava, pois espancaram tanto os sediciosos quanto os indiferentes. Os judeus não estavam armados, e por isso muitos morreram e vários foram feridos.

Se os métodos do procurador romano eram lamentáveis, sua competência administrativa parece ter sido apreciada por Roma, a se considerar o longo período de sua gestão sobre a Judeia: dez anos.

O Pilatos histórico é demasiado diferente daquele apresentado nas narrativas da paixão de Jesus. Diversos autores supõem que o Pilatos dos evangelhos está adulterado em virtude de necessidades apologéticas, ou seja, de defesa da fé cristã. A condenação de Jesus por uma autoridade do Império deveria refletir negativamente na difusão das ideias cristãs dentro do mundo romano. Daí a razão de os textos do Novo Testamento traduzirem Pilatos como um fraco e amedrontado a sentenciar um inocente, pela insistência inclemente e ameaçadora dos judeus.

Paul Winter (1998, p. 123) acentuou:

> Em Marcos, Pilatos é descrito como um dignatário provincial tolo e vacilante, porém bem-intencionado, a quem falta, ao ser confrontado com o clamor da multidão inquieta, a força de caráter para absolver um homem que considera inocente. No entanto, Josefo nos mostra que Pilatos costumava lidar com multidões em desordem de um modo nada suscetível às delicadezas da persuasão.

Uma curta passagem do Evangelho de Lucas apoia o retrato composto por Filo e Josefo sobre o prefeito imperial. Durante um discurso de Jesus, "vieram algumas pessoas que lhe contaram o que aconteceu com os galileus, cujo sangue Pilatos havia misturado com o das suas vítimas". (LUCAS, 13:1 e 2.)

Por outro lado, dramaticamente, Lucas faz Pilatos defender Jesus perante os judeus, sucessivas vezes:

a) "Pilatos disse, então, aos chefes dos sacerdotes e às multidões: Não encontro nesse homem motivo algum de condenação" (23:4);

b) "Vós me apresentastes este homem como um agitador do povo; ora, eu o interroguei diante de vós e não encontrei neste homem motivo algum de condenação, como o acusais" (23:14);

c) "Tampouco Herodes, uma vez que ele o enviou novamente a nós. Como vedes, este homem nada fez que mereça a morte. Por isso eu vou soltá-lo, depois de o castigar" (23:15 e 16);

d) "Pilatos, querendo soltar Jesus, dirigiu-lhes de novo a palavra. Mas eles gritavam: Crucifica-o! Crucifica-o! Pela terceira vez, disse-lhes: Que mal fez este homem? Nenhum motivo de morte encontrei nele!" (23:20 a 22).

O procurador romano chega até aventar a troca entre Jesus e Barrabás.

Teria sido Pilatos remodelado de maneira a não inspirar aos romanos rejeição à fé cristã? Teria sido transformado numa testemunha da inocência de Jesus? O comportamento de Pilatos, segundo os evangelistas, é uma ficção?

Não há dúvidas de que a imagem de Pilatos foi melhorada pelos evangelhos canônicos e, em seguida, pelo movimento cristão em formação.

Aristides (séc. II) poupa Pilatos ao salientar que os judeus entregaram Jesus e "condenaram-no à morte na cruz", acrescentando: "Ele foi crucificado (suspendido) pelos judeus". Os *Atos* de João afirmam que "os judeus o crucificaram numa árvore". Melito de Sárdis (séc. II) adverte Israel: "Aquele para quem até Pilatos lavou as mãos, vós o matastes". Para alguns, Pilatos era até cristão. Tertualiano (séc. II) disse: "Pilatos [...] já cristão, por sua consciência". Cláudia Prócula, mulher de Pilatos, foi elevada à condição de santa na Igreja Grega — uma mulher pagã, com sonhos supostamente enviados por Deus, e que teria tentado salvar Jesus. (WINTER, 1998, p. 131)

O Evangelho de Pedro apresenta, equivocadamente, um só julgamento, num só lugar, presentes todas as autoridades pertinentes, religiosas e civis: os integrantes do Sinédrio, Herodes Antipas e Pilatos. Nele, o procurador romano é poupado até de julgar Jesus: "o governador não teve qualquer participação na condenação e na execução de Jesus". (*apud* WINTER, 1998, p. 131.) Pilatos se retira do julgamento, que prossegue com os demais, responsáveis pela condenação. Herodes entrega Jesus ao povo, e o povo escarnece Jesus, crucifica-o e retira-o da cruz.

Considerou Paul Winter (1998, p. 133-134):

> Há uma ligação crucial entre os dois fatos: quanto mais o Estado romano persegue os cristãos, mais generosa se torna a descrição de Pôncio Pilatos [...]. Sofrendo sob os imperadores e as autoridades romanas graças à sua confissão, os cristãos empregaram a técnica de mostrar Pilatos como amigo de Jesus, de modo a repreender seus atuais perseguidores [...] recorreram ao expediente de mostrar um Pilatos que agia contra a vontade, pressionado, apesar de considerar a condenação injusta.

Quando, porém, o Cristianismo deixa de ser para o Império Romano a *exitiabilis superstitio* (funesta superstição), por meio do Édito de Milão (313 d.C.), pelo qual Constantino retirou de sobre a fé cristã o caráter de seita proscrita, a reputação de Pilatos se estabiliza em alguns meios cristãos, e em outros se deteriora, surgindo, lentamente, referências a sua sordidez, avareza, crueldade e soberbo desdém pelos direitos alheios.

Apesar dos favorecimentos posteriores à imagem de Pilatos, os evangelhos não se enganam ao retratá-lo sensível à inocência de Jesus.

Naquela manhã de sexta-feira — conta MATEUS, 27:1 e 2 — todos os chefes dos sacerdotes (nobreza clerical) e anciãos do povo (nobreza leiga) convocaram o Conselho contra Jesus, "a fim de levá-lo à morte". Depois, amarraram-no e o entregaram a Pilatos.

JOÃO, 18:28 e 29 narra que os judeus não ingressaram nas dependências do Pretório (o tribunal do procurador romano, localizado na Fortaleza Antônia), para não se contaminarem e ficarem impedidos de participar da ceia pascal. Pilatos precisou sair ao encontro dos acusadores de Jesus e questionou:

— "Que acusação trazeis contra este homem?"

Segundo João, os representantes da comitiva responderam:

— "Se não fosse um malfeitor, não o entregaríamos a ti".

Mas, conforme LUCAS, 23:2, a resposta que se ouviu foi:

— "Encontramos este homem subvertendo nossa nação, impedindo que se paguem os impostos a César e pretendendo ser Cristo Rei".

Logo, os judeus não acusam Jesus de blasfêmia diante de Pilatos.

Três títulos aparecem na acusação contra Jesus durante seu julgamento: Filho de Deus, Messias e Rei. Num julgamento judaico, atribuir-se a condição de Filho de Deus importaria em gravíssima blasfêmia. Dizer-se Messias constituiria grave infração seja numa corte judaica, seja romana. Contudo, autoproclamar-se Rei representaria um gravíssimo delito num tribunal romano.

Naturalmente, Pilatos percebe que o prisioneiro é um assunto de ódio farisaico e sacerdotal, e inclina-se a não acreditar nas acusações.

Pilatos procura se desvencilhar da causa e recomenda que os judeus julguem Jesus:

— "Tomai-o vós mesmos, e julgai-o conforme a vossa Lei". (JOÃO, 18:31.)

Eles, no entanto, redarguem:

— "Não nos é permitido condenar ninguém à morte".

Sobre isso — já discutido — há fortes evidências de que a jurisdição judaica abrangia fatos criminais e tinha poderes para aplicar a pena capital.

O acusador, o réu e o juiz são os protagonistas de um processo penal no direito romano. Os chefes dos sacerdotes e membros do Sinédrio formaram a coletividade que acusou Jesus.

Pilatos entra no Pretório e dirige sua primeira pergunta a Jesus, referente à acusação que importava a seu tribunal:

— "Tu és o rei dos judeus?" (João,18:33.)

Nos evangelhos sinópticos a resposta é:

— "Tu o dizes".

João acrescenta à resposta de Jesus:

— "Falas assim por ti mesmo ou outros te disseram isso de mim?"

Pilatos faz sua segunda pergunta:

— "Que fizeste?"

Jesus prossegue com a questão anterior:

— "Meu reino não é deste mundo. Se meu reino fosse deste mundo, meus súditos teriam combatido para que eu não fosse entregue aos judeus. Mas meu reino não é daqui". (João, 18:36.)

Ele esclarece à autoridade romana que não possui pretensão política; a sua não é uma soberania de ordem terrena, não objetiva contrapor-se a Roma.

Pilatos, mesmo assim, repergunta, procurando confundi-lo e surpreendê-lo em eventual culpa, jogando com a lógica humana:

— "Então, tu és rei?"

— "Tu o dizes".

Jesus responde à segunda pergunta do juiz romano e informa a natureza de suas atividades no mundo:

— Para isso nasci [...] para dar testemunho da verdade. (João, 18:37.)

O magistrado indaga:

— "Que é a verdade?"

Pilatos, contudo, indiferente à resposta, levanta da cadeira de juiz (que ficava no centro do tribunal, elevada e em forma de arco) e dá as costas a Jesus, para ir novamente tratar com os judeus, fora do Pretório.

Pilatos estava impressionado com a altivez do prisioneiro. Lucas indica que nesse momento Pilatos, pela primeira vez, declarou não encontrar culpa no acusado. Os judeus disseram a ele:

— "Ele subleva o povo, ensinando toda a Judeia, desde a Galileia, onde começou, até aqui". (LUCAS, 23:5.)

Conta o Espírito Emmanuel, em seu célebre romance autobiográfico, que Pilatos mandou reunir, então, alguns dos mais ilustres romanos que se encontravam em Jerusalém naquela oportunidade, entre os quais o senador Publius Lentulus, uma das encarnações mais conhecidas de Emmanuel.

A convocação foi justificada para "resolver um caso de consciência". (XAVIER, 2013f, Pt. 1, cap. VIII, p. 107.)

Uma vez no palácio do governo provincial, o senador se juntou a pequeno grupo de patrícios, e Pilatos apresentou-lhes uma síntese dos acontecimentos, ao final confessando:

> "Eu, francamente, não lhe vejo culpa alguma, senão a de ardente visionário de coisas que não posso ou não sei compreender, surpreendendo-me amargamente o seu penoso estado de pobreza." (XAVIER, 2013f, Pt. 1, cap. VIII, p. 107.)

Foi Publius Lentulus quem sugeriu a Pilatos, nesse momento, que enviasse o prisioneiro ao regente da Galileia, Herodes Antipas.

Certificando-se o governador de que Jesus era galileu, súdito, portanto, de Herodes Antipas, remeteu-o à jurisdição do tetrarca da Galileia, que estava presente em Jerusalém, em seu faustuoso palácio, para acompanhar a Páscoa.

Herodes alegrou-se com a decisão de Pilatos, gesto que significou a reconciliação entre os dois políticos. Sentiu-se envaidecido pela deferência do governador romano.

LUCAS, 23:12 registrou, em nota peculiar, que "nesse mesmo dia Herodes e Pilatos ficaram amigos entre si, pois antes eram inimigos".

Os ATOS DOS APÓSTOLOS, 4:27 e 28 reforçam isso:

> [...] contra o teu santo servo Jesus, a quem ungiste, verdadeiramente coligaram-se nesta cidade Herodes e Pôncio Pilatos, com as nações

pagãs e os povos de Israel, para executarem tudo o que, em teu poder e sabedoria, havias predeterminado.

Herodes desejava conhecer Jesus, pelo que falavam dele. Esperava presenciar alguma das maravilhas que se difundiam como obras de Jesus, que ele suspeitava ser João Batista ressuscitado. Interrogou-o insistentemente, em vão. Jesus nada lhe respondeu, não tinha do que se defender. Herodes, tratando-o com desprezo, cobriu-lhe com uma veste alva, uma sobrecapa de gala, principesca, coroou-lhe a cabeça com espinhos, pôs-lhe uma cana imunda nos braços à maneira de cetro, e o reenviou a Pilatos.

O tetrarca da Galileia "era um príncipe preguiçoso e sem valor, favorito e adulador de Tibério". (RENAN, 2003, p. 125.)

Na volta ao Pretório, muitos soldados cercavam Jesus para impedir que populares furiosos o agredissem. A praça estava cheia, e a gritaria era ensurdecedora.

Pilatos, de acordo com os evangelhos, retomou o caso de Jesus e renovou tentativas de salvá-lo, inutilmente. A multidão fora trabalhada pelo ódio das classes superiores e exigia a morte do Justo com insana inclemência.

Polibius, um assistente de Pilatos, foi à sala onde o prefeito romano se reunia com os patrícios notáveis e lhe disse, segundo a narrativa de Emmanuel (XAVIER, 2013f, Pt. 1, cap. VIII, p. 109-110):

> — Senhor governador, a multidão enfurecida ameaça invadir a casa, se não confirmardes a sentença condenatória de Jesus Nazareno, dentro do menor prazo possível...
> — Mas isso é um absurdo — retrucou Pilatos emocionado. — E, afinal, que diz o Profeta, em tais circunstâncias? Sofre tudo sem uma palavra de recriminação e sem um apelo oficial aos tribunais de justiça?
> — Senhor — replicou Polibius igualmente impressionado —, o prisioneiro é extraordinário na serenidade e na resignação. Deixa-se conduzir pelos algozes com a docilidade de um cordeiro e nada reclama, nem mesmo o supremo abandono em que o deixaram quase todos os diletos discípulos da sua doutrina!

CAPÍTULO 25 | *ECCE HOMO*

[...]
— Homem extraordinário!... — revidava Pilatos [...].

Pilatos requereu a Polibius uma alternativa que livrasse Jesus da morte, e o assistente sugeriu a pena dos açoites.

O governador ordenou que o portador da Verdade fosse flagelado, para que a exposição do seu corpo seviciado abrandasse a avidez de sangue dos seus perseguidores. Mas foi em vão.

Os romanos não tinham uma regulamentação do número de golpes que poderiam ser dados na flagelação. Na Judeia, a lei judaica definia um limite de 40 golpes (DEUTERONÔMIO, 25:3), o que costumava ser respeitado pelos romanos. Paulo relatou que, por cinco vezes, recebeu a pena dos 39 açoites (2 CORÍNTIOS, 11:24).

Na flagelação, comumente, a vítima era despida e amarrada pelos pulsos numa coluna rebaixada, o que a deixava curvada. Dois carrascos se sucediam em golpes nas pernas e nas costas, alcançando o peito. O chicote mais usado era o *flagrum*, cujas três correias (ou até mais) possuíam esferas de chumbo nas pontas ou dilacerantes pedaços de ossos de carneiro. Cada golpe causava 3 lacerações e os 39 produziam 117.

Abundante hemorragia baixava rapidamente o volume de sangue (hipovolemia) e reduzia drasticamente as forças do indivíduo; os golpes nas costas e no peito fraturavam costelas e lesionavam músculos, gerando muita dor a cada vez que o açoitado tentava recuperar o fôlego; vômito, tremores, desmaios, estado de choque, eram comuns. (FRANCO, 1993, p. 127; ZUGIBE, 2008, p. 32 e 37.)

O senador Publius Lentulus se aproximou de Jesus durante a flagelação:

> Aquele rosto enérgico e meigo, em que os seus olhos haviam divisado uma auréola de luz suave e misericordiosa, nas margens do Tiberíades, estava agora banhado de suor sangrento a manar-lhe da fronte dilacerada pelos espinhos perfurantes, misturando-se de lágrimas dolorosas; seus delicados traços fisionômicos pareciam invadidos de palidez angustiada e indescritível; os cabelos caíam-lhe na mesma disposição encantadora sobre os ombros seminus e, todavia, estavam agora desalinhados pela imposição

da coroa ignominiosa; o corpo vacilava, trêmulo, a cada vergastada mais forte, mas o olhar profundo saturava-se da mesma beleza inexprimível e misteriosa, revelando amargurada e indefinível melancolia.

Por um momento, seus olhos encontraram os do senador, que baixou a fronte, tocado pela imorredoura impressão daquela sobre-humana majestade. (XAVIER, 2013f, Pt. 1, cap. VIII, p. 111.)

Há mais de um século os botânicos vêm discutindo qual planta teria sido utilizada para a coroa de espinhos.

Os mais renomados especialistas em botânica da Palestina preferem hoje limitar o debate ao espinheiro-de-cristo sírio (*Ziziphus spina-christi*) e ao espinheiro-de-cristo (*Paliurus spina-christi*). São duas espécies de plantas espinhosas parecidas. Mas outras vêm sendo apontadas, como a acácia-do-nilo (*Acacia nilotica*), muito comum nas proximidades de Jerusalém. Os botânicos especializados em plantas da Palestina têm predileção pela hipótese do espinheiro-de-cristo sírio. (ZUGIBE, 2008, p. 43.)

Ao receber Jesus, Pilatos gritou aos judeus:

— "Vede, eu vo-lo trago aqui fora, para saberdes que não encontro nele motivo algum de condenação". (João, 19,4 e 5.)

Jesus foi levado para fora, coberto com a coroa de espinhos e o manto. E Pilatos lhes disse:

— "Eis o homem" (*Ecce homo*).

Os inimigos de Jesus, os príncipes do clero, longe de se sensibilizarem com sua imagem transfigurada pela violência, apenas sentiram o ódio exacerbar. E gritaram: "Crucifica-o! Crucifica-o!".

Publius Lentulus então perguntou a Pilatos se não havia algum prisioneiro com processo consumado que pudesse substituir Jesus na cruz naquele dia, satisfazendo a sede de sangue da massa.

O pretor recordou-se de Barrabás. Na verdade, Jesus Barrabás, isto é: Jesus, filho de Aba; ou, Jesus, filho do mestre; conforme Ieshu bar (R) Abba(n). Alguns poucos códices evangélicos (o sinaíta siríaco, o harcleano siríaco, a versão armênia, o Códice Koridethi) guardaram o nome completo de Barrabás, incluindo o prenome Jesus. Tudo indica que copistas posteriores excluíram o prenome por entenderem ofensiva a ideia de alguém como Barrabás possuir o nome do "Filho de Deus".

Marcos relata que Barrabás estava preso com outros amotinadores, os quais durante a revolta cometeram um assassinato. Deixa, portanto, incerta sua condição de homicida. Lucas declara Barrabás autor de homicídio. João se refere a ele como "bandido" ou, de acordo com alguns tradutores, "ladrão", "revolucionário". Mateus se limita a dizê-lo "preso famoso". Emmanuel disse que ele era "conhecido e odiado de todos pelo seu comprovado espírito de perversidade". (XAVIER, 2013f, Pt. 1, cap. VIII, p. 111.)

Pilatos ofereceu à multidão uma espécie de indulto, a libertação de um prisioneiro em homenagem à festa — o que ficou conhecido como *Privilegium Paschale*.

Redundaram sem sucesso todas as pesquisas sobre a existência desse costume. Documentos judaicos e romanos da época nada comentam sobre essa regra.

Vários especialistas concordam acerca da existência histórica de Barrabás. Era muito difundida a narrativa do prisioneiro Jesus Barrabás, salvo pela intercessão do povo.

O indulto a Barrabás causa estranheza, porque somente o imperador dispunha da prerrogativa de anular os efeitos de uma sentença (*provocatio ad imperatorem*).

O privilégio da Páscoa, possivelmente, nunca existiu; foi apenas o modo como os seguidores de Jesus interpretaram a tentativa de Pilatos em salvar Jesus, dando ao povo o sangue de outro, de acordo com a sugestão do senador Publius Lentulus.

Frustrada essa estratégia, hesitante, sem saber como solucionar o impasse, Pilatos socorreu-se do senador Publius Lentulus.

O senador foi ambíguo. Disse que, se dependesse dele, afrontaria a multidão à pata de cavalo, para submeter o prisioneiro a regular processo, mas não se sentia em condições de determinar isso. De sua parte, acreditava que tudo fora feito para salvar o prisioneiro. Como homem, estava contra a multidão irresponsável; mas, como romano, achava que aquela província não passava de uma unidade econômica do Império, não competindo aos patrícios interferir nas questões morais daquela população. Concluiu que a morte do Justo era da responsabilidade do povo e seus sacerdotes ambiciosos.

Por fim, a covardia moral de Pilatos foi rendida quando os judeus evocaram sua lealdade a César, argumento político ao qual era sensível (JOÃO, 19:12):

— "Se o soltas, não és amigo de César! Todo aquele que se faz rei, opõe-se a César".

JOÃO, 19:15 descreveu, ainda, o momento em que Pilatos apresentou Jesus uma última vez à multidão:

— "Crucificarei o vosso rei?!"

Os sacerdotes principais redarguiram:

— "Não temos outro rei a não ser César".

A massa estava alucinada, duplamente manietada, seja pelas influências dos profissionais do ódio, travestidos de sacerdotes, seja pela insana turba espiritual que operava sobre as mentes precárias de valores. O magistrado pediu água — conta MATEUS, 27:24 — e lavou as mãos à vista da multidão, num gesto tipicamente judaico (e não romano), de isenção moral quanto à medida sanguinária:

— "Estou inocente desse sangue. A responsabilidade é vossa".

Responderam, aceitando o desafio:

— "O seu sangue caia sobre nós e sobre nossos filhos".

Flávio Josefo (2005, p. 832) anotou: "Os mais ilustres dentre os de nossa nação acusaram-no perante Pilatos, e este ordenou que o crucificassem".

Três características marcam o direito romano: primeira, o seu formalismo; segunda, os direitos da vítima são privilegiados; e, terceira, o indivíduo não desfruta de qualquer proteção quando é acusado.

Os soldados do governador, levando Jesus outra vez para o interior do Pretório, reuniram-se em torno dele para hostilizá-lo fisicamente e escarnecê-lo. Ajoelhavam-se diante dele, vestido com a capa, com a coroa de espinhos e o caniço nas mãos, e diziam-lhe, caçoando: "Salve, rei dos Judeus!" E cuspindo nele, tomaram o caniço e batiam-lhe na cabeça. Depois da zombaria, despiram-lhe a capa e tornaram a vesti-lo com as suas próprias vestes, e o levaram para crucificar. (MATEUS, 27:29 a 31.)

Os maus-tratos e humilhações faziam parte da pena. Por isso, em nada perturbaram a autoridade romana.

Yann Le Bohec (2003, p. 91) afirmou:

"Do ponto de vista estrito do direito romano, não há nenhuma ressalva a fazer na maneira como Pôncio Pilatos conduziu o processo".

Essa afirmativa é equivocada, pois, a não ser interrogar o acusado, nenhuma outra providência legal foi tomada para instruir o processo com provas. Não houve confissão de culpa. E não se pode esquecer a desobediência às formalidades legais próprias do direito romano.

Pilatos perdia oportunidade inigualável para sua alma.

Observa Amélia Rodrigues (FRANCO, 1988, p. 200) que, "lavando as mãos, Pôncio Pilatos não limpou a consciência ultrajada, que permaneceria exigindo-lhe retificação de conduta".

Três anos depois — no ano 36, de acordo com Amélia Rodrigues; ano 35, de acordo com Emmanuel (XAVIER, 2013f, Pt. 1, cap. X, p. 168) — com as denúncias de suas atrocidades, Lucius Vitellius, governante da Síria, ordena a Pilatos que se apresente perante César Tibério a fim de se justificar; porém durante sua viagem a Roma, o imperador morre em Anacapri, sendo sucedido por Calígula. Deste, o procurador romano não obteve o que nunca dera: clemência. Calígula não aceitou sua defesa e nomeou Marulo para substituí-lo, sendo Pilatos deportado para região próxima à Suíça, em exílio perpétuo (FRANCO, 1988, p. 200).

Emmanuel (XAVIER, 2013f, Pt. 1, cap. X, p. 168) especificou o lugar do banimento: Viena, nas antigas Gálias. Para lá o acompanhou sua neurose de culpa, a expressar-se num contínuo lavar as mãos, como nos explica Amélia Rodrigues (FRANCO, 1988, p. 200):

> O olhar do Inocente era, na sua lembrança, duas estrelas de intensidade ímpar penetrando-lhe os esconsos redutos da alma sofrida. Desarmado de fé e corroído pelos remorsos incessantes, com o sangue nas mãos, da vítima que representava todas as vítimas que lhe sofreram a injunção criminosa, que se avolumava, e sem valor moral para a reabilitação através do bem, atirou-se, inerme, infeliz, na cratera profunda de um vulcão extinto.

Decorridos três anos no exílio — informou Emmanuel —, "ralado de remorsos, de privações e de amarguras" (XAVIER, 2013f, Pt. 1, cap. X, p. 168), Pilatos suicidou-se, mais se perturbando.

O antagonismo entre o Pilatos da História e o dos evangelhos se explica não por sua mudança de caráter; afinal, ele deu as costas ao emissário da Verdade, após questionar o significado da verdade. Algo, todavia, o modificara para além de sua frieza habitual. Emoções desconcertantes parecem tê-lo dominado. A presença de Jesus lhe causou profunda impressão. Sua alma intuiu a gravidade de seu momento espiritual, tendo em vista o passado e o futuro na longa estrada das reencarnações. Cláudia Prócula, sua mulher, que a tradição conta ter sido admiradora dos ensinos de Jesus, mandara-lhe a advertência: "Não te envolvas com este justo, porque muito sofri hoje em sonho por causa dele". (MATEUS, 27:19.)

Emmanuel, testemunha daquela hora, analisou:

> Pilatos hesitava. Seu coração era um pêndulo entre duas forças poderosas... De um lado, era a consciência transmitindo-lhe a vontade superior dos Planos Divinos, de outro, era a imposição da turba ameaçadora, encaminhando-lhe a vontade inferior das esferas mais baixas do mundo. [...]. Na qualidade de homem, Pôncio Pilatos era portador de defeitos naturais que nos caracterizam a quase todos na experiência em que o nobre patrício se encontrava, mas como juiz, naquele instante, seu imenso desejo era de acertar. Queria ser justo e ser bom no processo do Messias Nazareno, entretanto, fraquejou pela vontade enfermiça, cedendo à zona contrária ao bem. (XAVIER, 2003, p. 55 e 56.)

A despeito do abrandamento de sua índole, moldado pelos textos da cristandade primitiva, os esforços do pretor romano para a libertação de Jesus foram sinceros; no entanto, insuficientes para que não se deixasse intimidar pelas astúcias políticas dos sacerdotes judeus, rendendo-se ao interesse próprio, relegando a responsabilidade de juiz e o valor da justiça.

Capítulo 26

ATÉ O GÓLGOTA

Porque se fazem assim com o lenho verde, o que acontecerá com o seco?

(Lucas, 23:31.)

Uma escolta conduzia o *cruciarius* (o sentenciado à cruz) pelas ruas, flagelando-o à exaustão, a fim de que Ele, minado em suas resistências, não se demorasse na cruz.

Jesus, já supliciado durante o julgamento de Pilatos, não necessitava dessa medida. Estava tão fraco o jovem galileu, que, na metade do percurso entre o Pretório e o Gólgota (de 500 a 700 metros), não conseguia mais carregar o *patibulum* — a barra horizontal da cruz. A noite de vigília, o interrogatório de Anás e o julgamento no Sinédrio, o Pretório, a corte de Herodes e, depois, a flagelação, o pronunciamento de Pilatos e, por fim, o divertimento dos legionários com o *rei dos judeus*, haviam-no exaurido.

No momento em que Jesus tombou pela primeira vez com o madeiro, numa subida de difícil acesso, a colina de Acra, uma mulher rompeu o cerco da soldadesca e envolveu o rosto dele na toalha que trazia. Era Verônica, ou Berenice, conforme a indefinição de *Atos de Pilatos* (apócrifo), a mesma mulher hemorroíssa.

Eusébio de Cesareia (séculos III–IV) propôs que ela teria retornado à sua terra de origem logo após ser curada do fluxo sanguíneo ininterrupto, onde mandou fundir uma peça em bronze, evocativa do instante em que tocou Jesus e absorveu dele uma *virtude*.

> [...] sobre uma pedra alta, diante das portas de sua casa, alça-se uma estátua de mulher, em bronze, com um joelho dobrado e com as mãos estendidas para a frente como uma suplicante; e em frente a esta, outra do mesmo material, efígie de um homem em pé, belamente vestido com um manto e estendendo sua mão para a mulher; a seus pés, sobre a mesma pedra, brota uma estranha espécie de planta, que sobe até a orla do manto de bronze e que é um antídoto contra todo tipo de enfermidades. (CESAREIA, 2002, p. 160.)

Amélia Rodrigues discorda da versão de Eusébio, declara sua preferência pela versão de *Atos de Pilatos*, e situa a hemorroíssa naquela manhã em Jerusalém, estendendo a toalha sobre o rosto de Jesus: "Houve uma exclamação de estupor, quando retirou a toalha: nela se estampava o rosto dEle, tingido pelo sangue". (FRANCO, 1987, p. 140.)

Adiante, Ele caiu outra vez, provocando o clamor de piedosas mulheres. Jesus se voltou para elas e profetizou (LUCAS, 23:28 a 31):

> [...] Filhas de Jerusalém, não choreis por mim; chorai, antes, por vós mesmas e por vossos filhos! Pois, eis que virão dias em que se dirá: Felizes as estéreis, as entranhas que não conceberam e os seios que não amamentaram! Então começarão a *dizer às montanhas: Caí sobre nós!, e às colinas: Cobri-nos!* Porque, se fazem assim com o lenho verde, o que acontecerá com o seco?

Por "Filhas de Jerusalém" pode-se entender uma das associações beneficentes de mulheres da classe alta da Cidade Santa, que se dedicava a aliviar os sofrimentos dos condenados e lamentá-los. (GHIBERTI, 1986, p. 677.)

O *patibulum* pesava entre 22 e 27 quilos. A maioria dos especialistas propõe que essa barra, durante o trajeto, era colocada sobre os dois ombros e amarrada aos braços e pulsos do *cruciarius*. (ZUGIBE, 2008, p. 63 e 65.)

Diante das quedas, os soldados imperiais fustigaram Jesus. Então, valeram-se do direito de *angaria*, facultado às tropas de ocupação. Significa dizer: requisitaram prestação de serviço a um popular. Simão, judeu de família grega, nascido em Cirene, foi convocado a auxiliar Jesus.

Cirene era uma das cinco cidades que constituíam o reino Cirinaica, colonizado pelos gregos, na África do Norte (na atual Líbia), transferido aos ptolomeus após a desencarnação de Alexandre, o Grande. Ptolomeu Sóter, no começo do século III a.C., pela concessão de muitos privilégios, havia atraído milhares de judeus a Cirene. Em 67 a.C., Cirinaica se tornou província romana. Esse núcleo judaico se desenvolveu a ponto de possuir sua própria sinagoga em Jerusalém para os que retornavam de Cirene ou estavam apenas de passagem. (ATOS DOS APÓSTOLOS, 6:9.)

A comunidade cristã de Roma parecia familiarizada com Simão, pois MARCOS, 15:21, que escreve para ela, declina o nome de dois de seus filhos: Alexandre e Rufo. Este último, caso esteja certa a tradição, é o mesmo Rufo que Paulo saúda em sua Carta aos Romanos, chamando-o *eleito do Senhor*. (ROMANOS, 16:13.)

LUCAS, 23:26 relata que Simão *vinha do campo*, quando se deparou com a trágica procissão e tomou conhecimento do julgamento infame. Submisso à ordem recebida, entregou o ombro em auxílio do homem que admirara à distância, até àquela hora.

O cortejo deve ter passado pelas vielas mais movimentadas, margeadas de barracas. Um centurião (o *exactor mortis*)[18] chefiava a comitiva, com sua equipe de quatro legionários, chamada de *quaternus*,[19] peritos em crucificação. À frente, um pregoeiro anunciava, aos gritos, a execução dos três condenados. Numerosa guarda fazia a proteção e coibia tumultos, pois o grupo era seguido por desocupados, vândalos, curiosos e outros que se condoíam.

O fulgor solar, com seu intenso calor, fatigava a todos. A maioria, mesmo assim, comprazia-se na mórbida peregrinação, manifestando desprezo, ironia e ódio gratuito ao manso galileu.

Retrato emocional, psicológico e espiritual de vários dos presentes se pode colher das reminiscências de vivências passadas do Espírito Camilo Cândido Botelho, pseudônimo do escritor português Camilo Castelo Branco, em sua obra *Memórias de um suicida*:

---

18 N.E.: Indivíduo responsável pela execução da pena de morte ou de outros castigos corporais; carrasco, algoz.
19 N.E.: Quaternião – esquadra de quatro soldados.

A velha cidade santa dos judeus — Jerusalém — vivia horas febricitantes nessa manhã ensolarada e quente. Encontrei-me possuído de alegria satânica, indo e vindo pelas ruas regurgitantes de forasteiros, promovendo arruaças, soprando intrigas, derramando boatos inquietadores, incentivando desordens, pois estávamos no grande dia do Calvário e sabia-se que um certo revolucionário, por nome Jesus de Nazaré, fora condenado à morte na cruz pelas autoridades de César, com mais dois outros réus. Corri ao Pretório, sabendo que dali sairia para o patíbulo o sentenciado de quem tanto os judeus maldiziam. Eu era miserável, pobre e mau. Devia favores a muitos judeus de Jerusalém. Comia sobejos de suas mesas. Vestia-me dos trapos que me davam. Diante do Pretório, portanto, ovacionei, frenético, a figura hirsuta e torpe de Barrabás, ao passo que, à suprema tentativa do procônsul para livrar o Carpinteiro nazareno, pedi a execução deste em estertores de demônio enfurecido, pois aprazia-me assistir a tragédias, embebedar-me no sangue alheio, contemplar a desgraça ferindo indefesos e inocentes, aos quais desprezava, considerando-os pusilânimes... E presenciar aquele delicado jovem, tão belo quanto modesto, galgando pacientemente a encosta pedregosa sob a ardência inclemente do Sol, madeiro pesado aos ombros, atingido pelos açoites dos rudes soldados de Roma contrariados ante o dever de se exporem a subida tão árdua em pleno calor do meio-dia, era espetáculo que me saberia bem à maldade do caráter e a que, de qualquer forma, não poderia deixar de assistir!...

E prossegue a narrativa do Além-túmulo:

Eis-me à frente do Pretório, em atitude hostil. Não houve insulto que minha palavra felina deixasse de verberar contra o Nazareno. Feroz na minha pertinácia, acompanhei-o na jornada dolorosa gritando apupos e chalaças soezes; e confesso que só não o agredi a pedradas ou mesmo à força do meu braço assassino, por ser severo o policiamento em torno dele. É que eu me sentia inferior e mesquinho em toda parte onde me levavam as aventuras. Nutria inveja e ódio a tudo o que soubesse ou considerasse superior a mim! Feio, hirsuto, ignóbil, mutilado, pois faltava-me um braço, degenerado, ambicioso, de meu coração destilava o vírus da maldade. Eu maldizia e perseguia tudo, tudo o que reconhecesse belo e nobre, cônscio da minha impossibilidade de alcançá-lo! Integrando o cortejo extenso, entrei a desrespeitar com difamações vis e sarcasmos infames a sua mãe sofredora e humilde, anjo condutor de ternuras inenarráveis para os homens degredados nos sofrimentos terrenos [...]. (PEREIRA, 2013, cap. 19, p. 458-460.)

A comitiva chegou, afinal, ao monte de silhueta sinistra.

Conta o Espírito Amélia Rodrigues (FRANCO, 1981, p. 134-135) que Simão de Cirene permaneceu no Calvário. Viu Jesus ser preso à cruz e ouviu os sons metálicos do martelo nos cravos, que por muito tempo ressoariam em seus ouvidos. Presenciou quando as cordas o alçaram ao mastro vertical. Permitiu-se contemplá-lo e meditar até o último hausto do excelso sentenciado.

No profundo pesar com que regressou ao lar, estava, porém, penetrado do Espírito de Jesus. Não tardou a encher sua alma dos ensinos e feitos do Mestre de Nazaré, recolhendo de seus discípulos as narrativas de luz imperecível, sagrando seu coração a Jesus. Apresentou a seus filhos aquele incomparável amor e passou às páginas suaves do Novo Testamento como símbolo de solidariedade.

Ao lado de tantas consciências que se comprometiam naquela manhã, em Jerusalém, criando débitos que gerariam séculos de angústias, Simão formou em seu espírito um tesouro de glória imortal — a honra de ter aliviado o sublime sobrecarregado.

Capítulo 27 | ÚLTIMOS MOMENTOS NO CALVÁRIO

Pai, perdoa-lhes: não sabem o que fazem.
(Lucas, 23:34.)

O lançamento às feras, a queima em fogueira, o empalamento e a crucificação eram as penas mais graves da legislação romana.

A mais cruel e extremada era a crucificação. A palavra veio de *cruciare*, torturar, atormentar. Por isso, esse gênero de morte era restrito aos homens de origem "mais desprezível" e que possuíssem enormes culpas, escravos, criminosos perigosos e provincianos revoltosos, sendo proibida aos romanos, exceto em casos de alta traição contra o Estado.

Um século antes de Jesus, uma longa fila se formou na estrada de Cápua até Roma, seis mil escravos, liderados por Espártaco, foram crucificados pelo crime de rebelião, após terem vencido diversas legiões romanas. Em Jerusalém, Varo ordenou 2 mil crucificações no ano 4 d.C.; Floro crucificou 3.600 homens em 66 d.C.; em 70 d.C., Tito mandou à cruz 500 por dia.

Originária da Ásia (ZUGIBE, 2008, p. 70), a crucificação foi difundida pelos assírios, fenícios e persas. Até os essênios impunham a pena de crucificação, pelo crime de blasfêmia ou idolatria.

Pelos séculos, variadas metodologias de execução foram concebidas, e a mais dolorosa foi aplicada a Jesus.

Depois da flagelação, o condenado era atado a um travessão (*patibulum*), que deveria carregar até o local da execução, onde seria suspenso no madeiro, preso por cordas nos braços e pés, ou por pregos (a regra no método romano – ZUGIBE, 2008, p. 75).

Prova arqueológica do uso de pregos na crucificação romana, obteve-se com a ossada de um jovem de cerca de 20 anos, identificado no seu ossuário como "Jehohanan o filho de HGQWL" (Iokanan ben Há'galgol), descoberta em 1968 ao norte de Jerusalém, em *Giv'at há-Mivtar*. É o único esqueleto de pessoa crucificada já encontrado, relativo ao período anterior à primeira guerra romana contra os judeus (de 66 a 70 d.C.). Um prego de ferro ainda estava preso aos ossos de seus calcanhares, com uma placa feita de madeira de oliveira entre o osso e a cabeça do prego. O prego atingiu um nó da madeira vertical e entortou. Quando Iokanan foi retirado da cruz, o prego permaneceu unindo os seus calcanhares. Os pregos não atravessaram suas mãos, mas sim os antebraços, logo acima das juntas das mãos.

Fora essa descoberta, nenhuma outra evidência das crucificações naquele período foi encontrada, até o momento. Como pode ser isso, se eram tão comuns? Explica-se, sem os pregos nos esqueletos, a crucificação não deixava sinais suficientes à sua caracterização. Havia grande demanda pelos pregos, ou eram arrancados para serem reutilizados em outras crucificações, ou, muitas vezes, eram retirados, e até furtados, em razão do credo popular que supunha neles amuletos com poderes mágicos, capazes de afastar o mal e curar enfermidades. (ZUGIBE, 2008, p. 71.)

Os evangelhos não se referem diretamente ao uso de pregos em Jesus. É o quarto evangelho que, reportando a Tomé, menciona possíveis marcas de pregos nas mãos de Jesus: "Se eu não vir em suas mãos o lugar dos cravos e se não puser meu dedo no lugar dos cravos". (JOÃO, 20:25.)

Amélia Rodrigues, a poetisa do Evangelho, quando narra esse tocante momento do texto joanino, observa que, em verdade, os pulsos de Jesus é que foram pregados, e não suas mãos, o que é mais coerente com a anatomia humana. (FRANCO, 2000, p. 158.)

Lendária tradição propôs que Helena, a mãe do imperador romano Constantino, descobriu os três pregos por volta do começo do século IV. Um desses pregos seria o que está exposto na Basílica de Santa Cruz de

Jerusalém, em Roma, medindo 12,5 centímetros de comprimento, e muito semelhante ao encontrado ligando os calcanhares de "Jehohanan o filho de HGQWL".

Em 341 d.C., a crucificação foi abolida por Constantino. Mesmo assim, continuou sendo praticada, especialmente em desprezo a cristãos, ao longo dos séculos. Há registros disso no século VII, nas lutas entre árabes e cristãos, e durante as cruzadas. No campo de concentração de Dachau, nazistas crucificaram judeus. No Egito, houve crucificação de cristãos, em 1998. No Sudão, o código penal faculta a crucificação ou a execução seguida de crucificação, com a mão direita e o pé esquerdo amputados. (ZUGIBE, 2008, p. 72-73.)

Jesus recebeu "cruz alta", própria para quando se desejava expor o condenado, tanto que para lhe dar o vinagre o soldado prendeu a esponja molhada na ponta de uma vara. (MARCOS, 15:36.)

O termo "cruz" chegou às línguas modernas significando uma linha que atravessa outra. Contudo, a palavra grega *stauros* e o latim *crux* favoreceram um entendimento mais amplo, para também chamar de cruz grega a estaca (*crux simples*) em que pessoas eram atadas e empaladas, penduradas, pregadas ou amarradas. A *crux simples* era a mais usada quando se tratava de numerosa quantidade de pessoas a serem crucificadas.

Era comum também o uso da *crux commissa*, em forma da letra "T" maiúscula.

A cruz de Jesus deve ter sido a *crux immissa*, aquela que apresenta uma pequena extensão vertical após o entroncamento com o *patibulum*, já que LUCAS, 23:38 relata que a tabuleta com a inscrição foi colocada "acima dele".

> A cruz representava a humanidade miserável reduzida ao último grau de impotência, sofrimento e degradação. [...] reunia tudo o que o pior carrasco poderia desejar: tortura, escárnio, degradação e morte certa, lentamente destilada, gota a gota. (WINTER, 1998, p. 146.)

A transformação da cruz em símbolo cristão só ocorreria mais tarde, por ação da Igreja Católica. A cruz, para os habitantes do Mediterrâneo, durante os primeiros séculos da Era Cristã, representava morte infamante, destino dos criminosos mais endurecidos e dos inimigos públicos. Logo, um símbolo a ser evitado.

Observada à distância, a colina da crucificação de Jesus possuía uma saliência no solo rochoso que fazia lembrar uma grande cabeça humana. Daí, em hebraico, *gulgoleth*, lugar do crânio ou caveira; no latim, *calvariae*, caveira. A vasta área de cemitérios fazia dali um local propício para as execuções de pena de morte.

A área do Calvário se situava numa pedreira externa, mas próxima dos muros de Jerusalém (João, 19:20), pois os romanos escolhiam as estradas mais frequentadas, onde o maior número de pessoas pudesse ver e se amedrontar. (GHIBERTI, 1986, p. 677.)

Cerca de cem anos depois, ao tempo de Adriano, o lugar foi coberto pelo Capitólio da Aelia Capitolina, e a rocha do Calvário se transformou em pedestal para a estátua da Fortuna.[20] Em 428 d.C., esforços cristãos reencontraram essa rocha, que passou a servir de pedestal a uma cruz de ouro coberta por um baldaquino (espécie de armação, sustentada por colunas, servindo de cúpula a um altar). Séculos de destruições e incêndios, e consequentes reconstruções, levaram essa rocha quase ao desaparecimento, restando hoje pequena estrutura, que foi anexada aos muros das capelas erguidas à volta.

Mateus, 27:34 e Marcos, 15:23 relatam que, na chegada ao Calvário, houve tentativas de dar a Jesus uma bebida: "vinho misturado com fel", disse Mateus; "vinho com mirra", escreveu Marcos.

Plínio, em sua História Natural (*apud* GHIBERTI, 1986, p. 679), escreveu que os antigos conheciam o efeito anestésico da mirra associada ao vinho.

Os judeus tinham o costume de preparar vinho com um pedaço de mirra, que Mateus chama de fel, objetivando tirar a consciência do condenado. Eram as mulheres piedosas as responsáveis pela preparação e oferta do entorpecente. No entanto, Jesus se recusou a ingeri-lo.

Suarentos, os legionários iniciaram a sinistra canção dos martelos sobre os pregos. Um deles segurou Jesus pelo peito, outro segurou suas

---

20 N.E.: Deusa latina do destino e da boa sorte que possuía um famoso santuário em Palestrina, cidade da Itália no Lácio (província de Roma).

pernas, e um terceiro pregou seus pulsos. Em seguida, dois deles amarram as extremidades da barra de madeira; outro abraçou Jesus pela cintura, colocando-o de pé. A barra de madeira foi erguida e encaixada na estaca. Os pés foram acomodados na estaca e pregados.

O *Titulus Crucis* era uma tabuleta exigida pela lei com a descrição da natureza do delito praticado pelo sentenciado à cruz. Durante o trajeto ao local da crucificação, a tabuleta era amarrada ao pescoço e, depois, pregada acima da cabeça do *cruciarius*.

Pôncio Pilatos, em represália aos que o coagiram a proferir a injusta condenação, mandou inscrever: "Este é Jesus, o Rei dos judeus", de acordo com MATEUS, 27:37. A versão marcana [Marcos] restringiu-se a "Rei dos judeus". Lucas nada mencionou sobre isso. Mas João formulou a sentença que ganhou a posteridade: "Jesus Nazareu, o rei dos judeus" (JOÃO, 19:19 a 22) — INRI: *Iesus Nazarenus Rex Iudeorum*, em latim.

Foram, talvez, as únicas palavras escritas sobre Jesus durante sua vida.

A inscrição estava reproduzida em hebraico, grego e latim (o que era comum), e os chefes dos sacerdotes repreenderam Pilatos, propondo que ela constasse "Este homem disse: Eu sou o rei dos judeus", e não como estava, "O rei dos judeus", ao que Pilatos respondeu: "O que escrevi, escrevi".

A Basílica de Santa Cruz, em Roma, possui uma relíquia feita com madeira da nogueira, e que mede 25 centímetros de comprimento por 15 centímetros de largura e 2,6 centímetros de espessura. Ela seria parte do *Titulus Crucis* de Jesus. Apresenta três linhas de palavras escritas em latim, grego e hebraico ou siro-caldaico. Está muito danificada. E teria sido descoberta por Santa Helena, a mãe de Constantino. Mas testes com Carbono 14 indicam que esse objeto data do período entre 915 e 1074 d.C.

Após a crucificação, os legionários exerceram o direito de partilha das vestes (túnica, faixa, manto, sandálias): "E repartiram as suas vestes, lançando sorte sobre elas, para saber com o que cada um ficaria". (MARCOS,15:24.)

Todos os evangelistas mencionam a ocorrência. JOÃO, 19:23 e 24, porém, dá a ela maior consideração, ressaltando que a túnica de Jesus era uma peça única, sem costura, de alto a baixo. Somente quanto a ela os soldados tiraram a sorte, a fim de que não fosse rasgada, na divisão.

Várias pessoas acompanhavam a crucificação e muitas zombavam de Jesus.

— "Salva-te a ti mesmo, desce da cruz!" (Marcos,15:30.)

O coro dos sacerdotes e escribas acompanhava os impropérios populares:

— "A outros salvou, a si mesmo não pode salvar! O Messias, o Rei de Israel... que desça da cruz, para que vejamos e creiamos!" (Marcos, 15:31 e 32.)

Até um dos crucificados também ironizava Jesus (Lucas, 23:39 a 43):

— "Não és tu o Cristo? Salva-te a ti mesmo e a nós".

O outro, porém, advertiu o primeiro:

— "Nem sequer temes a Deus, estando na mesma condenação? Quanto a nós, é de justiça; estamos pagando por nossos atos; mas ele não fez nenhum mal."

E acrescentou:

— "Jesus, lembra-te de mim, quando vieres com teu reino".

Ele respondeu:

—"Em verdade, eu te digo, hoje estarás comigo no Paraíso".

Dimas, o chamado *bom ladrão*, é a única voz a defender Jesus no Calvário. Conta Amélia Rodrigues (FRANCO, 2000, p. 152-153) que Dimas estava ao lado direito de Jesus e procurava um rosto conhecido entre aqueles que abaixo das cruzes testemunhavam sua vergonha, condenado por assaltar caravanas ao lado de Giestas, o outro crucificado. Sua mãe, Tamar, acompanhava o filho na hora de agonia, amparada por Esther, jovem noiva de Dimas.

Ao percebê-las, prodigioso sentimento esgueirou-se pelo seu íntimo: foi tomado de honesto arrependimento. A muralha da incredulidade começou a fender. A fé vicejou da frincha do sofrimento moral. Reconheceu seus enganos, identificou o inocente à sua esquerda e repreendeu a zombaria do cúmplice afogado em revolta. Ansiava por perdão, e, procurando confortar a mãe e a noiva infelizes, enviou ao Messias de Nazaré a humilde solicitação: "Jesus, lembra-te de mim, quando vieres com teu reino". E a magnífica resposta não tardou.

Jesus lhe afirmou naquele dia (*eu te digo, hoje,*) que no futuro (*estarás* — verbo no modo indicativo, no futuro do presente) ele habitaria uma morada de Espíritos enobrecidos, após depurar-se, evidentemente. Mas, sem dúvida, desde aquela hora, sua humilde e confortante defesa do Cristo, bem como sua confiante entrega aos cuidados dele, atraiu a Dimas a proteção e a intercessão misericordiosa de Jesus.

Não é razoável interpretar que Jesus prometia o paraíso para Dimas naquele mesmo dia. Primeiro, por princípio de Justiça: o arrependimento de última hora, mesmo que sincero, não pode compensar uma vida de crimes. A eliminação dos traços de uma falta e suas consequências exige a observância da trilogia "arrependimento, expiação e reparação". (KARDEC, 2013d, Pt. 1, cap. VII, 16º código penal da vida futura.) Embora o arrependimento seja o passo inicial para a regeneração, por si só não atende à necessidade de educação do infrator, nem respeita a justiça para as vítimas, o que só ocorrerá com a reparação. Segundo: essa linha interpretativa sugere que Jesus ressuscitou no terceiro dia e somente ascendeu aos céus várias semanas depois. Dentro dessa concepção, Jesus não estaria no paraíso naquela sexta-feira.

Em favor dos demais, Jesus suplicou:

— "Pai, perdoa-lhes: não sabem o que fazem". (LUCAS, 23:34.)

Mulheres emudecidas faziam a vigilância junto à cruz: Maria, sua mãe; Maria de Cléofas, apresentada como irmã de Maria de Nazaré e mãe de Tiago (o Menor) e José; Maria de Magdala; Salomé, mãe de Tiago e João, e "muitas outras que subiram com ele para Jerusalém". (MARCOS, 15:40 e 41.) Dos apóstolos, somente João estava presente, embora LUCAS, 23:49 fale de *amigos* que "permaneciam à distância", entre eles o primeiro mártir cristão, o velho Simeão, da Samária, cujo sacrifício é narrado encantadoramente por Emmanuel. (XAVIER, 2013f, Pt. 1, cap. X.)

Em certo momento, a fronte do divino Supliciado encontrou sua mãe e João abraçados e mergulhados em profunda comoção. Jesus disse a ela: "Mulher, eis o teu filho!" E dirigindo-se com entonação especial ao discípulo mais afim: "Eis a tua mãe". (JOÃO, 19:26 e 27.)

Simeão havia profetizado a Maria: "[...] e a ti, uma espada traspassará tua alma". (LUCAS, 2:35.)

Desde a hora sexta (meio-dia) até a hora nona (três da tarde), o céu escurecera. Crucificado em torno da hora terceira (nove horas da manhã), "à hora sexta, houve trevas sobre toda a terra, até a hora nona". Às três horas da tarde, ouviu-se Jesus proferir forte grito: *"Eli, Eli, lamá sabachtháni?"* Alguns circunstantes entenderam que Ele chamava por Elias, porque suas palavras escaparam enfraquecidas entre a dor e o cansaço; e, sarcasticamente, desafiaram: "Vejamos se Elias vem salvá-lo!" (MATEUS, 27:45 a 49.)

"Eli, Eli, lamá sabachtháni?" — Deus meu, Deus meu, por que me abandonaste?

Trata-se da primeira frase do SALMO 22, de Davi, no dialeto aramaico. Contém a lamentação de um justo por seus sofrimentos e suas esperanças; ao final, eleva-se a prece do inocente perseguido em ação de graças pela libertação esperada.

Lucas e João não mencionam essa evocação de Jesus. É possível que tenham evitado apresentar Jesus formulando palavras que, fora do meio judaico, poderiam soar como indicação de desespero e fé vacilante. Para os judeus, todavia, que viviam no âmbito da Bíblia, essa citação nenhuma estranheza causaria, antes pareceria adequada.

Não foi uma expressão de solidão ou de abandono que envolveu Jesus na hora extrema. Em verdade, Ele pronunciava o início de um cântico bíblico de infinita confiança: "Nossos pais confiavam em ti, confiavam e tu os salvavas; eles gritavam a ti e escapavam, confiavam em ti e nunca se envergonharam". (SALMO 22:5 e 6.)

Ademais, o SALMO 22 gozava de caráter messiânico, segundo alguns especialistas. Davi falara em nome do Messias nessa prece. O registro das primeiras palavras do salmo na boca de Jesus tinha o intuito de evidenciar esse caráter messiânico. Então, disse Jesus: "Tenho sede". (JOÃO, 19:28.) Uma esponja molhada em vinagre foi estendida num ramo de hissopo (planta aromática) até seus lábios (MARCOS, 15:36), e Ele tomou.

É bem possível que um dos legionários tenha se apiedado dele, oferecendo-lhe a *posca*, mistura de água e vinagre, que os soldados romanos traziam como recurso para vencer o calor estafante.

Contudo, para Dominic Crossan (1995b, p. 172), a primeira bebida — vinho com mirra — foi um ato de misericórdia, mas a segunda foi um ato de zombaria. E cita LUCAS, 23:36 em apoio: "Os soldados também caçoavam dele; aproximando-se, traziam-lhe vinagre".

Depois de tomar o vinagre, Jesus bradou: "Está consumado". (João, 19:30.) E recomendou-se a Deus: "Pai, em tuas mãos entrego o meu espírito". (Lucas, 23:46.)

Outra vez Jesus faz alusão a um salmo. Desta vez ao Salmo 31:6: "em tuas mãos eu entrego meu espírito".

Isso acontecia, e, no Pretório, sacerdotes do Templo requeriam a Pilatos o *crurifragium*, isto é, que as pernas dos condenados fossem quebradas, a fim de acelerar suas mortes e retirá-los do Gólgota, de modo a não ofender o Sábado,[21] pois no Judaísmo o novo dia começa ao cair da noite; no caso do sábado, após o entardecer da sexta-feira. O cadáver devia permanecer exposto pelo resto do dia, mas o direito judaico impunha que o corpo fosse enterrado antes do pôr do sol.

De fato, o Deuteronômio, 21:22 e 23 estabelece:

> Se um homem, culpado de um crime que merece a pena de morte, é morto e suspenso a uma árvore, seu cadáver não poderá permanecer na árvore à noite; tu o sepultarás no mesmo dia, pois o suspenso é um maldito de Deus [...].

O texto mosaico se refere em especial aos condenados e mortos, e depois suspensos numa árvore. Crucificação de cadáveres e não de *vivos*.

John Dominic Crossan (1995b, p. 193) questiona se o trecho do Deuteronômio também se aplicaria à crucificação dos *vivos*. Entre os Manuscritos do Mar Morto, o Pergaminho do Templo (11QTemplo)[22] apresenta a posição dos essênios quanto à questão, revelando que eles defendiam a crucificação pelos menos para os crimes de traição e blasfêmia, exigindo a observação do Deuteronômio para a crucificação tanto de cadáveres quanto de *vivos*.

O *crurifragium*, em geral, era aplicado como golpe de misericórdia, causando severo choque traumático e hemorrágico. Uma fratura dos ossos

---

21 N.E.: Conforme a Gênesis, 2:1 a 3, é o dia de descanso instituído por Deus, para ser observado por todos os homens. Tendo completado a obra da criação em seis dias, cessou de trabalhar no sétimo dia.

22 N.E.: A sigla 11QTemplo significa: *O Rolo do Templo da décima primeira gruta de Hirbet Qumran*.

da perna pode causar grande perda de sangue. No homem crucificado da escavação de *Giv'at há Mivtar* foi praticado *crurifragium* na tíbia e na fíbula. Considerando-se as lesões anteriores sofridas pelo executado, o nível do choque traumático se elevaria com a violenta dor da fratura das pernas, e a hemorragia provocaria um choque hipovolêmico, com perda da pressão sanguínea, congestionamento nas extremidades inferiores, resultando em perda da consciência, coma e morte. (ZUGIBE, 2008, p. 137.)

As pernas de Dimas e Giestas foram quebradas com uma marreta, mas quando chegou a vez de Jesus nada fraturaram. Um soldado, todavia, lancetou-o no lado do tronco, para confirmar o óbito.

Existem várias teorias sobre a causa da morte na cruz. As mais prestigiadas são: a hipótese da sufocação (asfixia); ataque cardíaco com ruptura do coração; e choque traumático (dos ferimentos) e hipovolêmico (diminuição rápida do volume de sangue e fluidos corporais).

A hipótese da sufocação parte do pressuposto de que o suspenso na cruz precisava se apoiar sobre os pés para tomar fôlego. A hemorragia, embora profusa, decorrente da flagelação e perfurações, não matava, mas, sim, a obstrução respiratória.

O diafragma é um músculo importante na respiração humana e separa a cavidade torácica da abdominal, unindo-se, na parte frontal, ao esterno, e atrás, à coluna vertebral. Possui vários orifícios por onde o esôfago, a aorta e a veia cava inferior passam, bem como vasos linfáticos e nervos. Quando se inspira, o diafragma se contrai e desce, as costelas se erguem, e o tórax expande; o ar, então, penetra os pulmões. Na expiração, o diafragma sobe, o tórax se contrai, movimentando o ar para fora.

Durante a crucificação, o diafragma seria estendido pelo peso do corpo, travando o movimento de expansão e contração do tórax, assim impedindo a penetração do ar nos pulmões. Espasmos violentos convulsionariam o crucificado. Os membros retesados obstruiriam a circulação sanguínea. O coração e os pulmões vagarosamente seriam contidos por cãibras e asfixia. Quebrar as pernas constituiria o modo de apressar o desfecho, pois impediria o apoio dos pés e dificultaria a retomada do fôlego.

O Dr. Frederick Zugibe (2008, p. 142-146), Ph.D., especialista em patologia forense e professor adjunto de clínica e cirurgia na Universidade de Colúmbia (Nova York), fez experimentos em seu laboratório com a suspensão na cruz de diversas pessoas voluntárias. As experiências culminaram com os seguintes resultados, que desautorizam a hipótese da morte por asfixia:

1. Em todos os voluntários a respiração se tornou abdominal e as inspirações eram curtas, com expirações mais longas;
2. Nos voluntários que sentiram alguma dificuldade para respirar, isso se verificou no começo do procedimento, e desapareceu em seguida;
3. A auscultação dos pulmões não revelou nenhum som patológico durante o procedimento de suspensão;
4. Em vez da diminuição da quantidade de oxigênio no sangue durante a suspensão, os voluntários revelaram uma crescente saturação de oxigênio;
5. Dado o esforço muscular, o ácido lático no sangue aumentou cerca de três vezes e meia em relação ao nível normal, depois de 15 minutos de suspensão, e o ácido lático é estimulante respiratório, causando a hiperventilação, com o objetivo de aumentar o suprimento de oxigênio.

A teoria do ataque cardíaco, com rompimento do coração, é refutada por Zugibe. O ataque cardíaco, ou infarto do miocárdio (músculo cardíaco), ocorre quando ele não recebe nutrientes e oxigênio por meio dos dois grandes vasos que o servem: as artérias coronárias esquerda e direita. Se essas artérias são bloqueadas ou obstruídas, a área do músculo cardíaco à frente do bloqueio ou obstrução morre. O infarto do miocárdio, assim, é um processo de necrose (morte do tecido) da parte do músculo cardíaco, que sofre uma redução significativa e por tempo expressivo de sangue. A oclusão de uma artéria coronária em geral se dá por formação de placas de gordura que estreitam o canal da artéria. Entretanto, dor intensa e estresse emocional também podem provocar o fechamento de uma artéria. Uma consequência rara do ataque cardíaco é a ruptura do coração. A morte do tecido muscular gera o amolecimento do músculo cardíaco, e o coração tenta se curar formando um tecido cicatricial, um processo de cicatrização local. A área do infarto, amolecida, torna-se suscetível de ruptura. Se o paciente não descansar nos primeiros dias após o ataque cardíaco, o aumento da pressão pode romper o tecido amolecido, fazendo o sangue ir para fora do coração, para o saco que o circunda, o pericárdio, onde se divide entre soro (água) e coágulos, após o óbito.

Nessa hipótese, a ruptura do músculo cardíaco, depois do infarto do miocárdio, ocorreria entre um dia e quatro semanas depois do ataque. Os crucificados não costumavam resistir tanto tempo.

Para Zugibe, a causa de morte mais comum na cruz era a parada cardíaca e respiratória, em razão (1) dos choques traumático (por ferimentos) e hipovolêmico (perda abrupta de sangue e fluidos corporais); (2) das dores superlativas e dos severos traumas na pele, nos músculos, nos ossos e nos nervos, que provocavam hemorragias e intensa transpiração, no caso de ter havido a flagelação; (3) da fadiga pelas tantas horas sucessivas de sofrimentos, com o corpo sustentado pelos pregos nos punhos e nos pés.

Narra MATEUS, 27:51 a 53 que, no Templo, o véu do Santuário (que limita o ingresso ao Santo dos Santos, área mais sagrada) se rasgou em duas partes, de cima a baixo, a terra tremeu, e as rochas se fenderam. Acrescenta o evangelista que, depois da chamada ressurreição de Jesus, Espíritos circularam por Jerusalém e foram vistos por diversas pessoas.

Três horas de escuridão enegreceu o céu, como se expressasse luto pela agonia de Jesus.

O Espírito Eros escreveu (FRANCO, 2001, p. 49): "As sombras das almas perdidas nas sombras da tarde mortuária cambaleiam como espectros de horror... Soa a hora extrema da morte".

O jovem profeta Amós predisse (BÍBLIA, 1965, Am 8:9 a 10):

> E naquele dia acontecerá, diz o Senhor Deus, que o sol se porá ao meio-dia, e farei cobrir a Terra de trevas na maior luz do dia. E converterei as vossas festas em luto, e todos os vossos cânticos em pranto [...] porei o país num pranto desfeito, como o que se faz por um filho único, e farei que o seu fim seja um dia de amargura.

CAPÍTULO 27 | ÚLTIMOS MOMENTOS NO CALVÁRIO

No momento da morte de Jesus, a escuridão cessa e a luz retorna: "[...] houve trevas sobre toda a Terra, até a hora nona". (MARCOS, 15:33.)

O livro dos espíritos apresenta múltiplas indagações de Allan Kardec sobre a "Ação dos Espíritos sobre os fenômenos da natureza". Na questão 536a, o Codificador perguntou:

> *Esses fenômenos sempre têm o homem por objeto?*
> "Algumas vezes eles têm o homem como razão imediata de ser. Mas também é frequente terem por único objetivo o restabelecimento do equilíbrio e da harmonia das forças físicas da natureza". (KARDEC, 2013a.)

Pode-se inferir, portanto, que os Espíritos superiores comandaram os agentes espirituais vinculados às forças telúricas, improvisando os efeitos atmosféricos ocorridos durante a crucificação e, especialmente, os efeitos sísmicos verificados após a morte de Jesus, que tiveram por objetivo o homem, ou seja, assinalar aos expectadores da tragédia do Gólgota a procedência divina do enviado desprezado.

Nos momentos finais de Jesus, no madeiro, "a terra tremeu e as rochas se fenderam. Abriram-se os túmulos e muitos corpos dos santos falecidos ressuscitaram. E, saindo dos túmulos após a ressurreição de Jesus, entraram na Cidade Santa e foram vistos por muitos". (MATEUS, 27:51 a 53.)

Obviamente, quando Mateus fala dos túmulos que se abriram e dos muitos corpos de santos falecidos que ressuscitaram, o que se viu foram possíveis materializações ou vidência de Espíritos que se manifestavam com o propósito de salientar o infame atentado contra o inocente da Cruz.

Ante os fenômenos no Calvário, o centurião que coordenava as execuções exclamou, assombrado, conforme MARCOS, 15:39: "Verdadeiramente este homem era filho de Deus!" LUCAS, 23:47 anotou: "Realmente, este homem era um justo". Mateus repetiu Marcos. Lucas, entretanto, parece mais razoável. "Lucas faz o centurião responder à morte de Jesus, mas com uma declaração da sua inocência, e não com uma de fé cristã". (CROSSAN, 1995b, p. 234.) O texto lucano ainda informa que a multidão presente voltou à cidade alarmada, "batendo no peito".

Emmanuel relatou a visão de Lívia, esposa do senador Publius Lentulus, durante os acontecimentos do Gólgota (XAVIER, 2013f, Pt. 1, cap. IX, p. 126):

> De repente, sentiu-se tocada por uma onda de consolações indefiníveis. Figurava-se-lhe que o ar sufocante de Jerusalém se havia povoado de vibrações melodiosas e intraduzíveis. Extasiada, observou, na retina espiritual, que a grande cruz do Calvário estava cercada de luzes numerosas. Ao calor invulgar daquele dia, nuvens escuras se haviam concentrado na atmosfera, prenunciando tempestade. Em poucos minutos, toda a abóbada celeste permanecia represada de sombras escuras. No entanto, naquele momento, Lívia notara que se havia rasgado um longo caminho entre o Céu e a Terra, por onde desciam ao Gólgota legiões de seres graciosos e alados. Concentrando-se, aos milhares, ao redor do madeiro, pareciam transformar a cruz do Mestre em fonte de claridades perenes e radiosas.
> [...] via, agora, o Messias de Nazaré rodeado dos seus lúcidos mensageiros e das legiões poderosas de seus anjos. [...]

Clemente de Alexandria forneceu a indicação mais antiga sobre o ano da morte de Jesus. A crucificação teria ocorrido 42 anos e 3 meses retroativamente ao dia em que os romanos destruíram Jerusalém. Jesus, então, teria morrido no ano 28 d.C.

Paira controvérsia sobre a questão, havendo pesquisadores que defendem os anos 29, 30, 32 e 33 d.C.

Lucas, 3:1 situou o início da vida pública de Jesus no décimo quinto ano do império de Tibério César, que se tornou governante em 14 d.C. Somando-se quinze anos, tem-se o ano 29 do calendário cristão. Acrescidos os três anos de seu ministério, Jesus teria encerrado sua tarefa entre os homens em 32 d.C., com cerca de 37 anos.

O Espírito Emmanuel, todavia, categoricamente afirmou que a crucificação de Jesus se verificou na Páscoa do ano 33, e reforçou sua afirmativa dizendo que Pilatos caminhava para o sétimo ano de governo na Judeia. (XAVIER, 2013f, Pt. 1, cap. VIII, p. 104 e 112.)

Capítulo 28

SEPULTAMENTO

José, tomando o corpo, envolveu-o em lençol de linho e o pôs em seu túmulo novo.
(MATEUS, 27:59 e 60.)

Desde as mais antigas tumbas da Mesopotâmia, até as pirâmides e as gigantescas câmaras subterrâneas do Vale dos Reis; e os túmulos em forma de calotas do famoso templo budista Borobudur, em Java; passando pelos túmulos cartagineses e pelo monumento exuberante construído por Artemisa II para Mausolo;[23] até o Taj Mahal, palácio funerário que o imperador Shan Jahan ergueu em homenagem à sua favorita, Mumtaz Mahal; sem esquecer os túmulos renascentistas, que transformaram as tumbas em obras de escultores e não mais de arquitetos; os sepulcros e outras estruturas funerárias, de ricos ou de pobres, de ontem e de hoje, marcaram e marcam a preocupação do homem para com os restos mortais do homem, a fim de protegê-los da ação dos elementos naturais, e sobrenaturais, ou perpetuar a memória dos mortos.

Os povos da Antiguidade atribuíram extraordinária importância à sepultura e às honras fúnebres. Dominic Crossan (1995b, p. 189) registrou que a "hierarquia do horror era a perda da vida, das posses e do sepultamento, isto é, a destruição do corpo, da família, da identidade". Por isso, as

---

[23] N.E.: Monumento sepucral construído no séc. IV a.C., em Halicarnasso em honra a Mausolo, rei de Cária, por sua irmã e esposa, Artemisa II. É considerado uma das sete maravilhas do mundo antigo, as suas dimensões eram colossais.

penas mais graves do direito romano eram a fogueira, o lançamento às feras e a crucificação, pois nas três circunstâncias normalmente nada restava para ser sepultado: a incineração destruía os corpos, os animais os devoravam e os crucificados alimentavam os corvos, os abutres e cães carniceiros.

O homem moderno não pode compreender a desonra máxima que significava a ausência de sepultamento. A tragédia grega de Antígone, de Sófocles, retrata essa cultura. A filha do rei Édipo, de Tebas, é condenada à morte por haver enterrado o cadáver de seu irmão rebelde, Polinices, e lhe prestado ritos funerários, em exemplo de comovente amor fraternal, embora afrontando a proibição do cruel rei Creonte. Há um instante em que o diálogo entre a ré e o rei beira o sublime.

> Creonte:
> — Não é justo dar ao criminoso tratamento igual ao do homem de bem.
> Antígone:
> — Quem nos garante que esse preceito seja consagrado na mansão dos mortos?
> Creonte:
> — Ah! Nunca! Nunca um inimigo me será querido, mesmo após sua morte.
> Antígone:
> — Eu não nasci para partilhar de ódios, mas somente de amor! (SÓFOCLES, 1985, p. 88.)

Entre as consequências da pena de morte no direito romano advinha ao infrator a privação do sepultamento.

Dominic Crossan (1995b, p. 198) relatou:

> Da prática romana, espera-se que o corpo crucificado seja deixado na cruz para os abutres e os animais. Os sítios das crucificações, tais como os do Gólgota, em Jerusalém, ou do Campo Esquilino, em Roma, com seus postes permanentes, esperando as vítimas que levavam as suas próprias travessas para o local, eram focos horríveis para

predadores atraídos pelo cheiro de suor e sangue, urina e fezes. O próprio local, com as moscas, corvos e cães, era um aviso duradouro contra a subversão das classes inferiores.

Após a morte de Jesus, um notável entre os judeus interveio para que o corpo do Nazareno tivesse sepultamento: José de Arimateia, discípulo secreto de Jesus (João, 19:38), foi aquele que requereu a Pilatos autorização para retirar o corpo da cruz.

O texto joanino observou: "[...] muitos chefes creram nele (Jesus), mas, por causa dos fariseus, não o confessavam, para não serem expulsos da sinagoga". (João, 12:42.)

Mais um notável participou das atenções dadas ao corpo de Jesus, Nicodemos, fariseu e integrante do Sinédrio, aquele que ouviu Jesus falar sobre a ciência do "nascer de novo", e que durante a Festa dos Tabernáculos começou a defendê-lo (João, 7:51): "Acaso nossa Lei condena alguém sem primeiro ouvi-lo e saber o que fez?"

Nicodemos auxiliou no sepultamento, fornecendo 100 libras — cerca de 33 quilos, à época — de uma mistura de mirra e aloés.

Foram os antes vacilantes que se tomaram de coragem para proporcionar um sepultamento digno.

O corpo de Jesus foi envolvido em linho perfumado e conduzido rapidamente para um jardim próximo, onde um sepulcro novo o receberia.

Lucas, 23:50 a 53 relatou que José de Arimateia era integrante do Sinédrio. Justo e bom, ele discordara da sentença de seus pares. O texto lucano informou que José de Arimateia foi acompanhado, além de Nicodemos, pelas mulheres vindas da Galileia, até um túmulo talhado na pedra, que ainda não abrigara corpo algum.

O texto marcano salientou que o túmulo de Jesus foi selado por uma pedra, tendo Maria de Magdala e Maria de Cléofas, irmã de Maria, a mãe de Jesus, presenciado o momento em que o corpo foi guardado.

Somente Mateus, 27:62 a 66 fez alusão à guarda militar do túmulo, reivindicada pelos chefes dos sacerdotes e fariseus a Pilatos, sob o argumento de que os discípulos poderiam subtrair o corpo, a fim de sustentarem a predição da ressurreição.

José, da cidade de Arimateia (*Haramathaim*), situada entre Jerusalém e o Mar Mediterrâneo, era rico o suficiente para fruir do raro privilégio de possuir, ao norte de Jerusalém, um jardim com um túmulo de família recém-talhado na rocha e um jardineiro que cuidasse do local. (João, 20:15) O nobre judeu ousou entrar na residência de Pilatos (Marcos, 15:42 a 45), casa pagã, especialmente na Páscoa, transgredindo a regra de pureza, mas colocando o dever referente ao corpo do amigo acima das formalidades. Foi ele que disputou a honra de descer o corpo de Jesus da cruz, aspergi-lo com expressiva quantidade de essências aromáticas e o envolver em precioso lençol novo e, enfim, guardá-lo em seu próprio sepulcro.

Sem a intervenção de José de Arimateia, Jesus teria uma sepultura comunitária, utilizada, na época, para duas categorias de pessoas: os pobres e os condenados; aqueles por ausência de recursos, estes por imposição da lei judaica. Os condenados só mais tarde poderiam ter os ossos transferidos para um sepulcro familiar. As carnes dos malfeitores e pagãos não deveriam macular as carnes dos justos, nem no túmulo.

Não há razão para se estranhar a concordância de Pilatos com o pedido de José de Arimateia. O governador não estaria necessariamente ofendendo ao direito romano. Já havia mesmo posicionamentos mais humanitários em sua interpretação. A medida também não ofendia ao direito judaico; nas circunstâncias religiosas do momento, era até conveniente.

A ossada de Iokanan ben Há'galgol, descoberta próximo de Jerusalém em 1968, única de pessoa crucificada, com um prego de ponta torta ligando os calcanhares, demonstra que um sentenciado à crucificação poderia receber sepultamento, inclusive no túmulo da família.

Durante o julgamento, Pilatos não hesitou em dar mostras de simpatia pelo inocente feito réu. O prestígio de José de Arimateia pode ter sido outro elemento significativo para a liberação do corpo, já que o procurador romano se viu na contingência de atendê-lo em audiência.

Dominic Crossan (1995b, p. 202) sugeriu que José de Arimateia nunca existiu; foi criado pelo evangelista Marcos, diante da necessidade de uma figura intermediária entre os discípulos de Jesus e os representantes do poder, que pudesse, plausivelmente, reivindicar o corpo de Jesus.

CAPÍTULO 28 | SEPULTAMENTO

Jacques-Noël Pérès, professor de Patrística[24] na Faculdade de Teologia Protestante de Paris, propôs que José de Arimateia foi apenas um zeloso membro do Sinédrio, cuja preocupação com o corpo de Jesus se deveu apenas ao interesse de preservar a regra do DEUTERONÔMIO, 21:22 e 23, que ordenava o sepultamento antes do crepúsculo. Nenhuma ligação com o condenado orientou suas ações. José de Arimateia foi "simplesmente um judeu piedoso que não conseguia admitir que um corpo supliciado permanecesse suspenso na madeira da cruz quando começava o *sabat*". (PÈRÉS, 2003, p. 95.)

Seria então razoável perguntar: Por que José de Arimateia não sepultou os três condenados, em vez de um, Jesus? Por que ele não destinou o corpo de Jesus a uma sepultura comunitária, antes preferiu depor o corpo de um condenado no jazigo de sua própria família?

Nicodemos era muito rico, a se considerar a quantidade de mirra e aloés que forneceu para ungir Jesus, digna de um rei. O pó de mirra, obtido de caríssima resina que se solidificava nas árvores da Arábia e Abissínia, associado ao aloés, formava um bálsamo utilizado no sepultamento de aristocratas. (DUQUESNE, 2005, p. 157.)

A preparação de bálsamos e resinas, utilizando-se óleo de oliva e especiarias aromáticas, constituía atividade famosa em Jerusalém. MARCOS, 16:1 registra que Maria de Magdala, Maria de Cléofas e Salomé compraram aromas para ungir Jesus.

Giuseppe Ghiberti (1986, p. 692) relacionou os procedimentos aplicados a um corpo para sepultá-lo na Palestina do século I, possivelmente empregados no de Jesus. Era lavado e ungido; cabelo e barba, aparados. Os olhos eram fechados, e as mandíbulas, atadas; às vezes, os pés e os braços também, para que ficassem junto ao corpo ao longo do transporte. Os orifícios eram vedados. Um sudário envolvia o corpo, que permanecia deitado de costas, sobre um estrado, não em caixão. Possivelmente, com Jesus, foram omitidas algumas dessas e outras providências, diante das circunstâncias adversas.

---

24 N.E.: Filosofia cristã formulada pelos *padres da Igreja* nos primeiros cinco séculos de nossa Era, buscando combater a descrença e o paganismo por meio de uma apologética da nova religião, calcando-se frequentemente em argumentos e conceitos procedentes da filosofia grega.

Há quem desmereça a informação de Mateus quanto à guarda do túmulo requerida pelos sacerdotes a Pilatos.

Desde Hermann Samuel Reimarus (1694–1768)[25] — que iniciou o moderno debate em torno de Jesus, procurando reconstruir racionalmente sua história, dentro do clima do iluminismo alemão —, ele mesmo e outros estudiosos se esforçaram por demonstrar, por argumentos variados, que Mateus inventou a lacração da tumba e sua guarda por soldados. Mateus estaria preocupado em refutar a suspeita de que a ressurreição de Jesus foi simulada, por causa do furto de seu corpo, que seria o fato histórico.

Entre os argumentos explorados, alguns questionam por que as autoridades judaicas deixaram passar uma noite antes de providenciar a vigilância do sepulcro. Outros estranham que os sacerdotes se recordaram da profecia da ressurreição, enquanto os discípulos precisaram da mensagem da entidade angélica para lembrá-la. Há quem alegue que, no sábado, a caminhada até a casa do governador seria impraticável, pela norma obrigatória de descanso.

Essas conjecturas não procedem. A avançada hora da morte de Jesus limitou ações. O fim do dia era iminente, com as implicações rituais para o *Shabat* e a Páscoa. Os evangelhos não afirmam que os discípulos se esqueceram da promessa de regresso da morte após o terceiro dia; deixam implícito que o grave abatimento e o medo das autoridades judaicas corromperam as esperanças. E a distância dentro de Jerusalém até a residência que hospedava Pilatos não ultrapassava a extensão da caminhada facultada para o sábado. Se os compatriotas de Jesus mobilizaram a autoridade romana na Judeia para levá-lo à morte, por que não seria admissível que tivessem reclamado à mesma autoridade precauções quanto à guarda de seu túmulo?

O furto do corpo será a impostura com que os sacerdotes justificarão sua ausência no túmulo lacrado.

Mateus, 28:11 a 15 destaca que os legionários romanos foram noticiar aos sacerdotes do Templo o desaparecimento do corpo de Jesus (já que Pilatos subordinou a guarda aos sacerdotes) e receberam vultosa quantia

---

25 N.E.: Filósofo alemão. Como deísta refutou a maior parte dos conteúdos dogmáticos da religião católica e atacou as concepções materialistas dos intelectuais franceses.

para sustentarem que dormiram durante a vigilância, permitindo que o corpo fosse levado pelos seguidores do Nazareno.

— "Dizei que os seus discípulos vieram de noite, enquanto dormíeis, e o roubaram. Se isso chegar aos ouvidos do governador, nós o convenceremos e vos deixaremos sem complicação".

Mateus, aliás, reconhece que essa foi a história que se espalhou entre os judeus céticos no curso das décadas futuras.

Não houve, evidentemente, furto do corpo de Jesus, e o pedido de vigiar o túmulo não foi inventado por Mateus, pois corria entre os judeus a versão dos próprios soldados, esta, sim, muito pouco plausível: no correr da noite de sábado para domingo, os legionários teriam dormido de forma tão profunda que os discípulos de Jesus removeram a pesada pedra e retiraram o corpo sem nenhum deles perceber.

Escavações arqueológicas demonstraram que a região do Gólgota e do sepulcro de Jesus foi uma pedreira, na qual mesmo hoje se percebem marcas de corte nas rochas.

Em Israel, os mortos normalmente eram enterrados no chão, em fossas ou poços. Todavia, os integrantes das classes sociais superiores construíam nos montes e vales que cercavam Jerusalém câmaras sepulcrais abertas nas rochas ou a partir de grutas naturais. Formavam-se necrópoles, túmulos de família, a partir dessas câmaras, em cujas paredes escavavam-se compartimentos quadrados e estreitos, como prateleiras. Os compartimentos eram chamados *kokhim*, isto é, fornos, organizados para ocupar pouco espaço. Depois que terminava a decomposição, os ossos eram recolhidos em caixas, os ossuários.

O relato evangélico propõe que o sepulcro de Jesus tinha a forma de câmara e se fechava com uma pedra redonda, semelhante à de moinho, que deslizava sobre um trilho. De acordo com MARCOS, 16:3, no domingo, enquanto caminhavam para o túmulo, as mulheres questionavam-se: "Quem rolará a pedra da entrada do túmulo para nós?" O deslocamento dessa rocha, mesmo sobre o trilho, exigia a força de homens.

O corpo de Jesus não foi inserido num *kokhim*, num nicho da parede. João conta que, após ter visto o túmulo vazio, com Pedro, voltaram para casa. Entretanto, Madalena permaneceu no sepulcro, do lado de fora, chorando. "Enquanto chorava, inclinou-se para o interior do sepulcro e viu dois anjos, vestidos de branco, sentados no lugar onde o corpo de Jesus fora colocado, um à cabeceira e outro aos pés". (João, 20:11 e 12.) Pela descrição, Jesus foi estendido sobre algo parecido com um banco lavrado na rocha.

O Calvário e a área do túmulo de Jesus compõem atualmente a complexa Basílica do Santo Sepulcro, com diversas capelas dedicadas a vários personagens da epopeia evangélica e mártires cristãos.

Marcos, 15:46 informou que José de Arimateia, "comprando um lençol, desceu-o, enrolou-o no lençol".

O quarto evangelho (João, 20:6 e 7), a certa altura da narrativa dos acontecimentos do domingo, mencionou:

> Então, chega também Simão Pedro [...] e entrou no sepulcro; vê os panos de linho por terra e o sudário que cobrira a cabeça de Jesus. O sudário não estava com os panos de linho no chão, mas enrolado em um lugar, à parte.

Há, nessa descrição, uma evidência histórica. Caso o corpo de Jesus tivesse sido furtado, os autores da subtração não se dariam ao trabalho de retirar as faixas de linho que o cobriam, ou enrolar cuidadosamente o sudário "em um lugar, à parte".

Capítulo 29

RESSURRECTO

Por que procurais aquele que vive entre os mortos? Ele não está aqui; ressuscitou.
(LUCAS, 24:5 e 6.)

Ressurreição em Israel possuía vários significados.

Dizia-se, com o termo, de um evento escatológico, isto é, um episódio que aconteceria no fim da história humana: o despertar do sono da morte para o julgamento final, no antigo corpo, cujos elementos dispersos voltariam a se agregar.

Com a ressurreição da filha de Jairo, a de Lázaro e a de Êutico (ATOS DOS APÓSTOLOS, 20:7 a 12), *ressurreição* equivale à reanimação de um corpo com sinais vitais debilitados, imperceptíveis, ou restituição da normalidade fisiológica, antes da extinção da vida orgânica. Disse Jesus: "[...] a menina não morreu, está dormindo" (MATEUS, 9:24); "[...] nosso amigo Lázaro dorme, mas vou despertá-lo" (JOÃO, 11:11). Paulo tranquilizou seus companheiros a respeito do jovem Êutico, acidentado e tido como morto: "[...] Não vos perturbeis: a sua alma está nele!" (ATOS DOS APÓSTOLOS, 20:10).

Noutros contextos, *ressurreição* indicava uma experiência psíquica, a denominada (impropriamente) incorporação mediúnica. Outras vezes, a palavra significava *reencarnação*.

Em LUCAS, 9:7 e 8, numa só passagem, obtêm-se exemplos dessas duas concepções.

"O tetrarca Herodes, porém, ouviu tudo o que se passava, e ficou muito perplexo por alguns dizerem: 'É João que foi ressuscitado dos mortos'; e outros: 'É Elias que reapareceu'; outros ainda: 'É um dos antigos profetas que ressuscitou'."

Fazia pouco tempo que João Batista tinha sido decapitado, estivera encarnado no mesmo período que Jesus, era seis meses mais velho. Como João poderia ressuscitar em Jesus? Pela incorporação mediúnica, ou seja, a manifestação de um desencarnado no plano terreno por intermediário de um encarnado.

Elias e os antigos profetas viveram séculos antes. Como um deles poderia ser Jesus? Pela reencarnação, o regresso do Espírito à vida corporal.

Ressurreição ainda traduzia a volta depois da morte, em Espírito, numa aparição.

Com Jesus, depois do sepulcro, *ressurreição* assume este último sentido — fenômeno mediúnico de efeitos visuais, por vidência ou materialização.

Os evangelhos apoiam essa interpretação?

Basta examinar os indícios sobre a natureza do corpo de Jesus ressurrecto, para se verificar que não foi um corpo flagelado e morto que ressurgiu.

João, 20:19 informa que, estando fechadas as portas do lugar onde se achavam os apóstolos, Jesus veio e se pôs no meio deles.

Em várias passagens, as testemunhas não reconheceram o semblante de Jesus ressuscitado. Aos caminheiros de Emaús, Marcos esclarece que Jesus se "manifestou de outra forma" (Marcos, 16:12), o que explica Lucas, 24:16: "seus olhos, porém, estavam impedidos de reconhecê-lo". João, 20:14 relata que Maria de Magdala "voltou-se e viu Jesus de pé. Mas não sabia que era Jesus". Pouco adiante, João, 21:4 informa: "Jesus estava de pé, na praia, mas os discípulos não sabiam que era Jesus"; e depois: "[...] nenhum dos discípulos ousava perguntar-lhe: 'Quem és tu?', porque sabiam que era o Senhor" (21:12).

Trata-se de um corpo apto a vencer as barreiras da matéria, capaz de alterar-se para se fazer irreconhecível e, num instante depois, fazer-se reconhecer com a aparência humana habitual.

A primeira carta de Paulo aos Coríntios auxilia a entender a natureza do corpo ressuscitado de Jesus. Os coríntios também tinham dificuldade em admitir que um corpo morto pudesse ressuscitar. Paulo, em socorro a eles, elucidou:

> Mas, dirá alguém, como ressuscitam os mortos? Com que corpo voltam? Insensato! O que semeias não readquire vida a não ser que morra. E o que semeias não é o corpo da futura planta que deve nascer, mas um simples grão de trigo ou de qualquer outra espécie. A seguir, Deus lhe dá corpo como quer; a cada uma das sementes ele dá o corpo que lhe é próprio. [...]. Há corpos celestes e há corpos terrestres. Um é o brilho do sol, outro o brilho da lua, e outro o brilho das estrelas. E até de estrela para estrela há diferença de brilho. O mesmo se dá com a ressurreição dos mortos; semeado corpo corruptível, o corpo ressuscita incorruptível; semeado desprezível, ressuscita reluzente de glória; semeado na fraqueza, ressuscita cheio de força; semeado corpo psíquico, ressuscita corpo espiritual. Se há um corpo psíquico, há também um corpo espiritual. [...] Digo-vos, irmãos: a carne e o sangue não podem herdar o Reino de Deus [...]. Quando, pois, este ser corruptível tiver revestido a incorruptibilidade e este ser mortal tiver revestido de imortalidade, então cumprir-se-á a palavra da Escritura: *A morte foi absorvida na vitória. Morte, onde está a tua vitória? Morte, onde está o teu aguilhão?* (1 CORÍNTIOS, 15:35 a 55.)

O apóstolo dos gentios inicia a dissertação recordando que tudo possui um corpo apropriado — lei extensiva aos denominados mortos. A atividade nos corpos corruptíveis da matéria enseja conquistas que enchem de glória o corpo espiritual, apropriado à vida do Espírito na dimensão espiritual. Todo investimento evolutivo no corpo psíquico, ou corpo mental, ou mente, repercute no corpo espiritual. Um corpo de carne e sangue não poderá experienciar no reino de Deus, isto é, na realidade espiritual. Somente um corpo não corruptível poderá experienciar no reino de Deus, afirma Paulo. Esse corpo é o que pode preservar a pureza crescente do conteúdo, a alma. Vaso que é, o corpo espiritual reflete também, em pureza crescente, seu conteúdo.

João, 1:14 ensinou que "o Verbo se fez carne e habitou entre nós". Se o Verbo não estaria mais entre nós, e regressaria para as esferas de sua origem, por que se manter carne?

Para o Espiritismo, o homem possui uma composição ternária. Há nele três partes essenciais: primeiro, o corpo ou ser material, o seu instrumento de inserção na vida planetária, semelhante ao dos animais e animado pelo mesmo princípio vital; segundo, a alma ou ser imaterial, o Espírito imortal; terceiro, o laço que une a alma ao corpo, o corpo intermediário entre a matéria e o espírito — o corpo espiritual ou, como bem o designou Allan Kardec, o perispírito. Com a morte do corpo orgânico, o Espírito passa a se apresentar e se exprimir por meio do corpo espiritual. (KARDEC, 2013a, q. 135a.)

O perispírito é conhecido desde a mais remota antiguidade. No Egito, foi chamado *Ka*; na China, "corpo aeriforme"; na Grécia, "carro sutil da alma".

Homero (1987, p. 248), em *A Ilíada*, descreveu maravilhosamente o perispírito na aparição de Pátroclo a Aquiles: "Apareceu-lhe a alma do infortunado Pátroclo, em tudo semelhante ao homem, na altura, nos olhos e na voz, e envolto em igual radiação".

Para Paulo e a ciência espírita, as aparições de Jesus ocorreram pela manifestação de seu corpo espiritual; não foi um corpo carnal que voltou à vitalidade.

Em todos os significados do termo *ressurreição* há uma ideia essencial: ressurgimento, ato ou efeito de ressurgir.

Jesus predisse sua morte e ressurgimento em diversas ocasiões (MATEUS, 17:22 a 23; 20:19; MARCOS, 8:31; 9:30 e 31; 10:33 e 34).

Após sua viagem a Cesareia, oportunidade em que conferiu a Pedro a direção da comunidade (MATEUS, 16:18), "Jesus começou a mostrar aos seus discípulos que era necessário que fosse a Jerusalém e sofresse muito por parte dos anciãos, dos chefes dos sacerdotes e dos escribas, e que fosse morto e ressurgisse ao terceiro dia" (MATEUS, 16:21).

Entre as referências à ressurreição anotadas por Lucas, destaca-se, em especial, o teor da conversa entre Jesus e os dois visitantes espirituais no Tabor: "[...] eram Moisés e Elias que, aparecendo envoltos em glória, falavam de sua partida que iria se consumar em Jerusalém". (LUCAS, 9:30 e 31.)

CAPÍTULO 29 | RESSURRECTO

A ressurreição de Jesus não foi descrita pelos evangelhos; somente o túmulo vazio e as aparições.

Há quem entenda que a ressurreição foi um delírio da mente enferma de Maria de Magdala que se propagou entre os discípulos conturbados pelos acontecimentos recentes.

Ernest Renan (2003, p. 393 e 394) foi dos primeiros a propor isso:

> A vida de Jesus, para o historiador, acaba com seu último suspiro. Mas a marca que ele deixara no coração dos seus discípulos e de algumas amigas devotadas foi tamanha que, durante semanas ainda, ele esteve vivo e consolador para eles. Por quem seu corpo foi levado? Em que condições de entusiasmo, sempre crédulo, eclodiu o conjunto de relatos através do qual se estabelece a fé na ressurreição? É o que, por causa de documentos contraditórios, sempre ignoraremos. Digamos, no entanto, que a forte imaginação de Maria de Magdala desempenhou, nessa circunstância, papel essencial. Poder divino do amor! Momentos sagrados em que a paixão de uma alucinada dá ao mundo um Deus ressuscitado!

Os apóstolos teriam desejado tão ardentemente a ressurreição, que suas mentes teriam simulado o fato, confundindo alucinação com ocorrência real? Numa extensão maior do fenômeno, a visão dos quinhentos da Galileia seria uma alucinação coletiva?

Não é esse, porém, o estado emocional dos apóstolos e discípulos revelados no doloroso transe da paixão. Frustração e desolação, desesperança e mesmo revolta foram a tônica. Maria de Magdala acreditava que alguém subtraíra o corpo de Jesus: "Senhor, se foste tu que o levaste, dize-me onde o puseste e eu o irei buscar". (JOÃO, 20:15.) Tomé, ríspido, duvidou do testemunho dos colegas de apostolado. Sobre os testemunhos de Maria de Magdala, Joana de Cusa, Maria de Cléofas, Salomé e das outras mulheres, escreveu LUCAS, 24:11 que aos apóstolos essas palavras "lhes pareceram desvario, e não lhes deram crédito".

E o que dizer da visão de Jesus por Paulo, que partiu para Damasco "respirando ainda ameaças de morte contra os discípulos do Senhor?" (ATOS DOS APÓSTOLOS, 9:1.)

Explicações de outras naturezas não faltaram.

José de Arimateia e Nicodemos seriam ligados aos essênios. Os dois varões teriam simulado o sepultamento. Daí, a pressa que tiveram em colocar Jesus no túmulo; Ele ainda estaria vivo. Os dois anjos de branco seriam essênios buscando Jesus na sepultura de Arimateia.

Outra teoria.

Simplesmente, o corpo teria sido furtado.

A proeza de ludibriar uma guarda romana, removendo a imensa rocha e retirando do túmulo o corpo, enquanto soldados profissionais dormiam, é desconcertante. Mas foi a saída entrevista pelos sacerdotes do Templo: "Dizei que os seus discípulos vieram de noite, enquanto dormíeis, e o roubaram" (MATEUS, 28:13).

Ladrões não se teriam preocupado em separar os panos e colocá-los em ordem; deixá-los-iam de qualquer modo, a esmo; ou melhor, nem teriam desenfaixado o corpo. Todavia, não foi assim: "O sudário não estava com os panos de linho no chão, mas enrolado em um lugar, à parte". (JOÃO, 20:7.)

Os espiões e a polícia do Templo certamente realizaram investigações e buscas, em vão. Jesus, sua doutrina, seus feitos e sua vida acuaram os príncipes do clero judaico. O desaparecimento de seu corpo, é claro, provocou a reação das autoridades, obstinadas em demonstrar fraude. Aqueles que tanto lutaram por sua morte tudo devem ter feito para encobrir aos olhos do povo a evidência do crime contra o Enviado celeste.

Outras hipóteses — como a de Madalena ter-se enganado de sepulcro, ou ter havido dois enterros, um provisório, no túmulo de Arimateia, e outro definitivo, após o *Shabat* — não resistem aos detalhes das narrativas evangélicas: os guardas, a pedra, os panos no sepulcro, as visões.

Mas um dos elementos que tornaram o relato evangélico mais convincente foi a qualidade das testemunhas: mulheres. Para que um testemunho tivesse crédito, era necessário que estivesse amparado por outro; duas pessoas eram indispensáveis, porém, homens. (GHIBERTI, 1986, p. 700.)

Joachim Jeremias (2005, p. 492) ressalva que o testemunho de uma mulher somente era aceito em casos excepcionais, conforme se constata no estudo de documentos rabínicos antigos. E, para se ter uma ideia do quanto era desvalorizado o testemunho feminino, nos mesmos casos em que era admitido também era permitido o testemunho de um escravo pagão.

Diferente dos demais rabis, Jesus revelava terna solicitude pelas mulheres e se deixava acompanhar por elas, "ensejando-lhes o engrandecimento moral e renovando-lhes os sentimentos ultrajados". Por isso, "nos seus passos e ministério sempre estavam presentes mulheres abnegadas, que constituíam apoio e nobreza caracterizando a singularidade superior dos seus ensinamentos". (FRANCO, 2000, p. 101.)

Foram elas que o seguiram na *via dolorosa*, enfrentando o ambiente hostil e repleto dos tóxicos da ingratidão e da violência. Na cruz, as mulheres. Em seu sepultamento, as mulheres. Depois do *Shabat*, foram elas que se dispuseram a render homenagens de saudade. Era comum aspergir essências perfumadas sobre o corpo, já enrolado nos panos sepulcrais, ou deixar esses aromas pelo túmulo.

Os apóstolos não acreditaram nas mulheres. E raras sociedades na história teriam acreditado. Elas estavam relegadas à indiferença social, jurídica e religiosa. No entanto, a elas coube a tarefa de transmitir a mais importante mensagem dos milênios, a mensagem da imortalidade. Eram as últimas entre os seguidores de Jesus, e Ele as tornou as primeiras.

Jacques Duquesne (2005, p. 265) salientou:

> Este último ponto tem grande importância. Pois deixa mal a hipótese, repetida ao longo de séculos, de uma operação montada pelos companheiros de Jesus, que teriam feito desaparecer o corpo antes de anunciar a ressurreição. Se tivessem querido montar tal operação, tal manipulação, teriam escolhido outros mensageiros que não as mulheres. Fazer anunciar a ressurreição por mulheres, quem quer que fossem, era o meio mais seguro de não acreditarem.

Uma conspiração jamais teria nas mulheres as escolhidas para a notícia da ressurreição. O mais simplório dos apóstolos elegeria um homem para ser o anunciador, e não faltariam homens eminentes para o papel, como Nicodemos ou José de Arimateia.

Diante de tudo isso, é preciso questionar: o que transformou aqueles homens rústicos, infundindo-lhes tamanha força altruística ao caráter, de modo a sustentarem contra todos os perigos uma luta sem violência, ao sacrifício de suas famílias e das próprias vidas, para que outros pudessem conhecer o amor e a liberdade como os ensinara Jesus? Algo extraordinário aconteceu e modificou para sempre a trajetória e a vida dos discípulos — acovardados, antes, heroicos depois; inseguros no passado, agora invencíveis na fé.

Jacques Duquesne (2005, p. 267) concorda:

> Algo aconteceu, portanto, naqueles dias, que irrompeu em fé, que mudou esses homens. Eles declararam, até o fim da vida, que esse 'algo' tinha sido a ressurreição de Jesus e sua aparição diante deles. Ninguém pode provar. Todos têm direito de duvidar. O Deus que Jesus anunciou respeita a liberdade dos homens até o ponto de permitir que duvidem Dele ou O rejeitem.

Sepulcro vazio — "um vazio que, contra as aparências, canta a vida, tornando possível uma presença que não se interromperá nunca mais", poetizou Giuseppe Ghiberti (1986, p. 714).

Capítulo 30

APARIÇÕES

Tu creste, Tomé, porque me viste; bem-aventurados os que não viram e creram.
(BÍBLIA, 1965, JOÃO, 20:29.)

Cada evangelho é muito próprio ao apresentar os eventos ocorridos depois que o túmulo de Jesus foi encontrado vazio. Eles concordam que Maria de Magdala foi ao túmulo, no terceiro dia após a crucificação, e o encontrou vazio. Quanto ao resto, discordam em quase tudo.

Quantas foram as aparições? Onde e em que circunstâncias se verificaram?

Elas podem ser aglomeradas em três momentos: as aparições próximas da sepultura; aquelas produzidas em Jerusalém e suas cercanias; e as ocorridas na Galileia.

Mateus e Marcos ordenaram com brevidade as aparições.

No texto mateano, um Espírito elevado — pois "seu aspecto era como o do relâmpago e a sua roupa, alva como a neve" (MATEUS, 28:3) — provocou um abalo sísmico, quando se materializou e removeu a pedra que cerrava o túmulo de Jesus; aterrorizou os guardas e revelou às mulheres que o crucificado não estava mais ali, havia ressuscitado; e exortou-lhes a levarem a boa-nova aos apóstolos, acrescentando que Jesus esperaria por eles na Galileia.

Jesus, então, procura pessoalmente as mulheres (Maria de Magdala e Maria de Cléofas, a irmã de sua mãe) e reforça o convite para que os apóstolos se dirijam à Galileia.

Os discípulos partem para a montanha indicada pelo ressurrecto. No reencontro, em solo galilaico, alguns se prostram diante dele, outros duvidam, e recebem o mandato de cristianização dos povos.

Marcos acrescenta Salomé — mãe de Tiago e João — ao grupo de mulheres que caminhava para o túmulo, e chama a entidade espiritual de *jovem*, em vez de anjo, destacando a brancura de sua túnica. Situa esse Espírito à direita do interior do túmulo, atribuindo a ele o anúncio da ressurreição e a mensagem de reencontro na Galileia.

A tradição marcana propõe que Jesus apareceu somente a Maria de Magdala, que não foi acreditada.

Após, Jesus manifestou-se aos dois caminheiros de Emaús.

Por fim, em lugar não mencionado, Ele tornou-se visível aos onze apóstolos reunidos, censurou-lhes a incredulidade perante os testemunhos de sua ressurreição, convocou-os à evangelização das massas, outorgando-lhes, para isso, aptidões como a xenoglossia[26] e a imunização a venenos, a cura de obsidiados e outras enfermidades.

Verificados esses acontecimentos, Jesus "foi arrebatado ao céu e sentou-se à direita de Deus". (MARCOS, 16:19.)

Lucas ofereceu um relato nas mesmas linhas, porém, mais minucioso e registrando maior número de aparições.

Maria de Magdala, Joana de Cusa e Maria de Cléofas, diante da sepultura violada, entraram no túmulo, perplexas. Dois homens de vestes fulgurantes surgiram: "Por que procurais aquele que vive entre os mortos? Ele não está aqui, ressuscitou". (LUCAS, 24:5 e 6.)

A narrativa lucana não diz se as entidades espirituais incumbiram as mulheres de transmitir alguma orientação aos apóstolos. Mas registra que elas contaram aos apóstolos o que viram e ouviram.

O episódio de Emaús é detalhadamente historiado no terceiro evangelho [Lucas].

---

26 N.E.: É o uso de uma língua (escrita ou falada) que se não aprendeu e que se não conhece em condições normais. O médium, influenciado por um Espírito, fala uma língua estrangeira que lhe é por inteiro desconhecida. *Dicionário de filosofia espírita*, J. Palhano Jr., Editora Léon Denis.

Ignora-se, hoje, a correta localização de Emaús, a 60 estádios de Jerusalém, cerca de 12 quilômetros.

Séculos depois, o episódio era comemorado na cidade de Emaús Nicópolis, a 160 estádios de Jerusalém. No tempo das cruzadas, descobriram-se duas possíveis candidatas a Emaús: El-Qubeibeh e Abu Ghosh, construídas nas margens das estradas do período romano que levavam ao Mar Mediterrâneo.

Cléofas e outro seguidor de Jesus caminhavam tristes em direção a Emaús. Um estranho os abordou na estrada, indagando-lhes sobre o que conversavam. Os caminheiros, lamentosos, apresentaram singelo resumo daqueles três dias, da crucificação do profeta de Nazaré até o desaparecimento de seu corpo. Eles esperavam em Jesus o redentor político de Israel. Com Ele, os dois caminheiros pareciam ter sepultado suas esperanças. (Lucas, 24: 13 a 24.) O estranho, então, censurou-os:

— "Insensatos e lerdos de coração para crer em tudo o que os profetas anunciaram! Não era preciso que o Cristo sofresse tudo isso e entrasse em sua glória?" (Lucas, 24:25.)

Em seguida, Ele se pôs a interpretar, desde Moisés, as predições sobre o Messias.

Chegando a Emaús, Cléofas e o amigo rogaram:

— "Permanece conosco, pois cai a tarde e o dia já declina". (Lucas, 24:29.)

Apenas quando, à mesa, viram o convidado abençoar o pão e parti-lo é que nele reconheceram Jesus, que se desmaterializou no mesmo instante.

— "Não ardia o nosso coração quando ele nos falava pelo caminho, quando nos explicava as Escrituras?" (Lucas, 24:32.)

Jesus apareceu aos apóstolos no momento em que os dois caminheiros retornavam de Emaús e relatavam a visita do Mestre. Ele se identificou, comeu diante de todos, abriu-lhes as mentes para que entendessem as Escrituras. Em vez de partirem para a Galileia, Jesus lhes determinou a permanência em Jerusalém, até serem "revestidos da força do Alto". (Lucas, 24:49.)

Em profunda comoção, os discípulos acompanharam Jesus até Betânia, de onde ascendeu aos céus.

Os apóstolos regressaram a Jerusalém com alegria e estiveram no Templo continuamente, em louvor a Deus. O ciclo de aparições de Lucas, como se vê, desenvolve-se apenas em Jerusalém e suas imediações.

A narrativa de João é abrangente. Enfoca, nos primeiros momentos, Maria de Magdala e nenhuma outra mulher. Maria é a verdadeira protagonista daquela manhã. A ex-obsidiada encontrou a sepultura vazia e alertou os apóstolos. Depois que João e Pedro testificaram o desaparecimento do corpo, Maria ficou a sós, e chorava, até que se inclinou para dentro do túmulo e viu dois anjos, um à cabeceira e outro aos pés do lugar onde o corpo estivera.

— "Mulher, por que choras?"
— "Levaram o meu Senhor e não sei onde o colocaram". (João, 20:13.)

Foi quando ela, voltando-se para fora do jazigo, viu alguém que lhe repetiu a pergunta, sem nele reconhecer Jesus (novamente transfigurado), como aconteceu aos caminheiros de Emaús. Ela supôs no estranho um empregado de José de Arimateia, responsável pelo jardim que adornava o sepulcro familiar:

— "Senhor, se foste tu que o levaste, dize-me onde o puseste e eu o irei buscar!"
— "Maria!"

Ante a inconfundível e dulçorosa inflexão de voz, ela o reconhece e exclama:

— "Rabunni!"

Isto é, Mestre. E se atira aos pés do Cristo, abraçando-os.

— "Não me retenhas, pois ainda não subi ao Pai. Vai, porém, a meus irmãos e dize-lhes: Subo a meu Pai e vosso Pai; a meu Deus e vosso Deus". (João, 20: 15 a 17.)

Embora João e Pedro também tivessem visitado o sepulcro, Ele a escolheu.

Disse o Espírito Emmanuel (XAVIER, 2013g, cap. 11, p. 31-32):

> Para muita gente, Maria de Magdala era mulher sem qualquer valor pela condição de obsidiada em que se mostrava na vida pública; no entanto, Ele via Deus naquele coração feminino ralado de sofrimento e converteu-a em mensageira da celeste ressurreição.

Ao cair da tarde, naquele domingo, dez apóstolos, temendo represálias dos líderes judeus e do povo, guardavam-se a portas fechadas. Ignora-se a quem pertencia e onde se situava essa residência. Como as mulheres e os apóstolos foram do sepulcro a ela em brevíssimo tempo, sua localização certamente era em Jerusalém. Passados alguns minutos, Jesus apareceu entre eles e disse:

— "A paz esteja convosco! Como o Pai me enviou, também eu vos envio". (João, 20:21.)

Paulo propôs uma aparição especial a Pedro (1 Coríntios, 15:5). Essa aparição foi confirmada por Lucas: "O Senhor ressuscitou e apareceu a Simão". (Lucas, 24:34.)

João prossegue informando que Ele lhes mostrou as marcas dos cravos nas mãos e o golpe no lado. Num gesto simbólico, soprou sobre eles, esclarecendo:

— "Recebei o Espírito Santo".

Tomé não estava presente e se recusou a crer nos fatos relatados.

— "Se eu não vir em suas mãos o lugar dos cravos e se não puser meu dedo no lugar dos cravos e minha mão no seu lado, não crerei!"

Com seu espírito crítico, Tomé procurou reduzir a magnitude do fato, porque ele não estava presente.

O Espírito Emmanuel observou (XAVIER, 2013e, cap. 100):

> Tomé descontente, reclamando provas, por não haver testemunhado a primeira visita de Jesus, depois da morte, criou um símbolo para todos os aprendizes despreocupados das suas obrigações.
>
> Ocorreu ao discípulo ausente o que acontece a qualquer trabalhador distante do dever que lhe cabe.
>
> [...]
>
> Tomé não estava com os amigos quando o Mestre veio. Em seguida, formulou reclamações, criando o tipo do aprendiz suspeitoso e exigente. Nos trabalhos espirituais de aperfeiçoamento, a questão é análoga.
>
> Matricula-se o companheiro, na escola de vida superior, entretanto, em vez de consagrar-se ao serviço das lições de cada dia, revela-se apenas mero candidato a vantagens imediatas.
>
> Em geral, nunca se encontra ao lado dos demais servidores, quando Jesus vem; logo após, reclama e desespera.

Oito dias mais tarde, Jesus se materializou mais uma vez.

Conta Amélia Rodrigues que, enquanto os onze apóstolos meditavam na mesma sala com as portas fechadas, "uma aragem perfumada invadiu o recinto e uma claridade diamantina vestiu as sombras que ali pairavam com delicada luz, dentro da qual, esplendente e nobre, Ele surgiu". (FRANCO, 2000, p. 158.)

Não houve censura, somente compaixão ao se dirigir ao apóstolo incrédulo.

— "Põe teu dedo aqui e vê minhas mãos! Estende tua mão e põe-na no meu lado e não sejas incrédulo, mas crê!"

"Os pulsos dilacerados derramavam sulferina luz, que também jorrava da cabeça antes de espinhos, do peito ferido e dos pés destroçados. O dídimo acercou-se, transfigurado, e O tocou". (FRANCO, 2000, p. 158.)

— "Tu creste, Tomé, porque me viste; bem-aventurados os que não viram e creram". (BÍBLIA, 1965, JOÃO, 20:29.)

Era a última bem-aventurança.

João, 20:30 ainda informa que Jesus ofereceu muitos outros sinais, não mencionados em seu livro. E não somente isso.

"Há, porém, muitas outras coisas que Jesus fez e que, se fossem escritas uma por uma, creio que o mundo não poderia conter os livros que se escreveriam." (JOÃO, 21:25.)

Lucas, em ATOS DOS APÓSTOLOS, 1:3 informou que Ele apareceu ainda várias vezes, "com muitas provas incontestáveis: durante quarenta dias apareceu-lhes e lhes falou do que concerne ao Reino de Deus".

Paulo, além de ressalvar uma aparição especial a Pedro, acrescentou outras: "apareceu a mais de quinhentos irmãos de uma vez [...] apareceu a Tiago e, depois, a todos os apóstolos". (1 CORÍNTIOS, 15:6 e 7.)

Daí, é preciso compreender que cada evangelista focalizou, do universo de aparições, aquelas mais expressivas à sua óptica, a seus propósitos e público destinatário. Os quatro escritores canônicos não fizeram história, ou relatos cronológicos, ao relacioná-las; compuseram textos de divulgação, baseados em fatos reais, em arranjos cuja seleção de materiais e ordem respeitou também o toque da inspiração superior. Unidade na diversidade, produzindo harmonia, como num quarteto de vozes.

A última voz, ou o Evangelho de João, é concluído com o relato da aparição de Jesus às margens do lago de Genesaré.

Sete apóstolos estavam presentes: Pedro, Tomé, Natanael, João e Tiago, seu irmão, e dois não especificados.

Pedro quis pescar, e os demais o acompanharam. Nada pescaram, no entanto. Amanhecia, e da praia alguém lhes sugeriu:

— "Lançai a rede à direita do barco e achareis". (João, 21:6.)

Eles não reconheceram Jesus, mas atenderam ao estranho, e faltaram forças para puxar a rede, tal a quantidade de peixes apanhada.

Só aí João reconhece Jesus transfigurado. Simão atira-se no lago, em direção à praia, seguido pelos outros apóstolos, no barco. Era o terceiro reencontro coletivo desde sua morte.

Quando chegam à praia, Jesus os aguarda e os convida para comer. Permanecia transfigurado, porque João comenta que ninguém ousava perguntar *Quem és tu?* — todavia, sabiam tratar-se de Jesus.

A narrativa está repleta de símbolos. Não que Jesus os desejasse; mas é bem provável que tenha sido uma necessidade dos que interferiram no texto, introduzindo e moldando elementos até sua configuração final, no término do século I.

Certos intérpretes presumem, mesmo, que todo o capítulo 21 seja um acréscimo dos discípulos da escola de João; um acréscimo muito próximo ao tempo de João, pois que consta em todos os manuscritos.

Os fatos são apresentados de modo a transmitir as mensagens com que os redatores querem impregnar os acontecimentos, a fim de que aos episódios da aparição se sobrepusessem as ideias teológicas dos narradores.

A vocação e a missão de Pedro, bem como dos apóstolos, são realçadas.

"Simão Pedro lhes disse:

— 'Vou pescar'.

Eles lhe disseram:

— 'Vamos nós também contigo'." (João, 21:3.)

O apostolado é representado na pesca, enquanto a quantidade de peixes salienta a fecundidade do trabalho apostólico. O número de peixes, 153 [João, 21:11], por certo não é fruto da contagem dos peixes, mas exercício de gematria — "sistema criptográfico que consiste em atribuir valores numéricos às letras". Cento e cinquenta e três: o valor somado das letras das palavras hebraicas *dggym gdwlym*, utilizadas para a menção aos peixes. A rede que não se rompe propõe a coesão, a unidade a ser buscada a fim de propiciar o êxito da tarefa apostólica junto às comunidades cristãs.

Finda a ceia, Jesus volta-se para Pedro (João, 21:15):
— "Simão, filho de João, tu me amas mais do que estes?"
— "Sim, Senhor, tu sabes que te amo."
— "Apascenta os meus cordeiros."

Duas outras vezes Pedro foi questionado, para ouvir de Jesus: "apascenta as minhas ovelhas". (João, 21:16 e 17.)

Pedro tinha negado Jesus por três vezes, em torno de uma fogueira; novamente, em torno de uma fogueira, ele o reafirma três vezes.

O texto joanino relata que, ante a terceira indagação, Pedro se entristeceu. Natural que Simão visse ali uma alusão às três negações. Ele respondeu:
— "Senhor, tu sabes tudo, tu sabes que te amo". (João, 21:17.)

Aqui Simão evoca, com o *tu sabes tudo*, os dons de Jesus. Se Jesus sabe tudo, Pedro sente que nada pode ocultar, e é transparente e sincero: *tu sabes que te amo* — o amor consciente.

À tríplice negação, dá-se a tríplice profissão de amor, como forma de superação do conflito psicológico do apóstolo.

Por isso, São João da Cruz,[27] o grande místico, com profunda sabedoria, afirmou: "ao entardecer sereis examinados no amor".

Luís Alonso Schökel, com beleza, observou:

"Se Mateus propõe a confissão de fé como fator de sua consistência 'pétrea', João propõe o amor a Jesus como condição e garantia de sua ação pastoral. Pedro amadureceu no amor". (BÍBLIA, 2000, João, 21:15-nota.)

Aquela primavera nunca será esquecida.

As aparições deixaram um legado de fé imperecível, e marcaram o fim da história de Jesus; não, porém, o fim de sua presença na história.

— "E eis que eu estou convosco todos os dias, até a consumação dos séculos!" (Mateus, 28:20.)

---

[27] N.E.: Religioso e escritor espanhol (1542–1591). Aos 25 anos conheceu Santa Teresa e juntos decidiram reformar as ordens carmelitas.

Posfácio

Fénelon disse inspirado:

> Um dia, Deus, em sua inesgotável caridade, permitiu que o homem visse a verdade varar as trevas. Esse dia foi o do advento do Cristo. Depois da luz viva, voltaram as trevas. Após alternativas de verdade e obscuridade, o mundo novamente se perdia.[...] (KARDEC, 2013c, cap. I, it. 10.)

O homem não havia alcançado o apogeu de sua maturidade ao tempo de Jesus. Logo, a revelação também não havia chegado ao apogeu.
Compreendendo isso, Jesus prometeu:

> Se me amais, observai os meus mandamentos. E eu rogarei ao Pai e ele vos dará outro Consolador, para que fique eternamente convosco, o Espírito de Verdade, a quem o mundo não pode receber, porque não o vê, nem o conhece; mas vós o conhecereis, porque habitará convosco, e estará em vós. (BÍBLIA, 1965, João, 14:15 a 17.)

> Mas o Consolador, o Espírito Santo, a quem o Pai enviará em meu nome, ele vos ensinará todas as coisas, e vos recordará tudo o que vos tenho dito. (BÍBLIA, 1965, João, 14:26.)

A revelação seria futuramente completada.

Durante quase trezentos anos, o Cristianismo primitivo educou corações para a vivência de uma religiosidade superior.

Cerca de um milhão de cristãos foram perseguidos, sendo a grande maioria levada ao martírio.

Contudo, no ano 313 se iniciaria uma etapa nova para a mensagem do Cristo.

Naquela data, o Édito de Milão reconhecia o direito e a liberdade de ser cristão, que Cláudio Domício Nero havia retirado desde o ano de 64, num total de 249 anos de perseguições, às vezes intensificadas, às vezes amenizadas.

Abandonadas as catacumbas, os catecúmenos passaram, aos poucos, da condição de perseguidos a perseguidores, à medida que se enfronhavam nos gabinetes da política humana e ajuntavam riquezas.

Consciências lúcidas do Cristianismo constataram o fenômeno, impotentes.

A corrupção do ideal cristão eclipsava a essência do Evangelho, que foi sempre um chamado à transformação pessoal.

Introduziram-se reformas e hábitos que foram distanciando a mensagem de seu autor. No ano de 320, iniciou-se o uso das velas no culto; em 375, iniciou-se a devoção aos santos. Em 394, a missa foi instituída; em 528, surgiu a extrema-unção. (FRANCO, 1995, p. 89.)

Logo depois, Justiniano I — o imperador do Oriente (527–565), que já havia mandado fechar a escola neoplatônica de Atenas em 529 d.C., herdeira das tradições reencarnacionistas de Platão — conseguiu, em 553, que as teses de Orígenes fossem consideradas heréticas, no V Concílio Ecumênico de Constantinopla II. Orígenes, um dos fundadores da teologia da Igreja, ao lado de outros padres primitivos, defendia a preexistência da alma e sua transmigração, isto é, sua existência em corpos sucessivos.

Philotheus Boehner e Etienne Gilson (2007, p. 49) afirmaram, na *História da filosofia cristã*:

> A controvérsia acerca de Orígenes, sinceramente admirado também por muitos varões de grande santidade, levou à ruptura das relações amistosas

entre São Jerônimo e Rufino, e, finalmente, à solene condenação de Orígenes no 5º Concílio Ecumênico de Constantinopla, no ano 553.

No ano 660, Bonifácio III se declarou bispo universal, papa (do grego *páppas*, "pai"), embora Jesus houvesse recomendado: "A ninguém na Terra chameis 'Pai', pois um só é o vosso Pai, o celeste". (MATEUS, 23:9.) Em 763, surgiu o impositivo da adoração às imagens e relíquias, contrariando o segundo mandamento do Décalogo; em 993, começou a canonização dos santos; em 1070, foi imposta a infalibilidade da Igreja, que culminou na infalibilidade papal em 1870. (FRANCO, 1995, p. 89.)

Ou seja, o mosaísmo fixou o monoteísmo, mas prosseguiu fomentando o ritualismo, e ofereceu a prece como linha de interação entre o homem e Deus.

Com Jesus, o ritualismo é substituído pelas ações enobrecedoras, no culto ao amor. O amor e a prece são revelados como as mais poderosas expressões de comunhão com Deus.

A chegada do Catolicismo restabeleceu o papel do rito, e a Igreja se transformou, no lugar da prece, na intermediária entre o homem e Deus.

Encarcerada nos claustros monásticos, a árvore do Evangelho foi sacrificada e, sem a liberdade e sem o sol da verdade, definhou.

Em 1184, instituiu-se a "Santa Inquisição" e, logo depois, em 1190, a venda das indulgências. (FRANCO, 1995, p. 89.)

Surgem templos resplandecentes na noite medieval.

No começo do século XVI, era inevitável a Reforma, com Martinho Lutero (1483–1546).

A paciência de Lutero com o clero romano saturou quando o papa Júlio II ofereceu indulgências aos europeus, concedendo perdão aos pecados daqueles que mandassem dinheiro para a reconstrução da Catedral de São Pedro, em Roma. Este e outros abusos levaram Lutero a protestar publicamente, fazendo-o à moda da época, afixando suas ideias em local público para provocar o debate. Em 31 de outubro de 1517, amanheceram pregadas na porta da igreja do castelo de Wittenberg as famosas 95 teses.

Posteriormente, os discípulos e seguidores de Lutero se separaram, criando correntes, apresentando interpretações variadas do Evangelho.

A Renascença, então, abriu novo horizonte cultural na Terra.

A Ciência e a Filosofia foram-se libertando lentamente da mordaça e das imposições das religiões dominantes.

O século XVIII inaugurou a Era da Razão,[28] preparando, assim, para um século mais tarde, a chegada da Terceira Revelação, o Consolador prometido por Jesus.

A Reforma luterana[29] veio ao mundo com a missão especial de exumar a "letra" dos evangelhos, enterrada nos seminários e conventos. Após essa tarefa, cumpria ao Consolador, pela voz do Espiritismo, esclarecer o "espírito" das lições do Cristo.

José Petitinga esclarece que:

> O Espiritismo é a Doutrina de Jesus em espírito e verdade, sem fórmulas nem ritos, sem aparências nem representantes, sem ministros. [...] "É a religião da Filosofia, a Filosofia da Ciência e a Ciência da Religião", conforme predicou Vianna de Carvalho em nossa Casa, com justas razões." (FRANCO, 2011, cap. 16, p. 271.)

Num momento histórico de avanço do materialismo, de insurreição da ciência e da filosofia contra a religião, a Doutrina Espírita surge como a ciência que pergunta, investigando e confirmando a imortalidade; a filosofia que equaciona os enigmas do comportamento humano; a religião que expressa a necessidade do amor para a união dos homens.

Religiões deformadas pelos dogmas, escravizadas pelos interesses políticos e econômicos, não conseguiam fazer oposição ao alastramento do materialismo.

---

28 N.E.: Surgiu imediatamente depois do misticismo, da religião e da superstição da Idade Média. A Era da Razão representou uma gênese no modo como o homem via a si próprio, a busca do conhecimento e o universo. Neste período de tempo, os conceitos de conduta e pensamento que o homem anteriormente tinha, agora podiam ser contestados verbalmente e por escrito. Medos como ser proclamado herege ou queimado na fogueira foram descartados. Este foi o início de uma sociedade aberta em que os indivíduos eram livres para buscar a felicidade individual e a liberdade.

29 N.E.: Movimento religioso europeu do séc. XVI inspirado por Martinho Lutero e Jean Calvino, que deu origem às igrejas protestantes que não se sujeitaram às ordens da Igreja Católica de Roma.

POSFÁCIO

O Espiritismo surge como união entre a fé e a razão; uma culminância da revelação e uma convergência das revelações.

Moisés revelou o princípio da justiça.

Jesus revelou o principado do amor.

O papel do Espiritismo é reviver os ensinamentos do Cristo, convocar as criaturas ao melhoramento pessoal e completar os conhecimentos essenciais ao progresso do Espírito, que alicerçam a ética formulada por Jesus.

"[...] Moisés abriu o caminho; Jesus continuou a obra; o Espiritismo a concluirá [...]" (KARDEC, 2013c, cap. I, it. 9, p. 47.), pois o Espiritismo é uma revelação progressiva em si mesma, dada em circuito aberto, e não fechado, como uma revelação permanente.

A revelação de Jesus, entretanto, ocupa o centro das três revelações. O amor é a síntese da lei divina, é a própria lei em sua expressão máxima. A justiça aplaina os caminhos do amor, e a verdade lhe dá amplitude e grandeza, mas o amor é a maior força de comunhão entre Deus e o homem.

Hoje a coletividade humana se encontra outra vez num período crítico de angústias diante do problema da dor, enclausurada ainda no conflito entre a razão e a animalidade.

As ideias espíritas coordenarão lenta transição para o homem, esclarecendo-o com a verdade e firmando Jesus nas bases do comportamento humano, como modelo e guia.

Jesus, o Cristo, foi crido e venerado. Jesus, o guia e o modelo, além disso, deverá ser compreendido e aplicado.

Seu régio vulto expandiu a majestade do amor, dividindo a história.

Sua voz inundou os campos da razão com a libertadora perspectiva do reino de Deus.

Suas mãos, embaixadoras da paz, estenderam-se para o mais consolador convite já endereçado aos corações:

— "Vinde a mim todos os que estais cansados e sobrecarregados, e eu vos aliviarei. Tomai sobre vós o meu jugo e aprendei de mim, porque sou manso e humilde de coração; e achareis descanso para a vossa alma. Porque o meu jugo é suave, e o meu fardo é leve". (MATEUS, 11: 28 a 30.)

Referências

ABRÃO, Bernadette Siqueira. *A história da filosofia*. São Paulo: Nova Cultural, 2004.

ARIAS, Juan. *Jesus, esse grande desconhecido*. Tradução Rubia Prates Goldoni. Rio de Janeiro: Objetiva, 2001.

ARIÈS, Philippe. *História social da criança e da família*. Tradução Dora Flaksman. 2. ed. Rio de Janeiro: LTC Editora, 1981.

BERNHEIM, Pierre-Antoine. *Tiago, irmão de Jesus*. Tradução Marcos de Castro. Rio de Janeiro: Record, 2003.

BÍBLIA de Jerusalém. Coordenada por José Bortolini. São Paulo: Paulus, 1996.

BÍBLIA do Peregrino. Tradução Luís Alonso Schökel. São Paulo: Paulus, 2000.

BÍBLIA Sagrada. Tradução João Ferreira de Almeida – Revista e Atualizada. 2. ed. Barueri: Sociedade Bíblica do Brasil, 1993.

_____. Tradução padre Matos Soares. 21. ed. São Paulo: Edições Paulinas, 1965.

BÍBLIA Tradução Ecumênica – TEB. São Paulo: Edições Loyola, 1994.

BLAINEY, Geoffrey. *Uma breve história do mundo*. Versão brasileira da editora. São Paulo: Editora Fundamento Educacional, 2009.

BOEHNER, Philotheus; GILSON, Etienne. *História da filosofia cristã*. Tradução Raimundo Vier. Petrópolis: Editora Vozes, 2007.

BRANDÃO. Junito de Souza. *Mitologia grega*. Volume 2. 4. ed. Petrópolis: Editora Vozes, 1991.

BRUTEAU, Beatrice. *Jesus segundo o judaísmo*. São Paulo: Paulus, 2001.

CESAREIA, Eusébio de. *História eclesiástica*. Tradução Wolfgang Fischer. São Paulo: Novo Século, 2002.

COULANGES, Fustel. *A cidade antiga*. Tradução Fernando de Aguiar. São Paulo: Martins Fontes, 1998.

CROSSAN, John Dominic. *O Jesus histórico*: a vida de um camponês judeu no mediterrâneo. Tradução André Cardoso. Rio de Janeiro: Imago Ed., 1994.

_____. *Jesus*: uma biografia revolucionária. Tradução Júlio Castañon Guimarães. Rio de Janeiro: Imago Ed., 1995a.

_____. *Quem matou Jesus?*: As raízes do antissemitismo na história evangélica da morte de Jesus. Tradução Nádia Lama. Rio de Janeiro: Imago Ed., 1995b.

DEBARROS, Aramis C. *Doze homens, uma missão*. Curitiba: Editora Luz e Vida, 1999.

DELANNE, Gabriel. *A evolução anímica*. Tradução Manuel Quintão. 12. ed. 5. reimp. Rio de Janeiro: FEB, 2010.

DUQUESNE, Jacques. *Jesus, a verdadeira história*. Tradução Daniel Piza. São Paulo: Geração Editorial, 2005.

EHRMAN, Bart D. *O que Jesus disse? O que Jesus não disse?*. Tradução Marcos Marcionilo. São Paulo: Prestígio, 2006.

_____. *Quem Jesus foi? Quem Jesus não foi?*. Tradução Alexandre Martins. Rio de Janeiro: Ediouro, 2010.

FIORE, Umberto. *Manual de psicologia judiciária*. Sorocaba: Editora Minelli, 2005.

FLAUBERT, Gustave. *Três contos*. Tradução Luís de Lima. Rio de Janeiro: Editora Três, 1974.

FRANCO, Divaldo Pereira. *Quando voltar a primavera*. Pelo Espírito Amélia Rodrigues. 2. ed. Salvador: LEAL, 1981.

_____. *Grilhões partidos*. Pelo Espírito Manoel Philomeno de Miranda. Salvador: LEAL, 1985.

_____. *Primícias do reino*. Pelo Espírito Amélia Rodrigues. 4. ed. Salvador: LEAL, 1987.

REFERÊNCIAS

FRANCO, Divaldo Pereira. *Pelos caminhos de Jesus*. Pelo Espírito Amélia Rodrigues. Salvador: LEAL, 1988.

____. *Luz do mundo*. Pelo Espírito Amélia Rodrigues. 3. ed. Salvador: LEAL, 1991a.

____. *Há flores no caminho*. Pelo Espírito Amélia Rodrigues. 3. ed. Salvador: LEAL, 1991b.

____. *Trigo de Deus*. Pelo Espírito Amélia Rodrigues. Salvador: LEAL, 1993.

____. *Seara do bem*. Espíritos diversos. 2. ed. Salvador: LEAL, 1995.

____. *Dias gloriosos*. Pelo Espírito Joanna de Ângelis. Salvador: LEAL, 1999.

____. *Até o fim dos tempos*. Pelo Espírito Amélia Rodrigues. 2. ed. Salvador: LEAL, 2000.

____. *Herança de amor*. Pelo Espírito Eros. 3. ed. Salvador: LEAL, 2001.

____. *Nos bastidores da obsessão*. Pelo Espírito Manoel Philomeno de Miranda. 12. ed. 4. reimp. Rio de Janeiro: FEB, 2011.

GHIBERTI, Giuseppe *et al*. *Jesus*. Tradução Heloísa Jahn. Volumes 1, 2 e 3. Rio de Janeiro: JB Indústrias Gráficas, 1986.

HOMERO. *Odisseia*. Tradução Antônio Pinto de Carvalho. São Paulo: Abril Cultural, 1981.

____. *A ilíada*. Tradução Fernando C. de Araújo Gomes. Rio de Janeiro, Ediouro, 1987.

HORSLEY, Richard A. *Arqueologia, história e sociedade na galileia*: o contexto social de Jesus e dos rabis. São Paulo: Paulus, 2000.

HYSLOP, Stephen G. *et al. A elevação do espírito*. Tradução Pedro Maia Soares. Rio de Janeiro: Abril Cultural, 1991.

JEREMIAS, Joachim. *Jerusalém no tempo de Jesus*: pesquisas de história econômico-social no período neotestamentário. Tradução Maria Cecília de M. Duprat. 4. ed. São Paulo: Paulus, 2005.

JOSEFO, Flávio. *História dos hebreus*. Tradução Vicente Pedroso. 9. ed. Rio de Janeiro: Casa Publicadora das Assembleias de Deus, 2005.

KARDEC, Allan. *O livro dos espíritos*. Tradução Evandro Noleto Bezerra. 4. ed. 1. imp. Brasília: FEB: 2013a.

_____. *O livro dos médiuns*. Tradução Guillon Ribeiro. 81. ed. 1. imp. (Edição Histórica). Brasília: FEB, 2013b.

_____. *O evangelho segundo o espiritismo*. Tradução Guillon Ribeiro. 131. ed. 3. imp. (Edição Histórica). Brasília: FEB, 2013c.

_____. *O céu e o inferno*. Tradução Manuel Justiniano Quintão. 61. ed. 1. imp. (Edição Histórica). Brasília: FEB, 2013d.

_____. *A gênese*. Tradução Guillon Ribeiro. 53. ed. 1. imp. (Edição Histórica). Brasília: FEB, 2013e.

KELLER, Werner. *E a bíblia tinha razão*. Tradução João Távora. São Paulo: Círculo do Livro, 1978.

KOHAN, Walter. O. *Infância. Entre educação e filosofia*. Belo Horizonte: Autêntica, 2003.

KONINGS. Johan. *A bíblia nas suas origens e hoje*. 2. ed. Petrópolis: Vozes, 1998.

LE BOHEC, Yann. Diante de seus juízes, o acusado se cala. Tradução Celso Paciornik. In: *Grandes Temas – História Viva nº-1*: Jesus, o homem e seu tempo. São Paulo: Duetto Editorial, 2003.

LOGEAY, Anne. A ordem reina na Palestina romana. Tradução Ana Montoia. In: *Grandes Temas – História Viva nº-1*: Jesus, o homem e seu tempo. São Paulo: Duetto Editorial, 2003.

MACKENZIE, John L. *Dicionário bíblico*. Tradução Álvaro Cunha *et al*. 4. ed. São Paulo: Edições Paulinas, 1983.

MENEZES, Bezerra. *Uma carta de Bezerra de Menezes*. 9. ed. 1. imp. Brasília: FEB, 2014.

MIRANDA, Hermínio Corrêa de. *Cristianismo*: a mensagem esquecida. Matão: Casa Editora o Clarim, 1988.

NOVO TESTAMENTO (O). Tradução Haroldo Dutra Dias. Brasília: FEB, 2013.

PADOVANI, Umberto; CASTAGNOLA, Luís. *História da filosofia*. 15. ed. São Paulo: Melhoramentos, 1990.

PASTORINO, Carlos Torres. *Sabedoria do evangelho*. Volume 3. Rio de Janeiro, 1964.

_____. _____. Volume 8. Rio de Janeiro, 1971.

PEREIRA, Yvonne do Amaral. *Memórias de um suicida*. Pelo Espírito Camilo Cândido Botelho. 27. ed. 2. imp. Rio de Janeiro: FEB, 2013.

PÈRÉS, Jacques-Noël. As primeiras decorrências de sua morte. Tradução Celso Paciornik. *In*: *Grandes Temas – História Viva nº 1*: Jesus, o homem e seu tempo. São Paulo: Duetto Editorial, 2003.

PLATÃO. *Diálogos*. São Paulo: Editora Nova Cultural, 2004.

RANKE-HEINEMANN, Uta. *Eunucos pelo reino de Deus*: mulheres, sexualidade e igreja católica. 3. ed. Rio de Janeiro: Rosa dos Tempos, 1996.

RENAN, Ernest. *Vida de Jesus*. Tradução Eliana Maria de A. Martins. São Paulo: Editora Martin Claret, 2003.

ROHDEN, Huberto. *Sabedoria das parábolas*. São Paulo: Martin Claret, 2005.

SOBRINHO, Pôrto. *Antologia da eloquência universal*. Rio de Janeiro: Ediouro, 1987.

SÓFOCLES. *Antígone*. Tradução J. B. Mello e Souza. Rio de Janeiro: Ediouro, 1985.

SOTELO, Daniel. *Arqueologia bíblica*. São Paulo: Novo Século, 2003.

SPEAKE, Graham. *A bíblia*: Terra, história e cultura dos textos sagrados. Volume I. Madrid: Edições Del Prado, 1996a.

_____. _____. Volume II. Madrid: Edições Del Prado, 1996b.

SUETÔNIO. *A vida dos doze césares*. São Paulo: Atena Editora, 1956.

TEIXEIRA, José Raul. *Justiça e amor*. Pelo Espírito Camilo. 2. ed. Niterói: Fráter, 1997.

VERMES, Geza. *As várias faces de Jesus*. Tradução Renato Aguiar. Rio de Janeiro: Record, 2006.

XAVIER, Francisco Cândido. *Alma e luz*. Pelo Espírito Emmanuel. 4. ed. Araras: Instituto de Difusão Espírita, 2003.

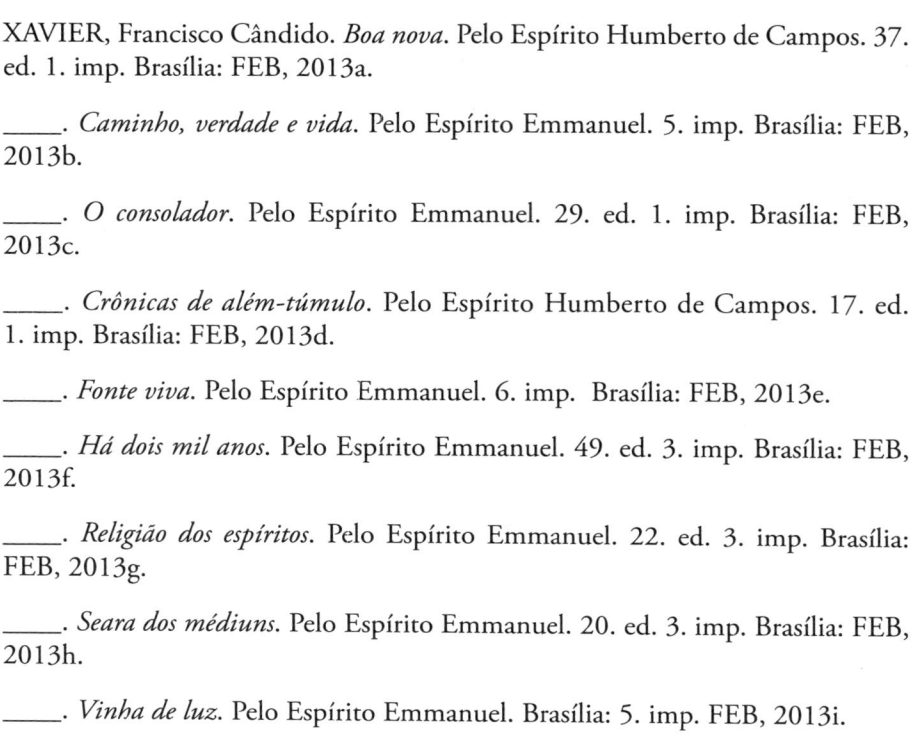

XAVIER, Francisco Cândido. *Boa nova*. Pelo Espírito Humberto de Campos. 37. ed. 1. imp. Brasília: FEB, 2013a.

____. *Caminho, verdade e vida*. Pelo Espírito Emmanuel. 5. imp. Brasília: FEB, 2013b.

____. *O consolador*. Pelo Espírito Emmanuel. 29. ed. 1. imp. Brasília: FEB, 2013c.

____. *Crônicas de além-túmulo*. Pelo Espírito Humberto de Campos. 17. ed. 1. imp. Brasília: FEB, 2013d.

____. *Fonte viva*. Pelo Espírito Emmanuel. 6. imp. Brasília: FEB, 2013e.

____. *Há dois mil anos*. Pelo Espírito Emmanuel. 49. ed. 3. imp. Brasília: FEB, 2013f.

____. *Religião dos espíritos*. Pelo Espírito Emmanuel. 22. ed. 3. imp. Brasília: FEB, 2013g.

____. *Seara dos médiuns*. Pelo Espírito Emmanuel. 20. ed. 3. imp. Brasília: FEB, 2013h.

____. *Vinha de luz*. Pelo Espírito Emmanuel. Brasília: 5. imp. FEB, 2013i.

XAVIER, Francisco Cândido; VIEIRA, Waldo. *Evolução em dois mundos*. Pelo Espírito André Luiz. 27. ed. 1. imp. Brasília: FEB, 2013j.

ZUGIBE, Frederick Thomas. *A crucificação de Jesus*: as conclusões surpreendentes sobre a morte de Cristo na visão de um investigador criminal. 2. ed. São Paulo: Ideia & Ação, 2008.

WINTER, Paul. *Sobre o processo de Jesus*. Tradução Sérgio Alcides. Rio de Janeiro: Imago, 1998.

WORM, Fernando. *A ponte*: diálogos com Chico Xavier. São Paulo: LAKE, 1992.

Índice Geral [30]

A

Abraão
   chamado de – introd.
   conquista do reino de Deus e filhos de – 5
   Cristianismo e – introd.
   Iahweh, Espírito, e – introd., 4
   Islamismo e – introd.
   Judaísmo e – introd.
   pacto de Iahweh com – 11
   parte divina da religião de – introd.
   razão dos dois caracteres na
      religião de – introd.
   revelação e – introd.
   saída de * da cidade de Ur – 4

Acab, rei dos sidônios
   culto pagão ao deus Baal e – 13
   Herodes Antipas, reencarnação de – 13
   Jezabel, esposa de – 13

Adelphes
   significado da palavra – 8

Adelphos
   significado da palavra – 8

Adoração às imagens e relíquias
   surgimento do impositivo da – pos.

Agonia
   significado da palavra – 21

Agostinho, Santo
   Platão e – 16
   realidade metafísica do mal e – 8

Agripa, Herodes
   Herodes, o Grande, avô de – 14
   Herodíades, irmã de – 13

Água
   João Batista e utilização da – 13
   metáfora da purificação e
      regeneração e – 13
   símbolo da bondade e – 13

Akenaton *ver* Amenófis IV

Alberto, Santo, filósofo e teólogo alemão
   comportamento moral da mulher e – 15

Alma(s)
   Aristóteles e concepção de – 16
   classificação das – 16

---

30 N.E.: Remete ao número do capítulo. Utilizaram-se as abreviaturas apres., introd. e pos. para as palavras Apresentação, Introdução e Posfácio, respectivamente.

Doutrina Espírita e emancipação da – 11
Fédon, diálogo, e imortalidade da – 16

Almah
significado do vocábulo hebraico – 7

Amenófis IV
monoteísmo e – introd.
Nefertiti, esposa de – introd.

Amor
Jesus e principado do – pos.
síntese da lei divina e – pos.

Amós, profeta
predição e – 27

Amuru
significado da palavra – 4

Ana, a profetisa
filha de Fanuel e – 11
Jacques Duquesne e – 11
louvor a criança messiânica e – 11

Anás, sumo sacerdote
canção difamatória do Talmud e – 23
interrogatório de Jesus e – 23
primeira negação de Pedro na casa de – 24

André, apóstolo
morte e – 14

Anel do Pescador
pontífice da Igreja de Roma e – 24

Anepsios
significado da palavra – 4

Anjo
significado da palavra – 7

Anjo do Senhor
José, pai de Jesus, e – 7

Antigo Testamento
cidades da Galileia e – 1
composição do – 10
filhos de Jacó e – 4
Gabriel, Espírito, e – 7
Galileia e – 3

Iahweh e a teologia do – 4
lago Quinereth e – 3
Malaquias, último profeta e – 13
sonhos e – 11
valorização à mulher e – 15

Antígone
ritos funerários e tragédia grega de – 28

Antiguidade
importância dos povos da *
com o sepulcro – 28
importância dos sonhos na – 11

Antioquia
fragmento de inscrição romana em – 6

Antipas, Herodes, rei
construção de Tiberíades e – 2
exílio de * em Lyon – 13
Herodíades, esposa de – 13
João, Elias e – 29
prisão de João Batista e – 13, 14
reconstrução de Séforis e – 2
reencarnação de Acab e – 13
regente da Galileia e – 25

Antístenes
considerações sobre – 16, nota

Aparição(ões)
caminheiros de Emaús, Jesus e –29, 30
Jesus na praia e – 29
Maria de Magdala e * de Jesus – 29
momentos das – 30
natureza do corpo de Jesus
ressurrecto e – 29
perispírito e * de Pátroclo a Aquiles – 29
ressurreição e * depois da morte – 29

Apóstolo
significado da palavra – 14

Aquiles, príncipe
rei no Hades e – 16

Arca da Aliança
Salomão e construção da – 4, nota

Arias, Juan, teólogo e filósofo
    governo central da Igreja e – 17
    pecado de adultério e – 15

Ariès, Philippe
    História social da criança e da família, livro, e – 12

Arimateia, José de
    ancião em Israel e – 17

Aristarco de Samos
    teoria heliocêntrica e – 16

Aristóbulo
    Herodes de Cálcis, pai de – 13
    Herodes, o Grande, e morte de – 11
    reincorporação da Galileia à Judeia e – 3
    Salomé, esposa de – 13

Aristóteles
    admissão de uma causa primeira e – 16
    concepção de alma e – 16
    deus de – 16
    Igreja medieval e – 16
    patrono da Antiguidade e – 16
    Tomás de Aquino, São, e – 16

Arquelau, Herodes
    filho de Herodes, o Grande, e – 25
    nomeação de *, rei da Judeia – 11
    sonho de José e perigos do governo de – 11

Arquimedes
    avanços científicos e – 16

Arrependimento
    Dimas, o bom ladrão, e – 27
    João Batista e importância do – 13
    passo inicial para a regeneração e – 27
    sinceridade no * de última hora – 27

Artemidorus
    coleção e interpretação de sonhos e – 11

Asse
    significado da palavra – 16, nota

Assunção de Maria ao céu
    dogma da – 7

Astrologia
    judeus e estudo da – 10
    magos e – 10

Ateísmo
    filosofia indiana e – 16

Atharvaveda
    significado da palavra – 11, nota

Atos de Pilatos
    Verônica(Berenice) e tombo de Jesus – 26

Augusto, César
    Paz na Terra e – 10, nota
    recenseamento e – 6

Aureliano, imperador romano
    proclamação do 25 de dezembro e – 10

B

Baal
    Acab e culto pagão ao deus – 13

Bagatti, Bellarmino, franciscano
    escavações na aldeia de Nazaré e – 1

Baltazar
    significado da palavra – 10

Barnabé, José
    líder da cristandade primitiva e – 17

Barrabás, Jesus
    Emmanuel, Espírito, e – 25
    indulto e – 25

Bartolomeu, apóstolo
    morte e – 14

Basílica da Agonia
    Gethsemani e – 21

Basílica da Natividade
    investigações na – 6

Basílica de Santa Cruz
    Titulus Crucis de Jesus e – 27

Basílica do Santo Sepulcro
  composição da – 28
Batismo
  essênios e – 13
  Flávio Josefo e objetivo do – 13
  Igreja primitiva e substituição
    da circuncisão pelo – 13
  objetivo do * de João Batista – 13
  significado da palavra – 13
  símbolo do compromisso de
    regeneração e – 13
Batista, João
  conquista do reino de Deus e – 5
  Espírito Gabriel e nascimento de – 13
  Herodes Antipas e prisão de – 13, 14
  importância do arrependimento e – 13
  indicação do nascimento de – 7
  início da missão e – 13
  Iokanan e – 13
  Isabel, mãe de – 13
  matrimônio adúltero de Herodíades e – 13
  objetivo do batismo de – 13
  primeiro sinal do cristão ativo e – 13
  prisão de – 13, 19
  profeta do Nazareno e – 13
  reconhecimento da identidade
    real de Jesus e – 13
  reencarnação de Elias e – 13
  símbolo imortal do Cristianismo e – 13
  terra natal e – 13
Belém
  cidade dos ancestrais de José e – 6
  estrela de – 9
  local do nascimento de Jesus e – 6
  massacre dos inocentes e – 11
  significado da palavra – 6
Bernheim, Pierre-Antoine
  episódio da Festa dos Tabernáculos e – 6
Betânia
  Lázaro, Marta, Maria e Jesus em – 19
Betfagé
  Jesus no povoado de – 20
  significado da palavra – 12, 20

Bethulah
  significado do vocábulo hebraico – 7
Bíblia
  patriarcas hebreus e – 4
  transcrições da – 1, nota
Bíblia de Jerusalém
  mulher da profecia em Isaías e – 7
Biblioteca de Nínive
  manual sobre os sonhos e – 11
Blasfêmia
  Jesus e acusação de – 23, 25
  pena por acusação de – 23
Blaynei, Geoffrey
  Igreja, adaptação de rituais romanos e – 13
Bohec, Yann Le
  direito romano e – 25
Bonhoeffer, teólogo
  chamamento de Jesus e – 17
Bonifácio III
  declaração de bispo universal, papa, e – pos.
Botelho, Camilo Cândido, Espírito
  Memórias de um suicida, livro, e – 26
  pseudônimo do escritor Camilo Castelo
    Branco e – 26
Brahe, Tycho, astrônomo dinamarquês
  data plausível para o nascimento
    de Jesus e – 9
  nascimento de Jesus, estrela brilhante e – 9
Bramanismo
  esperança do paraíso no absoluto e – 16
Branco, Camilo Castelo,
    escritor português
  Camilo Cândido Botelho, Espírito, e – 26
Budismo
  esperança do paraíso no nada e – 16

C

Cafarnaum
considerações sobre – 14

Caifás, José, sumo sacerdote
interrogatório de Jesus e – 23
negações de Pedro e residência de – 24

Camilo, Espírito
interrogatório de Jesus e – 23

Campos, Humberto de, Espírito
caminhos de Maria depois da crucificação e – 8
João Batista, primeiro sinal do cristão ativo e – 13
João Batista, símbolo imortal do Cristianismo e – 13
supostos irmãos de Jesus e – 8

Canaã
Josué e conquista de – 4

Caravançarai
significado da palavra – 6

Caridade
Brasílio Machado e – 18
eterna âncora de salvação e – 18
Vicente de Paulo e – 18

Carpinteiro
árbitro em questões judiciais e – 1

Carro sutil da alma *ver* Perispírito

Carta aos Romanos
Rufo, filho de Simão de Cirene, e – 26

Casa da Santíssima
Maria, mãe de Jesus, e – 15

Casamento
gravidez fora do – 7
hebreus e fases do – 7
marco da existência da menina hebreia e – 12
poder paterno e * das meninas em Israel – 7

Catedral de Colônia
restos mortais dos três magos e – 10, nota

Catolicismo
restabelecimento do papel do rito e – pos.

Cego de nascença
Jesus e cura do – 18
piscina de Siloé e – 18

Cegueira
Emmanuel, Espírito, e – 18

Celibato
obrigatoriedade do * a sacerdotes e religiosos – 8

Celso, filósofo pagão
bastardia e – 7

Cesareia, Eusébio de
História Eclesiástica, livro, e – 8

Ceticismo
considerações sobre – 16
Pirro de Élida e – 16

Ciência
libertação da mordaça das religiões e – pos.
mulher e * do século XVIII – 15

Ciência espírita
aparições de Jesus e – 29

Cinismo
considerações sobre – 16

Circuncisão
época da – 11
pacto de Iahweh com Abraão e – 11
substituição da * pelo batismo – 13

Ciro, rei dos persas
regresso dos exilados para Israel e – 10

Clemente de Alexandria
ano da morte de Jesus e – 27

Compaixão
Jesus e – 18
Parábola do Bom Samaritano e – 18

Concepção virginal
    crença na – 7
Concílio de Mâcon
    alma da mulher e – 15
Concílio de Niceia
    desnaturação do ideal de Jesus e – 17
Confissão Negativa Egípcia
    Decálogo e – introd.
Confucionismo
    considerações sobre – 16
Consolador
    Espírito Santo e – pos.
Corpo aeriforme *ver* Perispírito
Corpo espiritual *ver* Perispírito
Criador
    compreensão do – introd.
Criança
    Allan Kardec e * sob o ponto de
        vista da vida presente – 12
    mentalidade judaica e valorização da – 12
    modelo de pureza íntima e – 12
    morte de * e paralelo com a
        infância de Moisés – 11
    referência de Platão à – 12
Cristão romano
    admiradores do sol, idólatras e – 10
Cristianismo
    Abraão e – introd.
    adaptação do 25 de dezembro e – 10
    adoração de entidades mitológicas
        femininas e – 7
    concepção incomum de Jesus e – 7
    Édito de Milão e – 25
    educação dos corações e – pos.
    Fotina, primeira missionária e – 15
    Galileia e história do * primitivo – 3
    João Batista, símbolo imortal e – 13
    origem da disputa no seio do
        * primitivo – 15

Cristo *ver* Jesus
Crossan, John Dominic
    beijo de Judas e – 22
    confronto entre a vida de
        Moisés e Jesus e – 11
    hierarquia do horror e – 28
    José de Arimateia e – 28
    motivo do censo de Quirino e – 6
    privação do sepultamento e – 28
    profecia de condenação e – 7
Crucificação
    campo de concentração de Dachau e – 27
    Constantino e abolição da – 27
    efeitos atmosféricos e – 27
    Espártaco e – 27
    Iokanan ben Há'galgol e – 27, 28
    pena de * através da história – 27
    referência de * nos evangelhos – 27
    significado da palavra – 27
Crurifragium
    significado da palavra – 27
Cruz
    evocação de Jesus na – 27
    José de Arimateia e descida do
        corpo de Jesus da – 28
    presença de João junto à – 27
    teorias sobre a causa da morte
        de Jesus na – 27
    transformação da * em símbolo cristão – 27
    vigilância das mulheres junto à – 27
Cura
    Allan Kardec e – 18

D

Davi
    aliança de Iahweh e – 4
    conquista de Jerusalém e – 4
    eleição de *, rei de Israel – 4
    Golias e – 4
    Jessé (de Belém), pai de – 4
    Jesus e – 4
    Luís Alonso Schökel e salmo atribuído a – 4

Novo Testamento e – 4
rei Saul e – 4
religião e – 4
Salomão, filho de – 4

Decálogo
Confissão Negativa Egípcia e – introd.
diretrizes de justiça e – introd.

Democracia
origem da – 16

Deus
atributo de – 16
ausência do bem desejado e – 16
deus dos filósofos e * de Jesus – 16
expressões de comunhão com – pos.
Igreja, intermediária entre
o homem e – pos.
prece, linha de interação entre
o homem e – pos.
Sócrates e conceito de – 16

Dia das Expiações
sumo sacerdote e – 23

Dia de Reis
tradição católica e – 10

Dificuldade
desabrochamento da virtude e – 16

Dimas, o bom ladrão
arrependimento e – 27
defesa de Jesus no Calvário e – 27

Diógenes, o Cínico
considerações sobre – 16, nota
tonel de madeira e – 16

Dionísio
mitologia grega e – 13

Direito romano
características do – 25
privação do sepultamento e – 28
Yann Le Bohec e – 25

Dogma
Assunção de Maria ao céu e – 7
Imaculada Conceição de Maria e – 7
imutabilidade dos céus e – 9
religiões deformadas e – pos.
virgindade perpétua e – 7

Domina
significado da palavra – 15

Dor
angústias diante do problema da – pos.
papel da – 18

Doutrina Espírita como filosofia
teogônica, A, livro
Bezerra de Menezes e – introd.

Doutrina Espírita *ver também* Espiritismo
ciência, filosofia, religião e – pos.
emancipação da alma no sono e – 11

Duquesne, Jacques
Ana, a profetisa, e – 11
contraste intencional de Lucas e – 10
discípulos de Jesus e – 14
Jerusalém e – 12
licenciosidade da mitologia grega e – 7
presença de Jesus no Sinédrio e – 23
relatos antigos de deuses e – 7
tese do pecado original e – 8

E

Édito de Milão
Cristianismo e – 25
direito e liberdade de ser cristão e – pos.
exercício e ensino público da
doutrina de Jesus e – 22

Educação
religião, método de * do Espírito
imortal – introd.

Egípcio
preocupação do * com o além
da morte – introd.

Egito
José, pai de Jesus, e fuga para o – 11
missão especial e – introd.

Moisés, conhecimentos
    iniciáticos e – introd.
  símbolo da fuga de José para o – 11
Ehrman, Bart D.
  alfabeto hebraico e – 5
  Evangelho atribuído a Mateus e – 5
Elias
  ressurreição, Jesus, Moisés e – 29
  Monte Tabor e – 5
Emanuel
  significado da palavra – 7
Emmanuel, Espírito
  ano da crucificação de Jesus e – 27
  Barrabás e – 25
  cegueira, expiação e – 18
  chegada de Jesus a Jerusalém e – 20
  ensinamentos da negação de Pedro e – 24
  exílio de Pôncio Pilatos e – 25
  lição de Jesus aos discípulos
    do futuro e – 22
  Maria de Magdala e – 30
  Monte das Oliveiras e – 12
  obsessão e – 18
  Pilatos, entrada de Jesus em
    Jerusalém e – 22
  Pilatos, libertação de Jesus e – 25
  Polibius, assistente de Pilatos, e – 25
  Publius Lentulus, encarnação de – 25
  queda dos amigos do Evangelho e – 24
  sacrifício de Simeão da Samária e – 27
  suicídio de Pôncio Pilatos e – 25
  Tomé, espírito crítico, e – 30
  traição de Jesus com um beijo e – 22
  verdadeira eucaristia evangélica e – 20
  visão de Lívia no Gólgota e – 27
Emaús
  caminheiros de * e aparição
    de Jesus – 29, 30
  Cléofas e estrada para – 30
  localização de – 30
Epicuro
  filosofia e – 16

fonte da felicidade do homem e – 16
significado da morte e – 16
Epilepsia
  Bezerra de Menezes e – 18
  medicina e explicações à – 18
Era da Razão
  chegada da Terceira Revelação e – pos.
  considerações sobre – pos.
Erasístrato
  descrição dos órgãos do corpo
    humano e – 16
Eratóstenes de Cirene
  esfericidade da Terra e – 16
Esaú
  Jacó, irmão de – 4
Escola neoplatônica de Atenas
  fechamento da – pos.
Escribas
  ascensão dos * na vida judaica – 17
  características dos – 17
  considerações sobre – 17
  doutores da Lei e – 17
  Gamaliel e – 17
  Nicodemos e – 16
  prestígio dos – 17
Espiritismo *ver também* Doutrina Espírita
  composição ternária do homem e – 29
  lei de evolução e – 8
  papel do – pos.
  problema filosófico do mal e – 8
  união entre a fé e a razão e – pos.
Espírito(s)
  ação dos * sobre os fenômenos
    da natureza – 27
  Jesus e classificação dos – 7
  religião, método de educação
    do * imortal – introd.
  resgate coletivo e – 11
Espírito Santo
  Jesus Filho de Deus e – 7
  significado da expressão – 7

Essênios
  batismo e – 13
  regras dos monastérios e – 17
Estáter
  significado da palavra – 17, nota
Estêvão
  acusação de blasfêmia e – 23
  morte e – 23
Estoicismo
  considerações sobre – 16
  Sêneca e – 16
  Zenão de Cítio e – 16
Estrela de Belém
  Amélia Rodrigues e – 9
  Jesus e – 9
  magos e – 9
  pastores, reis magos e – 9
Ética
  Sócrates e – 16
Etienne Gilson
  História da filosofia cristã e – pos.
Euclides
  descobertas matemáticas e – 16
Eusébio de Cesareia
  Verônica, mulher hemorroíssa, e – 26
Evangelho(s)
  antagonismo entre Pôncio Pilatos
    da História e do – 25
  Bruno Maggioni e – 6
  corrupção do ideal cristão e – pos.
  definhamento e – pos.
  hino de liberdade e – 15
  Maria de Magdala no túmulo
    de Jesus e – 30
  milagre e termos usados no – 18
  motivo da queda dos amigos do – 24
  primeiro * consolidado – 22
  ressurreição de Jesus e – 29
Evangeliário
  significado da palavra – 12

Exactor mortis
  significado da expressão – 26, nota
Expiação
  rito e – 11
Extrema-unção
  surgimento da – pos.

F

Família humana
  Jesus e consagração à grande – 12
Família israelita
  perpetuação da pureza de sangue e – 5
Fanuel
  significado da palavra e – 11
Fariseus
  características e – 17
  necessidades e – introd.
  partido religioso de grande prestígio e – 17
  significado da palavra – 17
Fé
  curas de Jesus e – 18
  Espiritismo, união entre a * e a razão – pos.
  força atrativa e – 18
Febe
  mensageira da carta de Paulo
    aos Romanos e – 15
Fédon, diálogo
  imortalidade da alma e – 16
  Platão e – 16
  retorno à vida e – 16, nota
Felicidade
  Allan Kardec e completa * na Terra – 16
  paz íntima e – 16
  Providência divina e – introd.
Fénelon
  advento do Cristo e – pos.
Festa dos Tabernáculos
  cego de nascença e – 18

controvérsia sobre o Messias e – 3
Nicodemos, defesa de Jesus e – 28
Pierre-Antoine Bernheim e episódio da – 6

Filipe
Herodes Antipas, irmão de – 13
Herodíades, sobrinha de – 13

Filipe, o apóstolo
encontro de * com Jesus – 3
morte e – 14
procedência de – 3

Filo, o Judeu
Pôncio Pilatos e – 25
reencarnação e – 25

Fílon
considerações sobre – 15, nota

Filosofia
libertação da mordaça das religiões e – pos.
origem da – 16
Platão e sistematização da – 16

Flagelação
características e – 25

Flaubert, Gustave
Herodíade, conto, e – 13

Fluido
é ação do – 18
considerações sobre – 18
curas e – 18

Fogo
metáfora da purificação e regeneração e – 13
símbolo da luz da verdade e –13

Fogueira
negações de Pedro e – 30
reafirmações de Pedro e – 30

Fortuna
considerações sobre – 27

Fotina
primeira missionária do Cristianismo e – 15
significado da palavra – 15

Funda
significado da palavra – 4, nota

Fuso
significado da palavra – 15

G

Gabriel, Espírito
Antigo Testamento e – 7
indicação da aparição e – 7
indicação do nascimento de João Batista e – 7
Lucas e – 7
Maria e anúncio do – 7
Maria, voto permanente de virgindade e – 7
nascimento de João Batista e – 13
Novo Testamento e – 7
significado da palavra – 7
Zacarias e – 7

Galileia
Antigo Testamento e – 3
Aristóbulo I e reincorporação da * à Judeia – 3
cidade nas proximidades da Baixa – 2
cidades da * e Flávio Josefo – 1
exaltação à * e Ernest Renan – 3
história do Cristianismo primitivo e – 3
importância da * na vida de Jesus – 3
Novo Testamento e mar da – 3
presença judaica e – 3
significado da palavra – 3
visão dos quinhentos da – 29

Galileia das nações
significado da expressão – 3

Galizzi, Mario
última ceia e – 21

Gaspar
significado da palavra – 10

Gautama, Siddharta
modelo de iluminação e – 16

Gematria
significado da palavra – 30

Genealogia
    importância da * em Israel – 5
    Mateus, Lucas e * de Jesus – 5

Genesaré, lago
    aparição de Jesus às margens do – 30
    Iahweh e – 3
    Novo Testamento e – 3
    passos de Pedro sobre as ondas do – 24

Gens
    significado da palavra – 4

Gethsemani, jardim
    Basílica da Agonia e – 21
    estado emocional de Jesus e – 21
    Pedro, João, Tiago e – 21
    significado da palavra – 21

Ghiberti, Giuseppe
    providências aplicadas ao corpo de Jesus e – 28
    sepulcro vazio e – 29

Giestas
    considerações sobre – 18, nota

Gólgota
    escavações arqueológicas e região do – 28
    mulheres perto da cruz e – 8
    Tiago, o Menor e o Maior, e – 8
    visão de Lívia e – 27

Golias
    Davi e – 4

Grécia
    cidadania e – 16
    escolas filosóficas e – 16
    Pitágoras e introdução da reencarnação na – 16

H

Halley, cometa
    Orígenes e – 9
    registros chineses e passagem do – 9

Hebreu
    divisão do território – 3
    fases do casamento – 7
    significado da palavra – 4

Heliópolis
    sacerdotes de – introd.

Herodes de Cálcis
    Aristóbulo, filho de – 13

Herodes, o Grande
    Herodes Arquelau, filho de – 23, 25
    Herodíades, neta de – 13
    magos, estrela anunciadora e – 9
    Mariamne, esposa de – 11
    matança de toda criança masculina e – 11
    morte de – 2, 11, 23
    morte de Aristóbulo e – 11
    morte do cunhado, da sogra e familiares e – 11
    nascimento do Messias e – 9
    Salomé, irmã de – 11
    silêncio de Lucas quanto à perseguição de – 11
    sonho de José e morte de – 11
    sonho de José e perseguição de – 11

Herodíades, rainha
    Filipe, tio de – 13
    Herodes Agripa, irmão de – 13
    Herodes Antipas, esposo de – 13
    Herodes, o Grande, avô de – 13
    João Batista e denúncia do matrimônio adúltero e – 13
    reencarnação de Jezabel e – 13

Herófilo
    descrição dos órgãos do corpo humano e – 16

Hinduísmo
    coração do – 16

História
    antagonismo entre Pôncio Pilatos da * e dos evangelhos – 25

História da filosofia cristã
    Boehner, Philotheus e – pos.
    Gilson, Etienne e – pos.

História de José, o Carpinteiro,
    A, texto apócrifo
    casamento anterior de José e – 8

História eclesiástica, livro
    Eusébio de Cesareia e – 8

História Natural, livro
    efeito anestésico da mirra e – 27
    Plínio e – 27

História social da criança e
    da família, livro
    Philippe Ariès e – 12

Homem(ns)
    caminhada do * pelas moradas
        da casa do Pai – introd.
    determinismo e – 16
    Espiritismo e composição ternária do – 29
    etapas da vida do * hebreu – 12
    ideias espíritas e transição para o – pos.
    Igreja, intermediária entre o * e Deus – pos.
    importância da ressurreição de Jesus e – 29
    prece, linha de interação entre
        o * e Deus – pos.
    Talmud e maioridade do * israelita – 12

Homero
    descrição do perispírito e – 29
    Ilíada, A, e – 16, 29
    Odisseia e – 16
    pensamento mitológico e – 16
    sonhos, mensagens dos deuses, e -- 11

Humanidade
    segunda grande revelação e – introd.

Hypnos
    deus do sono e – 11

I

Iahweh, Espírito
    Abraão e – introd., 4
    aliança de * e Davi – 4
    consagração de todo primogênito e – 11
    lago de Genesaré e – 3
    pacto de * com Abraão – 11
    padrões religiosos dos israelitas
        e o Inominável – 7
    teologia do Antigo Testamento e – 4

Icelus
    sonhos nos animais e – 11

Igreja
    adaptação de rituais romanos
        e * primitiva – 13
    dogma da virgindade perpétua
        de Maria e – 8
    doutrina do pecado original e – 8
    imutabilidade dos céus, dogma da – 9
    infalibilidade e – pos.
    intermediária entre o homem
        e Deus e – pos.
    Maria imaculada e – 8
    negativa da existência de irmãos
        para Jesus e – 8
    substituição da circuncisão
        pelo batismo e – 13
    unificação do Natal e * oriental – 10

Ilíada, A
    descrição do perispírito e – 29
    Homero e – 16, 29

Imaculada Conceição de Maria
    dogma da – 7

Império Romano
    classes sociais e – 2

Índia
    tratado completo sobre os sonhos e – 11

Indulgência
    Júlio II, papa, e oferta de *
        aos europeus – pos.
    venda de – pos.

Infalibilidade papal
    início da – pos.

Iokanan
João, o Batista, e – 13
significado da palavra – 13

Iokanan ben Há'galgol
crucificação e – 27, 28

Isabel
João Batista, filho de – 13
Maria, mãe de Jesus, prima de – 13
mediunidade e – 13
Zacarias, esposo de – 13

Isaque
Abraão, pai de – 4
Jacó, filho de – 4

Islamismo
Abraão e – introd.

Israel
característica da nobreza sacerdotal e – 17
casamento das meninas em – 7
Ciro, rei dos persas, regresso dos exilados e – 10
Davi, rei de – 4
divisão do reino e – 4
falsificações na história das genealogias e – 5
festas principais e – 12
hierarquia do clero e – 17
importância da genealogia e – 5
Jesus e revivescência da história e – 11
listas de profissões desprezíveis e –10
maioridade legal da filha e – 15
menoridade e maioridade das jovens e – 7
noção degradada da mulher e – 15
pastor, profissão de ladrões, e – 10
poder paterno em * sobre as meninas – 7, 15
poligamia e – 15
representação dos anciãos e – 17
sábios anciãos e – 14
Séforis, Parque Nacional de – 2
significado do trabalho e – 1
suicídio de Saul, rei de – 4
surgimento das doze tribos e – 4
teocracia e – 17
Zacarias, sacerdote em – 17

Israel íntegro
sacerdotes, levitas e – 5

J

Jacó
Esaú, irmão de – 4
escravização da descendência e – 4
filhos de – 4
fuga e – 4
Isaque, pai de – 4
José, filho de – 4
Raquel, esposa de – 6

Jacó de Edessa
procedência dos magos e – 10

Janeu, Alexandre
rei sacerdote de Jerusalém e – 13

Jeremias, Joachim, pesquisador alemão
confiabilidade da genealogia de Lucas e – 5
falsificações na história das genealogias em Israel e – 5
fases do casamento hebreu e – 7
Monte Tabor e esclarecimentos de – 5
morte de Imarta bath Tali e – 23
pastor, profissão de ladrões, e –10
poder dos escribas e – 17
sumo sacerdote e – 23

Jeremias, profeta
restauração de Israel e – 5

Jericó
cidade mais antiga da Terra e – 19

Jerusalém
Alexandre Janeu, rei sacerdote e – 13
Davi e a conquista de – 4
Emmanuel, Espírito, e chegada de Jesus a – 20
Jacques Duquesne e – 12
magos e estrela anunciadora e – 9
Nabucodonosor e tomada de – 10
significado da palavra – 12, 20
três dias de procura de Jesus e – 12
vendedores de animais, cambistas e – 20

Jesus *ver também* Messias
    absorção da mensagem de – 16
    acusação de blasfêmia e – 23
    Amélia Rodrigues e nascimento de – 6, 9
    anúncio da paixão e da ressurreição e – 24
    base do comportamento humano e – pos.
    batizado e – 13
    caminheiros de Emaús e – 29, 30
    categorias de seguidores de – 14
    ceia de * com os publicanos – 14
    ciência do comportamento e – 16
    circulação de Espíritos depois
        da ressurreição e – 27
    classes sociais das sociedades
        da Antiguidade e – 17
    classificação dos Espíritos e – 7
    conceito de – apres., pos.
    conceito de criança e – 12
    concepção e – 7
    consagração à grande família humana e – 12
    consciência da missão e – 12
    considerações sobre o grupo
        dos "três" e – 14
    considerações sobre os adeptos de – 14
    considerações sobre os apóstolos de – 14
    considerações sobre os discípulos de – 14
    convocação de Simão para auxílio e – 26
    cumprimento da profecia de Zacarias e – 20
    cura do cego Bartimeu e – 19
    cura do obsidiado de Gadara e – 19
    curas e – 11, nota, 14
    datas comemorativas do nascimento de – 10
    Davi e – 4
    descendência davídica e – 4
    desnaturação do ideal de – 17
    deus dos filósofos e Deus de – 16
    encontro de Filipe, o apóstolo, e – 3
    época do nascimento e – 10
    Ernest Renan e – 3
    estado emocional de * no Gethsemani – 21
    executores da prisão de – 22
    explicações para o anúncio de – 9
    expulsão dos vendilhões e – 20
    falso profeta e – 3
    fé e – 18
    figueira sem frutos e – 20
    Filho de Deus e – 7
    filho primogênito e – 8, 10
    furto do corpo e – 28, 29
    Hermínio Miranda e nascimento de – 6
    importância da Galileia na vida de – 3
    importância da ressurreição de
        * para os homens – 29
    indícios da participação romana
        na prisão de – 22
    indignação ante a corrupção do
        sentimento religioso e – 20
    início da vida pública e – 27
    início do ministério e – 12
    irmã da mãe de – 8
    guarda militar no túmulo e – 28
    Lázaro e – 14
    lição de * aos discípulos do futuro – 22
    Lucas, apóstolo, e ameaça a * criança – 11
    manipulação das energias
        perispirituais e – 18
    Maria, mãe de – 7
    Mateus, Lucas e genealogias de – 5
    milagres e – 11
    missão de – introd.
    Moisés e – 11
    Monte Tabor e – 5
    motivo da prisão e – 22
    mulher samaritana e – 15
    nascimento e – 6, 11
    natureza do corpo de * ressurrecto – 29
    Nicodemos e defesa de – 28
    Novo Testamento e irmãos de – 8
    objetivo de Lucas quanto ao natalício de – 6
    obsidiado na sinagoga de Cafarnaum e – 18
    oficial romano e – 18
    oposição à descendência real de – 4
    origem da conspiração para a morte de – 22
    pacifista revolucionário e – 20
    passagem sobre a unigenitura de – 8
    peregrinação anual da Páscoa e – 1
    planejamento divino na
        descendência de – 5
    poder da vontade e – 18
    Pôncio Pilatos e tentativa de
        livrar * da morte – 25
    Pôncio Pilatos em defesa de – 25

preconceitos, conveniências
    humanas e – introd.
predição da morte e ressurgimento e – 29
presentes ofertados e – 10
primeiro tombo de * com o madeiro – 26
principado do amor e – pos.
problema da origem de – 3
promessa e – pos.
promessa milenar e – introd.
providências aplicadas ao corpo de – 28
pureza dos fluidos e – 18
reconhecimento da identidade real e – 13
reconstrução da história de – 28
reconstrução do mundo de – 2
reino de Deus e – 17
relação dos ancestrais e – 5
relacionamento entre os apóstolos de – 14
religião e – introd.
responsabilidade pela morte de – 23
revelação e – introd.
revivescência da história de Israel e – 11
sabedoria precoce e – 12
segundo tombo de * com o madeiro – 26
sepultamento e – 28
significado da palavra – 7
sol de justiça, luz do mundo e – 10
suplício de * durante o julgamento
    de Pilatos – 26
tempo de anonimato e – 12
tentativa de ajustamento de * às
    profecias messiânicas – 6
tentativa de retratação de – 2
teoria dos dois anjos no sepulcro de – 29
teorias sobre a causa da morte
    de * na cruz – 27
Tiago, irmão de – 8
títulos e – 17
transfiguração no Tabor e – 19
transformação do movimento de – 17
três dias de procura de * em Jerusalém – 12
tribulações da vida material e – 16
Tycho Brahe, astrônomo, e
    nascimento de – 9
última ceia e – 20
valorização da mulher e – 15
verdadeira religião de – 17

viagens e – 19
visão de Maria de Magdala
    no sepulcro de – 28
visita de * ao Templo – 12

Jezabel, rainha
    Acab, rei, esposo de – 13
    Herodíades, reencarnação de – 13
    vingança e – 13

Joana de Cusa
    sepultura violada e – 30

Joanna de Ângelis
    personificações parasitárias e – 18

João da Cruz, São
    considerações sobre – 30

João, apóstolo
    aparição de Jesus às margens do
        lago de Genesaré e – 30
    desaparecimento do corpo de Jesus e – 30
    Maria, mãe de Jesus, e proteção de – 8
    morte e – 14
    nascimento de Jesus e – 6
    Salomé, mãe de – 13, 14, 19, 30
    última voz, Evangelho de – 30

Jordão, rio
    significado da palavra – 3

José
    Jacó, pai de – 4

José de Arimateia
    descida do corpo de Jesus da cruz e – 28
    integrante do Sinédrio e – 28
    Jacques-Noël Pérès, professor
        de Patrística, e – 28
    John Dominic Crossan e – 28
    sepultamento de Jesus e – 28

José, pai de Jesus
    Anjo do Senhor e – 7
    denúncia pública da gravidez de Maria e – 7
    fuga para o Egito e – 11
    História de José, o Carpinteiro, A, e – 8
    Lorenzo Zani e fuga de * para o Egito – 11

mediunidade onírica e – 7
perigos do governo de Arquelau
    e sonho de – 11
servo notável da Espiritualidade
    superior e – 11
símbolo da fuga de * para o Egito – 11
sonhos de – 11
sono, deliberação da Vida superior e – 11

Josefo, Flávio, historiador judeu
    cidades da Galileia e – 1
    execução das sentenças de morte
        pelos judeus e – 23
    narrativa de – 2
    objetivo do batismo e – 13
    personalidade de Herodes e – 11
    Pôncio Pilatos e – 25
    significado da palavra Jesus e – 7
    Tiago, irmão de Jesus, e – 8

Josué
    conquista de Canaã e – 4

Judá
    família mais prestigiosa e – 5

Judaísmo
    Abraão e – introd.
    importância do corpo e – 8
    Messias e – 4
    sacerdócio feminino e – 15
    Séforis, centro intelectual e – 2

Judas Iscariotes, apóstolo
    John Dominic Crossan e beijo de – 22
    proposta de * aos chefes dos sacerdotes – 19
    Simão, pai de – 19

Judas Tadeu, apóstolo
    morte e – 14
    Tiago, o Menor, irmão de – 14

Judas, filho de Ezequias
    insurreição e – 2

Judeia
    Aristóbulo I e reincorporação
        da Galileia à – 3
    características da ilha – 2
    nomeação de Herodes, rei da – 11

Júlio II, papa
    oferta de indulgências aos europeus e – pos.

Justiça
    Decálogo e diretrizes de – introd.
    Moisés e princípio da – pos.

Justiniano I, imperador do Oriente
    fechamento da escola neoplatônica
        de Atenas e – pos.
    teses de Orígenes e – pos.

K

Ka *ver* Perispírito

Kalan
    significado da palavra – 14

Kardec, Allan
    completa felicidade na Terra e – 16
    criança sob o ponto de vista da
        vida presente e – 12
    cura e – 18
    milagre e – 18
    obsessão e – 18

Katalyma
    significado da palavra – 6

Ketubah
    significado da palavra – 7

Keller, Werner
    aparecimento da estrela e – 9
    fragmento de inscrição romana
        em Antioquia e – 6

Kepler, Johannes, astrônomo
    aparecimento do Messias e – 9

Kiddush
    significado da palavra – 1

L

Lázaro
    Jesus e – 14
    ressurreição de * e prisão de Jesus – 22, 29

Legislação romana
  penas mais graves e – 27
Lei de evolução
  Espiritismo e – 8
Lei do trabalho
  mérito, progresso e – 16
Lei natural
  Teologia e derrogação da – 18
Lentulus, Publius, senador
  encarnação de Emmanuel e – 25
  indulto a Barrabás e – 25
  Lívia, esposa de – 27
Leproso
  Jesus e cura de – 11, nota
Letes
  significado da palavra – 16
Levita
  clero baixo em Israel e – 17
Libério, bispo romano
  festa cristã do Natal e – 10
Lívia
  Publius Lentulus, esposo de – 27
Livro das mutações
  yin, yang e – 16
Logeay, Anne
  opinião de * quanto ao texto de Lucas – 6
Lucas, evangelista
  confiabilidade da genealogia de – 5
  Gabriel, Espírito, e – 7
  objetivo de * quanto ao
    natalício de Jesus – 6
  opinião de Anne Logeay
    quanto ao texto de – 6
  relação dos ancestrais de Jesus e – 5
  silêncio de * quanto à perseguição
    de Herodes – 11
  viagem de José e Maria e – 6
Lúcifer
  autonomia de * para produção do mal – 4

Lutero, Martinho
  protesto público e – pos.
  Reforma e – pos.

M

Machado, Brasílio
  caridade e – 18
Machairos
  significado da palavra – 13
Mackenzie, John
  Davi, unificação de Israel e – 4
  descendência davídica de Jesus e – 4
  referências do apóstolo Paulo e – 4
Maggioni, Bruno
  discrepância entre Lucas e
    demais fontes e – 6
  evangelhos e observação de – 6
  reis magos e – 10
Magno, Gregório
  Elias, João Batista e – 13
Mago
  estudo da Astrologia e – 10
  Jacó de Edessa e procedência do – 10
  significado da palavra – 10
Maiêutica
  significado da palavra – 16
  Sócrates e – 16
Mal
  Agostinho, Santo, e – 8
  autonomia de Lúcifer para produção do – 4
  conceito de – 8
  Espiritismo e problema filosófico do – 8
Malaquias
  último profeta do Antigo Testamento e – 13
Maqueronte
  João Batista preso em – 13, 19
Marcos, evangelista
  nascimento de Jesus e – 6

Maria de Cléofas
  sepultura violada e – 30
Maria de Magdala
  aparição de Jesus e – 29
  considerações sobre – 15
  Emmanuel, Espírito, e – 30
  morte e – 15
  obsessão e – 18
  ressurreição de Jesus e – 29
  sepultura violada e – 30
  visão de * no sepulcro de Jesus – 28
Maria, irmã de Lázaro
  unção sepulcral antecipada e – 19
Maria, mãe de Jesus
  anúncio do Espírito Gabriel e – 7
  arquétipo feminino e – 7
  Casa da Santíssima e – 15
  casamento de * com José – 7
  Espírito Santo e – 7
  Igreja e * imaculada – 8
  Isabel, prima de – 13
  Mãe de Deus e – 7
  Porta Nicanor e sacrifício de – 11
  Protoevangelho de Tiago e pais de – 8
  santíssima quaternidade e – 7
  voto permanente de virgindade e – 7
Mariamne
  Herodes, o Grande, esposo de – 11
  morte de – 11
Materialismo
  religiões e oposição ao
    alastramento do – pos.
Mateus, evangelista
  morte e – 14
  nascimento de Jesus e – 6
  planejamento divino na
    descendência de Jesus e – 5
  profecia de uma concepção virginal e – 7
  relação dos ancestrais de Jesus e – 5
Matias, apóstolo
  morte e – 14
Mausolo
  considerações sobre – 28, nota

Médium
  Elias, * de efeitos físicos – 13
Mediunidade
  Isabel e – 13
  José, pai de Jesus, e * onírica – 7
  Mateus e * onírica – 11
  Pedro, apóstolo, e – 24
  sonhos, * de efeitos intelectuais – 11
Melchior
  significado da palavra – 10
Memórias de um suicida, livro
  Camilo Cândido Botelho, Espírito, e – 26
Menezes, Bezerra de
  Doutrina Espírita como filosofia
    teogônica, A, livro, e – introd.
  epilepsia e – 18
  obsessão e – 18
Messias ver também Jesus
  Herodes e o nascimento do – 9
  identificação e – 3
  Johannes Kepler, astrônomo, e
    aparecimento do – 9
  Judaísmo e – 4
  natureza do reino e – 4
  significado da palavra – 7
Mestre missionário
  massas populares e – introd.
  revelações do – introd.
Metanoia
  significado da palavra – 13
Milagre
  Allan Kardec e – 18
  Jesus e – 11
  significado da palavra – 18
  termos usados nos evangelhos e – 18
Ministério da palavra
  Prisca e – 15
Miranda, Hermínio
  nascimento de Jesus e – 6

Missa
:   instituição da – pos.

Mitologia grega
:   Dionísio e – 13
    Hades e – 16
    licenciosidade e – 7
    sonhos e – 11

Mixná, código rabínico
:   definição do termo virgem e – 7

Moisés
:   conhecimentos iniciáticos do
        Egito e – introd.
    código implacável e – introd.
    dez mandamentos e – introd.
    educação e – introd.
    elementos constitutivos da
        religião de – introd.
    faculdades mediúnicas e – introd.
    Jesus e – 11
    monoteísmo abraâmico e – introd.
    monoteísmo e – introd.
    Monte Nebo, local da morte de – 19
    Monte Tabor e – 5
    morte de crianças e paralelo
        com a infância de – 11
    princípio da justiça e – pos.
    razão dos dois caracteres na
        religião de – introd.
    reencarnação e – introd.
    ressurreição, Jesus, * e Elias no Tabor – 29
    revelação e – introd.
    Tábuas da Lei e – introd.
    tarefa de – introd.
    Termútis, princesa, e – introd.

Monoteísmo
:   Amenófis IV e – introd.
    ampliação dos horizontes do *
        abraâmico – introd.
    Moisés e – introd.
    mosaísmo e fixação do – pos.

Monte das Oliveiras
:   Emmanuel, Espírito, e – 12
    Jesus e – 20

    Salomão e – 20
    sermão e – 20

Monte Nebo
:   local da morte de Moisés e – 19

Monte Tabor
:   Jesus, Moisés, Elias e – 5

Morfeu
:   produção dos sonho nos homens e – 11

Morte
:   conceito de – 16
    Pôncio Pilatos e tentativa de
        livrar Jesus da – 25
    predição da * e ressurgimento de Jesus – 29
    preocupação do egípcio com
        o além da – introd.
    ressurreição e aparição depois da – 29

Mosaísmo
:   fixação do monoteísmo e – pos.

Movimento Espírita
:   contribuição ao – apres.

Mulher
:   Alberto, Santo, e comportamento
        moral da – 15
    Antigo Testamento e valorização à – 15
    Ciência do século XVIII e – 15
    Concílio de Mâcon e alma da – 15
    desvalorização do testemunho da – 29
    direitos religiosos e – 15
    Evangelho, hino de liberdade e – 15
    filósofos antigos e – 15
    indiferença social, jurídica e religiosa e – 29
    Israel e noção degradada da – 15
    Jesus e a * adúltera na porta
        Nicanor do Templo – 15
    Jesus e a * samaritana – 15
    Jesus e valorização da – 15
    Novo Testamento e referência
        a uma * apóstola – 15
    participação da * na vida pública – 15
    Paulo, apóstolo, e importância da – 15
    prostituição sagrada e – 15
    situação da * nas regiões vizinhas
        à Palestina – 15
    Tomás de Aquino, São, e utilidade da – 15

Mulher hemorroíssa
   Verônica (Berenice) e – 26

N

Nabucodonosor, rei da Babilônia
   tomada de Jerusalém e – 10

Natal
   igrejas orientais e unificação do – 10
   simbolismo da festa cristã e – 10

Natanael (Bartolomeu)
   aparição de Jesus às margens do lago de Genesaré e – 30
   procedência de – 3

Nazaré
   aldeia agrícola e – 1
   aparição na história e – 1
   Bellarmino Bagatti e escavações na aldeia de – 1
   localização da aldeia e – 1
   significado da palavra – 1

Néanis
   significado do vocábulo grego – 7

Nefertiti
   Amenófis IV, esposo de – introd.

Nero, Cláudio Domício
   direito e liberdade de ser cristão e – pos.

Nicodemos
   confirmação da reencarnação e – 17
   escribas e – 17
   Festa dos Tabernáculos, defesa de Jesus e – 28
   Jesus ungido e – 28
   sepultamento de Jesus e – 28

Noiva infiel
   penalidades e – 7

Novo Testamento
   Davi e – 4
   entendimento e – apres.
   Gabriel, Espírito, e – 7
   irmãos de Jesus e – 8

   lago de Genesaré e – 3
   mar da Galileia e – 3
   mar de Tiberíades e – 3
   referência a uma mulher apóstola e – 15
   significado do nome Pedro e – 14
   sonhos e – 11
   textos do * e Pôncio Pilatos – 25

O

Obsessão
   Allan Kardec e – 18
   base da – 18
   Bezerra de Menezes e – 18
   Caifás e – 18
   Emmanuel, Espírito, e – 18
   estágios e – 18
   Judas e – 18
   Maria de Magdala e – 18
   Pedro e – 18
   Pilatos e – 18
   síndrome de repercussões alarmantes e – 18

Odisseia
   Evocação dos mortos e – 16
   Homero e – 16

Onirocricia
   significado da palavra – 11

11QTemplo
   significado da sigla – 27, nota

Orígenes
   cometa de Halley e – 9
   Justiniano I e teses de – pos.
   reencarnação e – pos.
   resistência à festa natalina e – 10

Osíris
   indicação do lugar na vida espiritual e – introd.

P

Padre
   significado da palavra – 17

Paixão
   primeiro anúncio da * e da ressurreição – 24

Palestina
   característica do clima e – 10
   distritos administrativos e – 2, 19
   posição geográfica estratégica e – 19
   situação da mulher nas regiões
      vizinhas e – 15
   situação dos habitantes e – 2

Pandocheío
   significado da palavra – 6

Papa
   significado da palavra – 17

Parábola da Figueira
   Jesus e – 20

Parábola do Bom Samaritano
   compaixão e – 18
   local da – 12

Partas
   considerações sobre – 11, nota
   invasão da Síria e da Palestina e – 11

Parthénos
   significado do vocábulo grego – 7

Páscoa
   Jesus, peregrinação anual e – 1
   libertação do povo escolhido do
      cativeiro egípcio e – 22

Pastorino, Carlos Torres
   espada em mãos de Pedro e – 22
   presença romana na prisão de Jesus e – 22

Patrística
   considerações sobre – 28, nota

Pátroclo
   perispírito e aparição de * a Aquiles – 29

Paulo, apóstolo
   aparições de Jesus e – 29, 30
   Carta a Timóteo e – 15
   descendência davídica de Jesus e – 4
   deus dos filósofos e Deus de Jesus e – 16
   importância da mulher e – 15
   natureza do corpo ressuscitado
      de Jesus e – 29
   ressurreição dos mortos e – 29
   visão de Jesus e – 29

Paulo, Vicente de
   caridade e – 18

Pecado original
   Jacques Duquesne e – 8

Pedro, apóstolo
   agressão de * contra Malco – 22, 24
   aparição de Jesus às margens do
      lago de Genesaré e – 30
   aparição especial de Jesus e – 30
   arrependimento e – 24
   chaves do reino de Deus e – 24
   considerações sobre – 14
   crises obsessivas costumeiras e – 24
   desaparecimento do corpo de Jesus e – 30
   Emmanuel, Espírito, e ensinamentos
      da negação de – 24
   infiltração obsessiva e – 24
   lavagem dos pés e – 24
   mediunidade e – 24
   morte e – 14
   negações e – 24, 30
   obsessão e – 18
   paradigma da fé cristã e – 24
   passos de * sobre as ondas do Genesaré – 24
   primeira negação e – 24
   qualidades e – 24
   reafirmações e – 30
   segunda negação e – 24
   significados do nome – 14
   símbolo do candidato às culminâncias
      espirituais e – 24
   terceira negação e – 24
   traição e – 24
   tríplice profissão de amor e – 30

Pensamento religioso
   encarnação dos primeiros
      organizadores do – introd.

Pérès, Jacques-Noël, professor de Patrística
   José de Arimateia e – 28

Perispírito
   aparições de Jesus e – 29

aparição de Pátroclo a Aquiles e – 29
denominações do * na antiguidade – 29
Homero e descrição do – 29

Personalidade
conceito de – 13

Pesca
representação do apostolado e – 30

Petitinga, José
Espiritismo e – pos.

Phantasus
sonho nas coisas inanimadas e – 11

Philotheus Boehner
História da filosofia cristã e – pos.

Pilatos, Pôncio
advertência de Cláudia Prócula, mulher de – 25
antagonismo entre * da História e dos evangelhos – 25
Aristides e – 25
Barrabás e – 25
comportamento de * segundo os evangelistas – 25
covardia moral e – 25
culpa de Jesus segundo – 25
Emmanuel, Espírito, e suicídio de – 25
entrada de Jesus em Jerusalém e – 22
exílio perpétuo e – 25
Filo, o Judeu, e – 25
Flávio Josefo, historiador judeu, e – 25
Jesus defendido por – 25
Paul Winter e – 25
perguntas de * a Jesus – 25
Polibius, assistente de – 25
suplício de Jesus durante o julgamento de – 26
tentativa de livrar Jesus da morte e – 25
textos do Novo Testamento e – 25

Pirro de Élida
fundador do Ceticismo e – 16

Piscina de Siloé
cego de nascença e – 18

Pitágoras
concepção reencarnacionista e – 16
introdução da reencarnação na Grécia e – 16

Platão
Agostinho, Santo, e – 16
concepção reencarnacionista e – 16
espírito e – 16
Fédon, diálogo, e – 16
pais da Igreja e – 16
princípio de – 16
referência de * às crianças – 12
sistematização da filosofia e – 16

Plínio
efeito anestésico da mirra e – 27
História Natural, livro, e – 27

Poço de Jacó
Jesus e a mulher samaritana e – 15

Poder paterno
casamento das meninas e * em Israel – 7

Poligamia
Israel e – 15

Pólis
significado da palavra – 16, nota

Politeísmo
população do Império Romano e – 22

Porta Nicanor
Jesus e a mulher adúltera na * do Templo – 15
sacrifício de Maria e – 11

Povo judeu
preconceitos entre o * e o povo samaritano – 15

Povo samaritano
preconceitos entre o * e o povo judeu – 15

Povo pagão
ideia de nascimentos extraordinários e – 7

Prece
> linha de interação entre o
>> homem e Deus e – pos.
> memorização e compreensão da – 12

Primogênito
> Jesus, filho – 8, 10
> significado da palavra – 8

Prócula, Cláudia
> advertência de *, mulher de
>> Pôncio Pilatos – 25

Profecia de condenação
> interpretação da – 7
> Isaías, profeta, e – 7
> John Dominic Crossan e – 7

Protoevangelho de Tiago
> irmãos de Jesus e – 8
> pais de Maria, mãe de Jesus, e – 8

Providência divina
> expressão soberana de dedicação
>> aos seres e – 16
> felicidade e – introd.

Psicologia feminina
> estudiosos da * no século XIX – 15

Ptolomeu
> teoria geocêntrica e – 16

Purificação
> período de – 11

Q

Quaternus
> significado da palavra – 26, nota

Quinereth, lago
> Antigo Testamento e – 3
> Novo Testamento e – 3

V Concílio Ecumênico de
Constantinopla II
> teses de Orígenes e – pos.

Quirino
> motivo do censo de – 6
> registro da presença de * na Síria – 6

Quisom, rio
> decapitação dos profetas pagãos e – 13

R

Rabi
> significado da palavra – 17

Raquel
> choro fictício e – 11
> Jacó, esposo de – 6

Razão
> Espiritismo, união entre fé e – pos.

Reencarnação
> organização do pensamento
>> religioso e filosófico e – 16
> Pitágoras e introdução da * na Grécia – 16
> ressurreição e – 29

Reforma luterana
> considerações sobre – pos.

Regeneração
> arrependimento, passo inicial e – 27
> trilogia e – 27

Reimarus, Hermann Samuel,
filósofo alemão
> considerações sobre – 28, nota
> reconstrução da história de Jesus e – 28

Reino de Deus
> filhos de Abraão e conquista do – 5
> João Batista e conquista do – 5

Reino de Israel
> formação do – 4, 7

Reino de Judá
> formação do – 4, 7

Reino dos céus
> corpo de carne e sangue e – 29
> corpo não corruptível e – 29
> ideia do – 16

Religião
    elementos constitutivos da *
        de Moisés – introd.
    finalidade da – introd.
    Jesus e – introd.
    método de educação do Espírito
        imortal e – introd.
    parte divina da * de Abraão – introd.
    razão dos dois caracteres e – introd.
    revelações espirituais e – introd.
    verdadeira * de Jesus – 17

Religião egipciana, livro
    Xavier e – introd.

Renan, Ernest
    Cléofas, Alfeu e – 8
    erros e contradições das
        genealogias de Jesus e – 5
    exaltação a Galileia e – 3
    Grécia, Galileia e – 3
    Jesus, homem incomparável, e – 3
    Maria de Magdala, ressurreição
        de Jesus e – 29
    natureza do reino do Messias e – 4
    peregrinação às festas e – 12
    recusa do censo e – 6
    registro da presença de Quirino
        na Síria e – 6
    Vie de Jésus, livro, e – 3

Ressurreição
    aparição depois da morte e – 29
    circulação de Espíritos depois
        da * de Jesus – 27
    Êutico e – 29
    filha de Jairo e – 29
    importância da * de Jesus para
        os homens – 29
    Jesus e – 29
    Jesus, Moisés e Elias no Tabor e – 29
    Lázaro e – 29
    predição da morte e * de Jesus – 29
    reencarnação e – 29
    significado da palavra – 29

Ritualismo
    ações enobrecedoras e – pos.

Revelação
    apogeu da – introd.
    humanidade e segunda grande – introd.
    Jesus e – introd.
    produtividade da * espiritual – introd.
    religião e * espiritual – introd.

Rodrigues, Amélia, Espírito
    apóstolos de Jesus e – 14
    estrela de Belém e – 9
    crucificação de Jesus e – 27
    Jesus e a mulher e – 15
    materialização de Jesus e – 30
    nascimento de Jesus e – 6
    Natal de Jesus e – 9
    Pôncio Pilatos, consciência ultrajada e – 25
    Simão de Cirene e – 26
    supostos irmãos de Jesus e – 8
    Verônica, mulher hemorroíssa, e – 26

Roma
    fundação e – 1
    incêndio e – 22
    perseguições às comunidades cristãs e – 22
    Saturnálias e – 10
    Simão de Cirene e comunidade
        cristã de – 26

Rufo
    Carta aos Romanos e – 26
    eleito do Senhor e – 26
    filho de Simão de Cirene e – 26

S

Sábado
    considerações sobre – 27, nota

Saduceus
    considerações sobre – 17
    necessidades dos – introd.

Salomão
    construção da Arca da Aliança e – 4, nota
    Davi, pai de – 4
    morte de – 4

Salomé
    Aristóbulo, esposo de – 13

Herodes, o Grande, irmão de – 11
Herodíades, mãe de – 13

Salomé
João e Tiago, o Maior, filhos
de – 13, 14, 19, 30

Salvador
significado da palavra – 10

Santa Inquisição
instituição da – pos.

Santíssima quaternidade
Maria, mãe de Jesus e – 7
Santo dos Santos
aparições divinas e – 23
sumo sacerdote e – 23
véu do Santuário e – 27

Santo(s)
começo da canonização dos – pos.
início da devoção aos – pos.
significado do termo – 7

São Pedro in Galli Cantu, igreja
suposto local onde Pedro chorou – 24

Saturnálias
Roma e – 10

Saul
Davi e o rei – 4
suicídio de *, rei de Israel – 4

Saulo de Tarso
estrada de Damasco e – 19

Schökel, Luís Alonso
abusos tolerados pelas autoridades e – 20
espada em mãos de Pedro e – 22
Pedro e – 30
salmo atribuído a Davi e – 4

Séforis
características da cidade e – 2
centro intelectual do Judaísmo – 2
Félix, procurador romano, e – 2
Parque Nacional de Israel e – 2

Quintilius Varus e invasão de – 2
reconstrução e – 2
significado da palavra – 2
tendências greco-romanas e pagãs e – 2

Sêneca
Estoicismo e – 16

Septuaginta
utilização da palavra virgem e – 7
versão grega dos Setenta (sábios) e – 7

Sepulcro
construção de * em Israel – 28
escavações arqueológicas e * de Jesus – 28
Giuseppe Ghiberti e * vazio – 29
importância dos povos da
Antiguidade e – 28
preocupação do homem para com
os restos mortais e – 28
teoria dos dois anjos no * de Jesus – 29
visão de Maria de Magdala
no * de Jesus – 28
visita de João e Pedro ao * de Jesus – 30

Sepultamento
desonra na ausência de – 28
direito romano e privação de – 28
John Dominic Crossan e privação de – 28
Nicodemos e * de Jesus – 28

Sexualidade
cultura judaica e – 8

Shabat
caminho para o crescimento interior e – 1
significado da palavra – 1

Simão, o Zelote
morte e – 14

Simão, judeu de família grega
Amélia Rodrigues e – 26
comunidade cristã de Roma e – 26
convocação de * para auxílio a Jesus – 26

Simeão
profecia e – 11

Sinagoga
centro da vida social e religiosa e –1

Sinédrio
    competência legal do * para aplicação
        da pena capital – 23
    corte suprema e – 17
    formação do – 17
    Grande Conselho de 71 membros e – 23
    impedimento legal à autoridade e – 23
    José de Arimateia, integrante do – 28
    presença de Jesus e – 23

Sínodo de Elvira
    obrigatoriedade do celibato a
        sacerdotes e religiosos e – 8

Sociedade da Antiguidade
    características das classes sociais e – 17

Sócrates
    conceito de Deus e – 16
    concepção reencarnacionista e – 16
    Ética e – 16
    filosofia do Ocidente e – 16
    lema e – 16
    maiêutica e – 16

Sofrimento
    raízes do – 16

Sonho
    comunicação espiritual e – 11
    Homero e *, mensagens dos deuses – 11
    importância do * na Antiguidade – 11
    Índia, tratado completo e – 11
    mediunidade de efeitos intelectuais e – 11
    mitologia grega e – 11
    morte de Herodes e * de José – 11
    perigos do governo de Arquelau
        e * de José – 11
    perseguição de Herodes e * de José – 11

Sono
    emancipação da alma e – 11

Sumo sacerdote
    Dia das Expiações e – 23
    privilégios do cargo e – 23
    teocracia judaica e – 23
    vestes eclesiásticas e – 23
    vida santificada e – 23

T

Tábuas da Lei
    Moisés e – introd.

Tali, Imarta bath
    Joachim Jeremias e morte de – 23

Talmud
    Anás, sumo sacerdote, canção
        difamatória e – 23
    cidades da Galileia e – 1
    execução das sentenças de morte
        pelos judeus e – 23
    maioridade do homem israelita e – 12

Tânatos
    deus da morte e – 11

Taoísmo
    considerações sobre – 16

Tebas
    sacerdotes e – introd.

Templo de Jerusalém
    convergência religiosa e política e – 22
    destruição e – 2
    Jesus e a mulher adúltera na
        porta Nicanor do – 15
    Jesus e destruição do – 20
    Jesus, cura de cegos e coxos e – 20
    visita de Jesus e – 12

Teocracia judaica
    sumo sacerdote e – 23

Teologia
    derrogação das leis naturais e – 18

Terceira Revelação
    Consolador prometido por Jesus e – pos.
    Era da Razão e chegada da – pos.

Termútis, princesa
    Moisés e – introd.

Terra
    Eratóstenes de Cirene e esfericidade da – 16
    felicidade completa e – 16

Jericó, cidade mais antiga da – 19
mundo de expiações e provas e – 16

Tesbita, Elias, profeta
    desafio e – 13
    Iahweh e – 13
    João Batista, reencarnação de – 13
    médium de efeitos físicos e – 13

Tiago, o Maior
    aparição de Jesus às margens do
        lago de Genesaré e – 30
    João, irmão de – 13, 14, 19, 30
    Salomé, mãe de – 13, 14, 19, 30

Tiago, o Menor, apóstolo
    morte e – 14

Tiberíades, cidade
    Herodes Antipas e construção de – 2

Tiberíades, mar de
    Novo testamento e – 3

Titulus Crucis
    significado da expressão – 27

Tomás de Aquino, São
    Aristóteles e – 16
    utilidade da mulher e – 15

Tomé, apóstolo
    aparição de Jesus às margens do
        lago de Genesaré e – 30
    Emmanuel, Espírito, e – 30
    morte e – 14

Torah
    conhecimento da – 1

Tosefta, antigo código legal judeu
    definição do termo virgem e – 7

Trabalho
    significado do * para Israel – 1

U

Última ceia
    Jesus e – 20
    Mario Galizzi e – 21

Unigênito
    significado da palavra – 8

Upanishad
    filosofia indiana e – 16

Ur
    saída de Abraão da cidade de – 4

V

Varus, Quintilius, procônsul da Síria
    invasão de Séforis e – 2

Vedas
    sentido profundo da vida e – 16

Vela
    início do uso da * no culto – pos.

Verdade
    símbolo da – introd.

Vermes, Geza, professor da
        Universidade de
        Oxford
    comentários de * sobre o termo virgem – 7
    irmãos de Jesus e – 8

Verônica (Berenice)
    Amélia Rodrigues, Espírito, e – 26
    Atos de Pilatos e – 26
    Eusébio de Cesareia e – 26
    mulher hemorroíssa e – 26
    primeiro tombo de Jesus com
        o madeiro e – 26

Vida
    Extremo Oriente Asiático e visão da – 16
    influência sobre a concepção grega e – 16
    Oriente Europeu e visão da – 16
    tribulações da * material – 16

Vida espiritual
    Osíris e indicação do lugar na – introd.

Vie de Jésus, livro
    Ernest Renan e – 3

Virgem
    comentários de Geza Vermes e o termo – 7
    Mixná, código rabínico, e o termo – 7

Tosefta, antigo código legal
judeu, e o termo – 7

Virgindade perpétua
dogma da – 7

Virtude
dificuldade e desabrochamento da – 16

W

Winter, Paul
impedimento legal à autoridade
do Sinédrio e – 23
participação romana na prisão
de Jesus e – 22
Pôncio Pilatos e – 25
presença de Jesus no Sinédrio e – 23
prisão de Jesus e – 22

X

Xavier, Francisco Cândido
decapitação de João Batista e – 13
João Batista, reencarnação de Elias, e – 13
Religião egipciana, livro, e – introd.

Xenoglossia
considerações sobre – 30

Z

Zacarias
Gabriel, Espírito, e – 7, 13
Isabel, esposa de – 13
João Batista, filho de – 13, 17
sacerdote em Israel e – 17

Zacarias, profeta
Jesus, cumprimento da profecia e – 20

Zani, Lorenzo
fuga de José para o Egito e – 11

Zaqueu, o publicano
Jesus na casa de – 19

Zenão de Cítio
Estoicismo e – 16

Zoroastro
deuses e crenças da Mesopotâmia e – 16

Zugibe, Frederick, Dr.
causa de morte mais comum na cruz e – 27
experimentos com a suspensão
na cruz e – 27

LITERATURA ESPÍRITA

Em qualquer parte do mundo, é comum encontrar pessoas que se interessem por assuntos como imortalidade, comunicação com Espíritos, vida após a morte e reencarnação. A crescente popularidade desses temas pode ser avaliada com o sucesso de vários filmes, seriados, novelas e peças teatrais que incluem em seus roteiros conceitos ligados à Espiritualidade e à alma.

Cada vez mais, a imprensa evidencia a literatura espírita, cujas obras impressionam até mesmo grandes veículos de comunicação devido ao seu grande número de vendas. O principal motivo pela busca dos filmes e livros do gênero é simples: o Espiritismo consegue responder, de forma clara, perguntas que pairam sobre a Humanidade desde o princípio dos tempos. Quem somos nós? De onde viemos? Para onde vamos?

A literatura espírita apresenta argumentos fundamentados na razão, que acabam atraindo leitores de todas as idades. Os textos são trabalhados com afinco, apresentam boas histórias e informações coerentes, pois se baseiam em fatos reais.

Os ensinamentos espíritas trazem a mensagem consoladora de que existe vida após a morte, e essa é uma das melhores notícias que podemos receber quando temos entes queridos que já não habitam mais a Terra. As conquistas e os aprendizados adquiridos em vida sempre farão parte do nosso futuro e prosseguirão de forma ininterrupta por toda a jornada pessoal de cada um.

Divulgar o Espiritismo por meio da literatura é a principal missão da FEB, que, há mais de cem anos, seleciona conteúdos doutrinários de qualidade para espalhar a palavra e o ideal do Cristo por todo o mundo, rumo ao caminho da felicidade e plenitude.

O EVANGELHO NO LAR

Quando o ensinamento do Mestre vibra entre quatro paredes de um templo doméstico, os pequeninos sacrifícios tecem a felicidade comum.[1]

Quando entendemos a importância do estudo do Evangelho de Jesus, como diretriz ao aprimoramento moral, compreendemos que o primeiro local para esse estudo e vivência de seus ensinos é o próprio lar.

É no reduto doméstico, assim como fazia Jesus, no lar que o acolhia, a casa de Pedro, que as primeiras lições do Evangelho devem ser lidas, sentidas e vivenciadas.

O espírita compreende que sua missão no mundo principia no reduto doméstico, em sua casa, por meio do estudo do Evangelho de Jesus no Lar.

Então, como fazer?

Converse com todos que residem com você sobre a importância desse estudo, para que, em família, possam compreender melhor os ensinamentos cristãos, a partir de um momento de união fraterna, que se desenvolverá de maneira harmônica e respeitosa. Explique que as reflexões conjuntas acerca do Evangelho permitirão manter o ambiente da casa espiritualmente saneado, por meio de sentimentos e pensamentos elevados, favorecendo a presença e a influência de Mensageiros do Bem; explique, também, que esse momento facilitará, em sua residência, a recepção do amparo espiritual, já que auxilia na manutenção de elevado padrão vibratório no ambiente e em cada um que ali vive.

Convide sua família, quem mora com você, para participar. Se mora sozinho, defina para você esse momento precioso de estudo e reflexões. Lembre-se de que, espiritualmente, sempre estamos acompanhados.

Escolha, na semana, um dia e horário em que todos possam estar presentes.

---

[1] XAVIER, Francisco Cândido. *Luz no lar.* Por Espíritos diversos. 12. ed. 7. imp. Brasília: FEB, 2018. Cap. 1.

O tempo médio para a realização do Evangelho no Lar costuma ser de trinta minutos.

As crianças são bem-vindas e, se houver visitantes em casa, eles também podem ser convidados a participar. Se não forem espíritas, apenas explique a eles a finalidade e importância daquele momento.

O seguinte roteiro pode ser utilizado como sugestão:

1. Preparação: leitura de mensagem breve, sem comentários;
2. Início: prece simples e espontânea;
3. Leitura: *O evangelho segundo o espiritismo* (um ou dois itens, por estudo, desde o prefácio);
4. Comentários: breves, com a participação dos presentes, evidenciando o ensino moral aplicado às situações do dia a dia;
5. Vibrações: pela fraternidade, paz e pelo equilíbrio entre os povos; pelos governantes; pela vivência do Evangelho de Jesus em todos os lares; pelo próprio lar...
6. Pedidos: por amigos, parentes, pessoas que estão necessitando de ajuda...
7. Encerramento: prece simples, sincera, agradecendo a Deus, a Jesus, aos amigos espirituais.

As seguintes obras podem ser utilizadas nesse momento tão especial:

- *O evangelho segundo o espiritismo*, como obra básica;
- *Caminho, verdade e vida; Pão nosso; Vinha de luz; Fonte viva; Agenda cristã.*

Esse momento no lar não se trata de reunião mediúnica e, portanto, qualquer ideia advinda pela via da intuição deve permanecer como comentário geral, a ser dito de maneira simples, no momento oportuno.

No estudo do Evangelho de Jesus no Lar, a fé e a perseverança são diretrizes ao aprimoramento moral de todos os envolvidos.

FEB editora
Livro espírita para um novo mundo
www.febeditora.com.br
@febeditoraoficial
@febeditora

Conselho Editorial:
Carlos Roberto Campetti
Cirne Ferreira de Araújo
Evandro Noleto Bezerra
Geraldo Campetti Sobrinho – Coord. Editorial
Jorge Godinho Barreto Nery – Presidente
Maria de Lourdes Pereira de Oliveira
Miriam Lúcia Herrera Masotti Dusi

Produção Editorial:
Elizabete de Jesus Moreira

Revisão:
Mônica dos Santos

Capa, Projeto gráfico e Diagramação:
Rones José Silvano de Lima – instagram.com/bookebooks_designer

Fotos de capa:
www.istockphoto.com/ivan-96
www.istockphoto.com/wynnter
www.shutterstock.com/ruskpp

Normalização Técnica:
Biblioteca de Obras Raras e Documentos Patrimoniais do Livro

Esta edição foi impressa pela N. B. Impressos Gráficos e Editora Ltda. (Impress), Presidente Prudente, SP, com tiragem de 1 mil exemplares, todos em formato fechado de 155x230 mm e com mancha de 120x180 mm. Os papéis utilizados foram Off white bulk 58g/m² para o miolo e o Cartão 250g/m² para a capa. O texto principal foi composto em fonte Adobe Garamond Pro 12/15 e os títulos em Scriptina 31/37,2. Impresso no Brasil. *Presita en Brazilo.*